KB061928

The Father Factor

THE FATHER FACTOR: How Your Father's Legacy Impacts Your Career.
Amherst, NY:Prometheus Book, 2006

# 모든 인간관계의 핵심 요소 아버지

스테판 B. 폴터 지음 | 송종용 옮김

이 책의 곳곳에 자녀와 아버지들이 맺고 있는 관계의 문제에 대한 진지한 고뇌가 숨쉬고 있다. 폴터 박사는 '논의할 수 없는 것' 들을 논의하고 있다. 각 개인의 성공과 실패, 장점과 단점의 요인에 아버지 요소가 얼마나 깊이 연관되어 있는지 선명하게 보여준다. 아버지에게 물려받은 우리의 인성(人性)에 초점을 맞춰, 폴터 박사는 우리의 모든 일상생활이 '아버지-자녀 관계' 에 영향을 받고 있다는 사실을 명료하게 설명하고 있다.

● 로리 K. 작스 (미국기술회사 세일즈 담당 사장)

『모든 인간관계의 핵심 요소, 아버지』를 읽기 전에는, 아버지와의 관계가 나의 성취 및 성공과 밀접한 연관관계를 가진다는 점을 전혀 알지 못했다. 저자인 폴터박사는 '아버지-자녀 관계' 의 영향력과 그 장점, 에너지를 경험적으로 자세히 그려내고 있다. 그가 열정적으로 강조하는 것처럼, 우리의 인간관계 문제는 곧 아버지와 우리의 관계 문제로 귀결된다.

● 타미 엘드리지 (투자은행가)

아버지나 할아버지를 잘 몰랐다면, 연예계의 온갖 문제를 성공적으로 극복하는데 상당히 애를 먹었을 것이다. 이 책이 놀라운 것은, 아버지 요인이 자녀의 인생 경로에 영향을 미친다는 것을 밝혔을 뿐만 아니라, 그 부정적인 영향력을 극복하는 공식을 확정한 데에 있다.

● 애드윈 맥퍼슨 (맥퍼슨과 칼만손 법률회사 파트너)

폴터 박사는 아버지들의 삶의 태도가 우리 인생 전체에 깊게 영향을 미치고 있음을 보여준다. 이 책의 놀라운 점은, 가장 부정적인 아버지 유형이라도 그 작동 원리를 잘 이해하고 자신의 삶에 어떻게 기능하고 있는지 이해할 수 있다면, 우리들이 새롭게 인간관계를 혁신하고, 자녀들을 건강하게 키우고, 조직을 열정적으로 이끌 수 있는 강력한 에너지를 얻게 된다는 사실을 깨닫게 해주는 데 있다.

● 고든 J. 루티트 (변호사이자 경영인)

『모든 인간관계의 핵심 요소, 아버지』에서 폴터 박사는 아버지 유형으로 인해 빚어진 직장과 경력에서의 장애 요인들을 극복하기 위한 놀라운 통찰력과 청사진을 제공하고 있다.

● 에일린 갈로 박사 (『부잣집 자녀들』저자)

이 책은 내가 경영하는 회사를 새로운 차원에서 이해할 수 있게 도와 주었다. 폴터 박사는 아버지가 자녀들의 삶에 얼마나 오랜 동안 가치를 따질 수 없는 역할을 수행하는지 잘 보여준다.

● 빌 클렘 (클렘 토목회사 사장)

좀더 나은 경영인이 되기 위해 직원들 개개인의 아버지 요인을 이해하게 될 줄은 정말 몰랐다. 폴터 박사의 책은 자기 직업에서 성공하려는 사람은 물론, 직원들을 격려하고 동기부여하려는 경영자와 멘토에게도 엄청난 통찰력을 제공하고 있다.

● 진 M. 클라크 (투자자문회사 대표)

직장생활과 인간관계를 코치하는 이라면 반드시 읽어야 할 책이다. 아버지가 우리 인생에 준 충격을 이해하지 못하면 자기 성장을 이룰 수 없다는 것을 저자는 명백하게 보여준다.

● 브래들리 안 모건 (저명한 라이프 코치)

폴터 박사는 우리들의 인간관계와 직장 생활에 아버지라는 '망각된 요인' 이 얼마나 중요한 지를 이해하게 한다. 독자들은 지금 자신이 갖고 있는 한계가 성장기에 경험한 아버지와의 관계 때문임을 곧바로 이해할 수 있다. 폴터 박사는 한계를 넘어서기 위해 스스로를 치유할 수 있는 수많은 사례를 제시한다.

● 데브라 브라우스 (심리학 박사)

무엇보다도 먼저 읽어봐야 할 기적같은 책이다. 저자는 아버지의 양육방식의 원인-결과를 아주 명확하게 보여준다. 잘못된 아버지-자녀 관계에서 오는 사회의 역기능을 건강하고, 신뢰감 넘치며 주의력 깊은 관계로 치유할 수 있는 통찰력으로 가득 차있다.

● 고든 빈더 (암젠 회장)

아버지가 내 직장생활에 이토록 영향을 미치는지 정말 몰랐다. 폴터 박사의 책을 읽으면서 나는 우리 아버지의 영향력을 이해할 수 있게 되었고, 그 부정적인 특성을 극복하여 긍정적인 특성으로 변화시킬 수 있게 되었다. 그에 따라 내가 더 유능한 사람이 되었음은 현실이 보여준다. 이 책은 우리의 삶을 변화시킨다.

● 테리 라이언 (하이어그라운드 회장)

**아버지에게 받은 영향력의 특성을 찾고,** 이해하고, 자기 자신과 세상을 바람직한 방향으로 변화시키고자 애쓰는 모든 이들에게 이 책을 바친다. 이 책은 아버지라는 존재가 축복이면서 동시에 큰 실망일 수도 있다는 것을 아는 이들을 위해 썼다. 그래서 이 책을 끔찍했던 아버지와의 관계를 극복하고 자신들의 얘기를 들려준 이들에게 헌정하는 것이다. 나는 운 좋게도 그들의 진실한 얘기를 들을 수 있었기에, 내 마음을 울리는 얘기들을 이 책에 실어 독자 여러분과 함께 나눌 수 있었다. 내게 있어서 아버지 요인이라는 정말 중요한 주제에 대해 글을 쓸 수 있게 된 것은 대단한 행운이다.

나의 딸 매디슨에게 딸아. 너는 아버지가 얼마나 중요한지 아직 이해하지 못하지만, 아버지에게 있어서 딸이 얼마나 중요한지 내게 알려주었단다. 너의 지혜와 사랑, 통찰이 없었다면 경험에서 우러나온 아버지와 딸의 관계라는 주제를 결코 다룰 수가 없었을 게다. 너는 나의 장미이고 나의 여왕이며 나의 보석이란다.

나의 아들 조나단 브렛에게 너는 아직 어리지만, 내가 아버지로서 해야 할 역할과 이 책을 쓰는 것을 항상 지지해왔단다. 너는 늘 내게 배려하는 멘토로서의 아버지가 되는 방법을 가르쳐 주었지. 네 아버지가 된 것만으로도 나는 세상에서 가장 축복받은 아버지란다.

아버지 피터 브렛에게 아버지, 당신은 용서의 열쇠가 항상 제 손에 쥐여져 있다는 것을 보여주셨습니다. 그런데도 저는 그 사실을 깨닫지 못했지요. 당신은 항상 제 마음과 행동 속에 살아있습니다. 감사합니다. 아버지.

이 책에 실린 모든 얘기와 인용문은 나의 임상 경험과 연구, 법 집행 경력, 목회 경험에서 나온 것이다. 하지만 사생활을 보호하기 위해 이름, 지명, 기타 상세한 정보들은 바꿔서 실었다. 따라서 혹시 주위에서 이 책에 실려 있는 개인이나 가족의 이름 또는 그들의 얘기와 비슷한 점이 있는 사람을 본다고 해도 그것은 그저 우연일 뿐이다.

이 책에서 남성 대명사를 사용하고 오직 아버지만 언급한 것은 아버지가 자녀에게 주는 영향을 설명하려는 목적 때문이다. 여성 대명사를 일부러 사용하지 않은 것은 이 주제에 초점을 맞추어 글을 쓰고 예를 들기 위해서이다. 하지만 시간을 초월한 이 주제에 어머니가 중요할 뿐만 아니라 관련이 있다는 점 역시 다루고 있다.

스테판 B. 폴터

father factor

# 차 례


- 감사의 글 10
- 추천 서문 11
- 역자 서문 16
- 이 책이 나에게 필요한가? 19

## 1부 아버지 요인의 기초 23

### 1장 아버지가 중요하다 25

아버지가 우리의 행동방식에 영향을 주고 있다

### 2장 아버지 — 자녀의 애착 관계 59

아버지의 애착 양식이 직장에서 인간관계에 영향을 주고 있다

### 3장 7가지 아버지 요인 95

아버지 요인을 제대로 알면 직장생활과 업무수행에서 힘을 발휘할 수 있다

## 2부 아버지 유형 131

4장 **성취지상주의형 아버지** 133

자녀들은 본인의 일에 무관심하거나 남을 배려하는 마음을 갖지 못한다

5장 **시한폭탄형 아버지** 165

자녀들은 정서적 불안감을 느끼며, 혼란과 두려움으로 믿음을 갖지 못한다

6장 **수동형 아버지** 197

자녀들은 인간관계에 소극적이며 정서적 유대감을 갖기 어렵다

7장 **부재형 아버지** 223

자녀들은 버림받고 거부당한 경험으로 깊은 정서적 상실감을 가진다

8장 **배려하는 멘토형 아버지** 251

자녀들은 정서적 안정감을 바탕으로 자긍심, 공감, 일관성을 가진다

## 3부 직장에서의 아버지 요인 271

9장 **아버지 규범의 발달** 자녀에게 미치는 장기적인 영향 273

10장 **경쟁력 키우기** 당신의 아버지 유형이 가진 강점은 무엇인가? 295

11장 **일에서 빠르게 성공하는 길** 성공의 열쇠를 획득하는 방법 319

12장 **아버지 넘어서기** 아버지 요인의 변화를 가져오는 성공을 향한 7계단 349

# 감사의 글

이 책이 나오기까지 직간접적으로 공헌한 모든 분들에게 감사의 인사를 드린다. 특히 책을 만드는 과정에서 헤아릴 수 없이 소중한 지지를 보내주신 분들, 즉 아버지 요인이라는 개념을 만들고 글로 옮길 수 있도록 격려해준 셀리아 락스, 이 책을 만들 기회를 준 편집자 린다 그린스펀 리건, 나의 전문적인 영적 멘토 줄리아 울페, 서문을 써주었고 자녀들의 삶에 아버지 역할을 지원해준 케이 헬머스, 그리고 나를 지지해준 가족에게 특별한 감사를 드린다.

또한 나의 지원 그룹과 아버지 요인 분석에 기여한 케이 헬머스와 케슬린 헬머스, 윌리엄 클렘과 메리 클렘, 베리 웨이크먼 박사, 에드 멕퍼슨, 마이크 코스타, 아일린 박사와 존 칼로, 로버트 브로디, 마렌 클락, 도티 디하트, 부르스 웨슬러, 마크 루빈, 로리 잭스, 윈스턴 구든, 마이크 존스, 데이브 레르, 에드 반더펠트, 산드라 바스퀘즈, 이반 카터, 체스터 박사와 제이 에이 세멜, 그리고 타미카 엘드레지에게도 고마움을 전한다. 과거와 현재에 그리고 나의 직업에 이런 분들이 계시지 않았다면 좁은 전문 영역에서 벗어나와 이처럼 강력하고 인생을 변화시키는 문제를 다루는 모험을 하지 못했을 것이다. 이 책은 관련된 모든 분들의 노력과 헌신이 있었기에 가능했다. 그분들 모두에게 감사를 드린다.

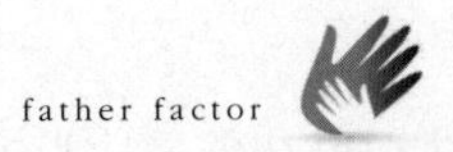

# 추천 서문

아버지에게 자전거 타는 법을 배울 때 느꼈던 그 스릴을 기억하는가? 바로 그 때, 어른이 된 후 직장에서 다른 사람들과 관계를 맺는데 사용될 중요한 정보도 받았다는 것이 가능할까? 스테판 폴터 박사에 의하면, 그 대답은 분명히 '그렇다' 고 할 수 있다.

우리 모두는 태어나는 순간부터 아버지와 어떤 형태로든 관계를 맺고 있다. 폴터 박사는 최근에 저술한 이 책에서 아버지와의 관계에 파고들어가, 그것이 우리의 업무와 경력에 어떤 영향을 주는지 이해하라고 요구하고 있다. 폴터 박사는 적나라하고 솔직한 표현으로 아버지 '유형' 을 설명하면서 우리들에게 자신의 아버지가 어떤 유형이냐고 물어 본다. 또한 우리들이 다른 사람과 만날 때 아버지 '유형' 이 어떻게 영향을 주는지 깨닫고 이를 받아들이라고 한다.

가장 중요한 메시지는 분명하다. '아버지가 중요하다' 는 것이다. 아버지와의 관계가 좋든 나쁘든, 어떤 것이든 간에 아버지가 중요하다. 매우 중요하다.

이 책에서는 다섯가지 기본이 되는 아버지 '유형'•을 소개하고 있다. 가장 바람직하다고 할 수 있는 '배려하는 멘토형' 에서부터 가장 바람직하지 못한 학대하는 '시한폭탄형' 아버지까지 다루고 있다. 그런데

한 아버지가 동시에 여러가지 유형의 특징을 갖고 있을 수도 있을까? 당연히 가능하다. 솔직히 말해서 한 유형의 특징만 보여주는 아버지를 상상하는 것이 더 어려울 것이다. 하지만 각각의 아버지들은 이중 한 가지 유형에 뚜렷하게 치우치는 경향이 있다. 그리고 폴터 박사는 이런 경향이 두드러지게 '지배적이고, 일관성이 있으며, 지속된다' 고 말하고 있다.

내가 보기에는 이것이 이 책의 핵심이다. 우리 모두는 각자 자신의 아버지 유형에서 생겨난 행동들에 젖어있다. 처음 아버지가 껴안아 주는 행동에서부터 아버지와 접촉한 적이 없거나 아버지가 곁에 없던 것에 이르기까지 다양한 경험을 하면서 이런 행동들이 발달된다. 우리가 좋아하든 싫어하든 상관없이 이런 경험들이 지금 나의 일부분을 이루고 있다. 그런 행동들은 키나 피부색같이 완전히 고정된 것은 아니지만 상당히 굳어져 있다고 할 수 있다. 그것은 마치 아주 오래 전에 설치된 후 계속해서 업그레이드되고 있는 컴퓨터 프로그램과 같다. 아버지와의 관계가 그런 결과를 낸다는 데에는 의심할 여지가 거의 없다.

오늘날 점점 더 많은 사람들이 자신의 직업과 진로를 새로운 시각에서 보고 싶어 하는 것 같다. 흥미롭게도 수입 측면이 아니라 보다 추상적이고 인간적인 면을 생각하고, 성공이란 것이 돈보다 가치에 의해서 얻어지는 것이라고 생각한다. 아니라고 생각되는가? 혹시 "우리 상사가 마음에 안 들어. 동료들도 모두 멍청하고. 하지만 월급을 많이 받으

---

• fathering style : 아버지로서 자녀와 어떤 정서적 관계를 맺고, 어떻게 행동하고, 자녀의 성취와 자신의 직업에 대해 어떤 태도를 취하는가 하는 전반적인 방식을 말한다. 여기서는 편의상 아버지 유형이라고 번역했다.

니까 이 직업이 정말 좋아" 라고 말하는 사람을 본 적이 있는가? 물론 없을 것이다. 여러분은 지금 하고 있는 일이나 분야를 아주 좋아할지도 모르고 지금 다니는 회사 자체를 좋아할지도 모른다. 그리고 회사에서 만족할 만큼 많은 월급을 받고 있을 수도 있다. 하지만 여러 방면에서 튼튼하고 좋은 인간관계를 맺지 못하고 좋지 않은 피드백을 받으면서 인정받지 못하고 있다면 아마 그 일을 좋아하기는 힘들 것이다. 어쩌면 자신도 모르는 사이에 자신이 실패했다고 생각하고 있을지도 모른다.

힘겨운 업무 환경에서 일하고 있다고 생각하는 사람들의 숫자가 점점 늘어가고 있다. 근무 시간은 늘어나고 휴가는 줄어들고 있으며, 복리후생은 축소되고 업무량은 늘어만 간다. 우리가 이런 일들을 통제하기 어렵기 때문에 그런 변화에 적응하면서 살아야만 한다. 그런데 이런 문제들은 상당 부분 직장에서의 인간관계에 의해 처리될 수 있다.

이 외에도 인간관계 속에서 다루어야만 하는 수많은 일들이 매일 매일 직장에서 벌어나고 있다. 이런 일들은 일시적이고 예측이 불가능하며 중복될 경우도 많지만 근무 환경보다 더 중요하다. 왜냐하면 우리가 행동하는 방식이 벽돌들을 붙여주는 몰타르 같은 역할을 해서 대인관계를 형성하고 유지시켜주기 때문이다. 다음과 같은 상황을 한번 상상해 보자. 출근하자마자 부장님 방에 들어가서 일 잘했다는 칭찬을 듣고 나왔다(성공했어!). 그런데 부장님 방에서 나오자마자 함께 일하는 동료가 화를 내면서 약속한 기한을 넘겼다고 우리에게 말한다(잘못했군!). 와! 거의 동시에 서로 반대가 되는 평가를 받은 셈이다. 우리는 이런 상황에서 어떤 식으로든 반응할 것이다. 그뿐이 아니다. 우리는 그날 하루 동안, 뭐 점심식사 전에도, 성공과 실패, 초조함, 기쁨, 실망을 주는 또 다른 상황들에 접하고 이에 반응할 것이다.

이 책은 이러한 상황들에 대응하고 받아들이는 방법을 가르쳐주고 있다. 예전처럼 남을 비판하거나 자신을 비난하지 않고, 혹은 실패하지 않고, 적절한 관계를 형성하고 유지하는데 도움이 되는 방법을 알게 될 것이다. 그래서 궁극적으로 좋은 경력과 직업을 갖고 일에 만족하도록 도와줄 것이다.

내가 이 책 『모든 인간관계의 핵심요소, 아버지(Father Factor)』를 아주 중요하다고 생각하는 근본적인 이유는, 가장 중요하고 뜻 깊은 자기 발견이 가능하도록 문을 열어주고 있기 때문이다. 이 책에서는 왜 우리가 지금까지 바람직하지 않은 방식으로 사람들을 대해왔는지를 다루고 있으며, 그런 행동을 효과 있고 바람직한 방향으로 변화시킬 수 있도록 안내하고 있다.

이 책을 읽으면서 가장 좋았던 점은 아버지와 함께 했던 행복한 기억들이 생생하게 되살아나는 기회를 가졌다는 것이다. 좀 더 얘기를 하자면, 나는 삼남매의 맏이였고, 여동생과 나는 입양되었다. 막내 남동생만이 부모님의 친자식이었다. 아버지는 1983년에 돌아가셨고, 그 다음 해에 어머니께서 돌아가셨다. 아버지에 관해 여러가지 기억이 나는데, 아버지는 뉴욕의 브룩클린에 있는 가난한 동네 출신으로 상당히 강인한 남자였다. 제2차 세계대전 참전 용사로서 유럽에서 탱크를 몰았고, 고등학교를 졸업하고 트럭 운전사로 일했다. '더취(Dutch)' • 라는 별명을 갖고 있었는데, 그 당시만 해도 이 별명에는 애정이 담겨있던 때였다. 아버지는 겉으로 보기에는 거칠어 보였지만 안으로 부드러움을 감추고 있었다. 항상 여유 있고, 가족을 먼저 생각하며, 아내와 자식이 결코 굶주리거나 추위에 떨거나 방치되지 않도록 하신 분이었다. 물론 결점도 있었고, 그런 결점이 나의 어린 시절과 현재의 사생활과 직업에 영향을 주고 있다는 것을 알고 있다. 하지만 장점도 많았으며, 나는 그런 나의 아버지를 사랑하고 매우 그리워한다.

폴터 박사는 이런 분야의 연구에서 내가 알고 있는 가장 뛰어난 사람 중 한 명이다. 그는 부모와 자녀 간의 관계에 관한 유명한 권위자로서, 이 분야에 맞는 기질을 타고났을 뿐만 아니라 교육과 훈련, 경험을 통해서 전문적인 도움을 제공하는데 필요한 적절한 능력을 키웠다. 그리고 가장 중요한 점은 그가 자녀인 조나단과 매디슨에게 사랑이 넘치고 헌신하는 아버지(배려하는 멘토 유형)라는 것이다. 그리고 내 친구이기도 하다.

우리에게 주어진 가장 큰 선물은 이해라고 생각한다. 이 책은 단지 우리 자신을 다루는 것을 넘어서서 자신과 타인을 이해할 수 있도록 도와줄 것이라고 확신한다.

스테판, 고맙네.

그리고 아버지, 감사합니다.

아버지이자 아들인 케이 헬머스

2005년 10월

---

• '네델란드의', '네델란드 사람' 이란 의미이지만 경멸이나 놀리는 의미의 숙어에 자주 사용된다.

# 역자 서문

이 책을 처음 보는 순간 이 소중한 내용을 한국의 직장인과 아버지들에게 꼭 전달하고 싶다는 생각이 간절히 들었습니다. 이 책의 저자와 같은 일을 하는 임상심리학자로서 상담을 했던 일, 그리고 지금은 부모 교육과 기업 교육을 하고 있는 것이 모두 이 책의 내용을 제대로 이해하고 많은 사람들에게 잘 전달하기 위해 경험을 쌓아온 것이구나 하는 느낌이 들 정도였지요. 그 만큼 이 책에 실려 있는 내용은 깊으면서도 풍부하였고 매력적이었습니다.

아버지, 아버지란 말은 그동안 우리가 늘 사용했던 말임에도 불구하고 이렇게 새로운 느낌으로 다가온다는 것이 놀랍습니다. 저는 이 책을 번역하면서 나의 아버지에 관한 많은 기억과 경험들이 떠올랐고, 나의 아버지를 이전과는 다른 관점에서 바라볼 수 있었습니다. 더 많은 것들이 이해되었고, 더 편안하게 아버지를 받아들일 수 있었습니다. 그리고 사랑하는 제 아이들을 계속 생각했습니다. 내가 이 아이들에게 어떤 아버지였는지 반성도 많이 했지요. 이 책에서 말하는 배려하는 멘토가 되기 위해 할 일이 많다는 생각도 했습니다. 또한 대학을 졸업한 후 사회생활을 하면서 제가 겪었던 여러 가지 좌절과 실패도 생각이 났습니다. 예전에 정신분석을 수년간 받았지만 결코 알 수 없었던, 그리고 해결책이 주어지지 않았던 많은 내 자신의 문제에 대해, 이 책은 간결하고 명쾌하게 그 방향을 알려주었습니다. 이제는 내가 왜 그렇게 어려움을 겪었고, 진로에서 그리 많은 방황을 했는지 알 수 있고, 어떻게 하면 그 문제들을 극복할 수 있는지 알고 있습니다.

이 책의 장점은 바로 이것입니다. 단지 아버지를 이야기하는 것이 아니라 내 마음 깊은 곳에 자리 잡고 있는 자기에 대한 상, 타인에 대한 상, 그리고 세상에 대한 관점을 탐색하도록 도와주는데서 그치지 않고 자신의 한계와 문제를 극복하고 한 걸음 더 나갈 수 있는 구체적인 방법과 방향을 제시하고 있습니다. 바로 우리들이 원하는 삶, 즉 돈을 많이 벌고, 지위가 올라가고, 가족이나 동료들과 더 화목하게 지내고, 마음을 평화롭게 할 수 있는 다양한 방법과 실천 계획들이 이 책에 담겨 있습니다.

이 책을 번역하기 시작한 것은 다른 사람들이 좀 더 행복하게 사는데 도움을 주고자 하는 마음 때문이었지만 이 책을 접하면서 무엇보다 제 자신에게 가장 큰 도움이 되었습니다. 번역 작업을 하면서 제가 일을 대하는 태도에서 변화가 생기고 주위 동료들과의 관계에 작지만 변화가 일어났습니다. 일하는 것이 더 즐거워지고 더 많은 사람들과 더 편하게 만날 수 있게 되었습니다. 주변 사람들이 이전보다 저를 더 긍정적으로 보면서 내가 진정으로 하고 싶은 일에 한 발 더 다가갈 수 있는 기회가 생겼습니다.

이 책은 아버지를 가진 모든 사람을 위한 책입니다. 아버지가 살아계시든, 돌아가셨든, 함께 살았든, 함께 산 적이 없든 상관없이 이 책은 큰 도움이 될 것입니다. 과거에서 벗어나 자신이 진정으로 원하는 행복한 삶을 향해 가는데, 원하는 일을 하는데 필요한 많은 정보와 길을 제시할 것입니다. 특히 직장인과 아버지들에게는 이 책을 꼭 권합니다. 남녀를 불문하고 직업을 가진 직장인, 관리자, 리더가 읽는다면 자신의 직장 생활과 리더십 영향력에 가장 큰 변화를 가져올 것입니다. 그리고 자녀가 있는 아버지들은 자녀나 배우자와의 관계를 보다 바람직한 방향으로 변화시킬 방법을 알게 될 것입니다.

저는 이 책이 모든 사람에게 필요하다고 생각해서 누구나 쉽게 읽을 수 있도록 하기 위해 꼭 필요한 것이 아니라면 심리학의 전문 용어들을 일상 용어로 바꾸어 번역하고자 노력했습니다. 그럼에도 불구하고 번역 전문가가 아니기 때문에 눈에 거슬리는 표현이 있을 수 있습니다. 그런 점은 이해해 주시면 고맙겠습니다.

이 책을 번역할 수 있는 소중한 기회를 마련해 주신 비전북의 박종태 사장님께 큰 감사를 전합니다.

2018년 1월 10일

송종용

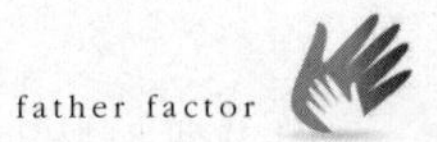

# 이 책이 나에게 필요한가?

다음 문항들을 읽고 자신에게 해당되는 것에 체크해 보기 바란다. 당연히 늘 이렇게 행동하지는 않을 것이므로, 스트레스를 받거나 화가 나거나 걱정 근심이 들 때를 생각하면서, 그럴 때 이렇게 행동하는 경향이 있다면 체크하길 바란다.

___ 분명한 이유나 원인 없이 그냥 가끔씩 동료들에 비해 열등하다고 느낀다.

___ 실제의 자기는 겉으로 드러나는 것보다 능력이 부족하고 무능하기도 하며, 그런 것들을 직장 동료들이 언젠가는 알까봐 걱정하고 있다.

___ 실패할까봐 두려워서 도전적인 일이나 기회를 피할 때가 있다.

___ 업무상의 결정에 대해서 끊임없이 의심하면서 수정한다.

___ 결정이나 선택을 피하거나 다른 사람의 제안을 거절하지 못하는 편이다.

___ 불편한 상황을 피하기 위해서 자신의 의견이나 생각을 말하지 않을 때가 있다.

___ 일을 할 때 집중하기 어렵다.

___ 일정을 잘 지키며 일을 할 때 보다 그러지 못할 때가 더 많다.

___ 일하러 나가는 것이 끔찍하게 느껴지는 날이 그렇지 않은 날보다 많다.

___ 직업을 바꾸고 싶다.

___ 일에 대한 열정이 없다.

___ 직장에서 문제가 생기면 거의 자동적으로 다른 사람에게 잘못이 있다고 주장한다.

___ 사업상의 기회를 놓친 것에 대한 책임을 다른 사람에게 떠넘기거나 비난한다.

___ 자신의 업무 수행에 대해 비판적인 피드백을 받는 것이 어렵다.

___ 상사나 동료에게 다른 직원의 험담을 늘어놓는다.

___ 직장에서 사소한 침해에도 발끈 화를 내는 경향이 있다.

___ 다른 사람이 나를 보고 '화를 잘 내는 사람'이라고 말하는 것을 들은 적이 있다.

___ 직장에서 받는 스트레스를 해소하려고 술을 자주 마시거나 담배를 많이 피운다.

___ 일에서 성공하지 못하면 그 삶은 실패한 삶이라고 생각한다.

___ 돈을 많이 벌지 못하면 실패한 인생이라고 생각한다.

만일 위의 항목 중에서 서너 개 이상에 체크했다면, 이 책이 필요하다. 위의 내용들은 우리가 가진 잠재력을 충분히 발휘해서 성공하는 삶, 만족스러운 삶을 사는 것을 방해하는 장애물이 있기 때문에 발생하는 증상들이다. 우리 마음속에 있는 장애들을 정확히 이해하고 받아들인다면 우리는 보다 만족한 삶을 살아갈 수 있다. 이 책에는 우리를 제약하는 장애를 이해하는데 필요한 중요한 정보들과 이 장애를 극복하고 더 나은 직장생활과 삶을 살아가는 방법들이 실려 있다.

이 책은 우리 모두를 위한 책이다.

1부

# 아버지 요인의 기초

## 1 아버지가 중요하다

아버지가 우리의 행동 방식에 영향을 주고 있다

## 2 아버지 — 자녀의 애착 관계

아버지의 애착 양식이 직장에서의 인간관계에 영향을 주고 있다

## 3 7가지 아버지 요인

아버지 요인을 제대로 알아야 직장생활과 업무수행에서 힘을 발휘할 수 있다

# 아버지가 중요하다

## 아버지가 우리의 행동 방식에 영향을 주고 있다

1

지난 6개월간 세 번이나 남자 부장과 갈등을 일으킨 후에야 비로소 나의 업무상 문제에 아버지와 나와의 관계가 뭔가 영향을 주고 있구나 하는 생각을 하게 되었다.

:: 린다 29세

나는 항상 아버지의 인정을 원했고 갈망해 왔습니다. 하지만 아버지의 지지와 인정을 받은 적은 거의 없었지요. 그래서인지 지금도 때때로 동료나 고객들에게 인정받으려 합니다. 악순환인 셈이죠. 나는 아버지의 지지를 원했지만, 내가 바라는 대로 된 적은 한 번도 없었습니다. 아버지는 그런 분이 아니셨죠.

:: 마이크 37세

father
factor

어떤 사람들은 아버지가 자신의 진로와 직장생활에 영향을 준다는 말을 받아들이려고 하지 않는다. 특히 아버지의 직업과는 전혀 다른 직업을 선택한 사람들이 주로 그런다. 이런 사람들은 자신의 진로 선택에 아버지가 영향을 주었냐고 물어보면 대개 "아버지는 전기기사였지만 저는 변호사입니다. 그러니 아버지가 제게 영향을 주었을 리 만무하지요"라고 대답하곤 한다.

하지만 우리가 무슨 직업을 갖고 있든 상관없이 아버지 요인•은 매우 다양한 방식으로 영향을 주고 있다. 아버지 요인은 직장생활에서 가장 큰 약점을 만들 수도 있고 가장 큰 장점을 만들 수도 있다. 또한 직무 만족도에도 영향을 주고 있다. 남자들만 영향을 받는 것이 아니라 여성들도 영향을 받으며, 젊은이들뿐만 아니라 중년들도 영향을 받는다.

---

• father factor : 아버지 요인이란 말은 우리 각자의 마음속에 자리 잡고 있는 아버지의 태도, 행동, 가치, 직업 윤리, 그리고 자신과의 관계 유형 등을 의미한다.

시간이 흐른다고 해서 그 영향력이 사라지는 것도 아니다. 직장생활과 가정생활에서 잠재능력과 역량을 극대화하길 원한다면 아버지 요인을 반드시 이해해야만 한다. 아버지 요인은 의식적, 무의식적으로 우리의 직업 선택과 경력 발달을 결정하는 기초로 작용하고 있다. 또한 우리가 개발하고자 하는 능력과 의미 있는 인간관계를 형성하는 능력에도 결정적 영향을 준다. 아버지의 독특한 양육 방식이 우리의 경력과 업무 수행에 영향을 주는 아버지 요인을 형성하는 틀로 작용하고 있는 것이다.

아버지 요인이란 것이 있는지 여전히 의심된다면 다음과 같은 실험을 해보도록 하자. 비교적 최근에 상사나 부하 직원과 있었던 갈등을 하나 생각해 보라. 예를 들면, 상사가 자기 방으로 불러서 최근 프로젝트에서 우리가 한 업무 성과에 대해 뭐라고 했을 수 있다. 아니면 부하 직원을 징계해야만 하는 일이 벌어졌을 수도 있다. 어떤 일이 있었던 간에, 그 일을 한 문단으로 요약하고 그 당시 자신이 했던 말과 느꼈던 감정에 초점을 맞춰 보라. 예를 들면 다음과 같이 쓸 수 있을 것이다.

> 우리의 주요 고객에게 그처럼 무례하게 대하는 것을 더 이상 간과할 수 없다고 조안에게 말했다. 그녀의 행동으로 고객은 괴로웠을 것이고, 회사 차원에서 용서할 수 없다고 설명했다. 한 15분 정도 내가 일방적으로 말했고, 조안은 듣기만 했다. 고객 서비스에 관한 핵심을 재교육한 셈이다. "그 고객의 말이 거칠다고 생각하는 것은 잘 알고 있습니다. 하지만 그 정도에 화를 내지 않을 정도로 성숙해야만 한다고 생각합니다." 그녀에게 이런 말을 하고 있는 동안 죄책감이 들기 시작했다. 왜냐하면 조안은 성격이 좋고

믿을 만한 직원이며, 그 고객은 진짜 불량한 사람이기 때문이다.

글을 쓴 후에 다음의 질문에 답해 보라.

1 그 상황에서 내가 했던 말이 어렸을 적에 아버지가 내게 말했던 방식과 어떤 식으로든 관련이 있는가?
2 내가 말한 것 중에 아버지가 내게 했던 대화와 비슷하거나 아니면 반대로 완전히 정반대되는 어투나 내용이 있는가?
3 그 상황에서 경험했던 감정이 어렸을 적 아버지와 갈등이 있을 때 경험했던 감정과 비슷하거나 완전히 반대이지 않는가?

이렇게 실험해 보지 않더라도 우리들 대부분은 아마 직장에서 자신이 하는 말이나 감정이 아버지를 생각나게 해서 깜짝 놀라는 경험을 했을 것이다. 흔히 사람들은 아버지가 자기에게 말했던 방식 그대로 부하 직원에게 말하고, 때로는 똑같은 말과 표현을 사용한다. 또한 상사를 대할 때의 태도가 아버지를 대할 때의 태도와 같다는 생각을 할 때가 자주 있다. 하지만 어떤 경우에는 직장에서 하는 행동에 아버지가 주는 영향이 예상했던 것보다 미묘해서 알아차리기가 어려울 수 있다. 바로 이같은 미묘한 영향이 이 책 전체의 주제이며, 이를 다양한 시각과 상황에서 살펴볼 것이다.

핵심은 아버지의 영향을 깨닫는 것이다. 아버지 요인을 인식하지 못하고 알지 못할 때에만 우리의 업무와 진로에 좋지 않은 영향을 미친다. 아버지 요인을 의식하고 다루는 방법을 배운다면 오히려 힘으로 활용할 수 있다. 따라서 우선 일상생활과 업무 처리에 아버지가 끼쳐왔던 심오한 영향력을 자각할 수 있도록 몇가지 문제를 살펴보도록 하자.

## 죽음, 성, 친밀감을 초월하는 강력한 영향력

많은 사람들이 아버지의 영향력을 다음과 같이 합리화하고 있다. 이런 합리화가 아버지 요인이 미치는 영향력을 평가하는데 가장 큰 방해가 된다.

- 아버지는 15년 전에 돌아가셨어. 그런데 어떻게 지금까지 내 진로에 영향을 줄 수 있단 말이야?
- 난 여자야. 그러니까 진로 선택과 직무 수행에 영향을 주고 있는 사람은 아버지가 아니라 어머니라고 보는게 더 타당하지.
- 난 한 번도 아버지와 친했던 적이 없어. 그러나 나에게 영향을 줄 리가 없잖아.
- 아버지는 전문적인 일을 하지 않았고 퇴직할 때까지 42년 동안 한 가지 일만 했어. 나는 이미 전문가이고, 직업도 두번 바꾸었고, 한 회사에서 4년 이상 근무한 적이 없지.
- 나는 한 번도 아버지의 직업윤리나 경력을 존경한 적이 없어. 난 완전히 다르다구.

이렇게 합리화한 내용들을 지금부터 하나씩 살펴보자.

아버지가 돌아가셨다고 해서 아버지와의 관계에서 느꼈던 감정이 사라지는 것은 아니다. 살면서 경험했던 가장 중요한 관계들의 대부분은 시간이 흘러도 마음속에 그대로 남아 있다. 이런 관계에서 받은 영향들을 우리 마음과 가슴에 간직한 채 살고 있는 것이다. 남녀노소를 불문하고 사람들은 아버지의 죽음을 얘기하면서 자신이 얼마나 많은 영향을 받고 있는지 깨닫고 놀라곤 한다. 아버지와 친근하게 지내지 못했던 사람이라고 해서 예외는 아니다. 아버지가 돌아가셨을 때 자녀들이 보이는 반응은 보통 충격적인 혹은 감당하기 힘든 상실이라는 말로 표현한다. 우울해진다거나 희망이 사라진 것처럼 느껴져서 고통스럽고 삶의 의미에 회의를 갖는 것이 드문 일이 아니다. 성인이 된 자녀들도 아버지가 돌아가신 후에 자신의 진로에 회의를 느끼고 심사숙고하는 일이 흔하다. 자기가 좋아했던 일이 갑자기 사소하고 의미 없어 보이기 시작하는 일이 생기는 것이다.

몇 년이 지나도 아버지의 죽음은 여전히 대단한 힘과 영향력을 유지한다. 아버지가 돌아가신지 한참이 지났는데도 직업을 바꾸려고 생각할 때, 마음속에서 '난 그렇게 쉽게 포기하는 자녀를 둔 적이 없다' 고 속삭이는 아버지의 목소리를 듣는 경우가 많다고 한다. 당연히 자식은 그 말을 심각히 고려하게 된다. 이런 상황에서 진로를 바꾸기로 결정한 사람들은 이렇게 말하곤 한다. "난 아버지처럼 살다 죽기는 싫어. 내가 진정으로 원하는 것을 해본 적이 없잖아." 그러므로 자신의 진로 선택과 직업에 아버지가 주는 영향력을 결코 과소평가하지는 말라. 만일 아버지가 돌아가셨다면, 그 당시 아버지에 대해 느꼈던 엄청난 감정들을 회상해 보라. 아버지가 살아 계시다면, 믿을 수 있는 친구나 동료 중에서 아버지가 돌아가신 이에게 아버지에 대한 기억이 진로 선택에 어떤 영향을 주었는지 한 번 물어보라.

많은 여성들, 그리고 일부 남성들은 자신들이 성인이 되어 전문 직업인이 되는데 아버지보다는 어머니의 영향이 더 크다고 생각하고 있다. 아동 발달에 어머니가 얼마나 큰 역할을 하는지에 대해서는 논란의 여지가 없다. 이는 이미 누구나 다 아는 상식이다. 실제로 우리 중 많은 사람이 어머니는 집에서 살림을 하고 아버지들은 정서적으로나 신체적으로 집에 계시지 않은 가정에서 자랐다. 어머니와 대부분의 시간을 보냈기 때문에 우리의 삶에 가장 큰 영향을 준 사람이 어머니라는 것은 자명한 사실이다. 딸들은 어머니를 보면서 여성으로서의 역할을 배운다. 아버지가 어머니처럼 딸들에게 여성의 역할 모델이 된다고 주장한다면 분명 어리석은 일이다. 그리고 많은 집안에서 아버지와 딸들 간에는 어느 정도 거리가 있기 때문에, 진로와 직장생활에 주는 중요하고도 장기적인 영향력은 줄어들게 마련이다.

하지만 이런 모든 사실에도 불구하고 베이비붐 세대에 속하는 우리들 대부분은 아버지가 가족을 부양하는 책임을 지고 있는 집안에서 자랐다. 전형적인 핵가족이나 그와 유사한 형태의 가정에서 아버지들은 양복이나 작업복을 입고 매일 직장으로 출근하곤 했다. 그 사이 어머니들은 집안을 돌보았다. 혹시 어머니가 일을 가졌다고 해도 직업이나 재정 면에서 볼 때 아버지만큼 중요하다고 생각하지는 않았다. 보조하는 역할로 보는 경우가 많았던 것이다.

남성들이 여성들보다 더 많은 돈을 버는 것이 보통이었다. 남성들은 아이를 출산하거나 양육하기 위해 휴가를 내지 않았다. 그리고 남자들은 '진짜' 직업(의사, 변호사, 사업가)을 가졌던 반면 여성들은 기본적으로 전문가를 돕는 위치(교사, 간호사, 사회복지사)에 있었다. 물론 교사, 간호사, 사회복지사가 전통적인 남성의 직업에 비해 덜 힘들다든지 덜 중요하다고 말하는 것은 절대 아니다. 단지 오랫동안 여성에 대한 문화적 편견이 있었고, 요즘도 그렇게 생각하는 사람이 있다는 얘기다. 최근 들어 이런 면에서 상당히 많은 변화가 있었지만, 법률, 의학, 공학, 그리고 사업(특히 고위 경영진) 분야에서 여성들은 여전히 남성들에 비해 적은 보수를 받고 있는 경우가 흔하다. 아직까지는 집에서 자녀를 키우는 남성의 숫자가 여성에 비해 훨씬 적다. 그리고 직위와 상관없이 자녀를 키우는 책임은 여전히 여성에게 있다고 생각한다. 전통적인 가정에서 성장한 여성들은 가정생활에 관해서 어머니가 자신에게 남겨준 유산을 이해할 필요가 있다. 또한 직업 세계에 관련해서는 아버지가 남겨준 유산을 알아야 한다. 이렇게 자란 딸들은 양날 검을 갖고 직업 세계를 대하는 셈이다. 한 쪽 날은 아버지의 역할과 직업윤리이며, 다른 쪽 날은 직장 여성에 관한 어머니의 태도와 관점이다. 딸들은 가정과 직장에 관한 아버지의 생각과 어머니의 생각을 모두 이해하는 것이 중요하다. 딸로서 아버지의 직업적 성취와 역량, 그리고 여성의 역할에 대한 어머니의 관점, 이 둘 간의 조화를 이루는 것은 결코 쉬운 일이 아니다.

이런 이유로 인해서 수천 년 인류 역사 동안 아버지들은 자녀의 진로 선택과 업무 습관에 어머니들보다 더 큰 영향력을 행사해 왔다. 직장은 항상 남성을 위한 활동의 장이었고 남성적 모델이었다. 그리고 남자들은 자신의 일과 그 안에서의 성공에 의해서만 평가되었다. 아직도 남성들은 직업에서 실패하면 자신을 실패자라고 보는 경우가 많다. 일에서 성공하지 못한 남성들을 보는 여성들의 눈도 마찬가지다.

반대로 가정은 여성을 위한 여성적 모델이었다. 여성들은 얼마나 자녀를 잘 키우고 얼마나 가사에 기여하는가에 의해 평가되곤 했다. 옳고 그르고를 떠나 이런 문화적 신념은 매우 강하며 지난 수천 년간 힘을 발휘해 왔다는 것이 사실이다. 농사를 짓는 것은 아버지의 일이었고, 산업혁명 이후에는 집을 떠나 직장에서 일을 하면서 가족을 부양해야 했다. 반면에 가정법원에서는 자녀의 양육과 보호를 대부분 어머니에게 맡기곤 한다. 아버지의 정서적인 면이나 정신적인 면을 고려하기보다는 여성이 양육을 더 잘한다고 보기 때문이다. 점점 더 많은 남성과 여성들이 이런 문화적 고정관념에 도전하고는 있지만, 아버지의 직업에 대한 태도가 자신들의 직장생활에 관한 신념에 어떤 영향을 주고 있는지 이해한다면 상당한 지혜를 얻을 수 있을 것이다.

세 번째 예를 살펴보자. '아버지와 친하지 않았기 때문에 아버지가 별 영향을 주지 않았을 것이다.' 라고 흔히 생각할 수 있다. 하지만 대개는 그 반대가 사실이다. 우리는 정서적으로 부재하는 아버지가 많은 사회에 살고 있다. 아버지들은 양육의 책임을 거의 어머니에게 떠넘기곤 한다. 그런데 아이들은 부모 두 분 모두 곁에 있어주기를 바라는 심리적, 정서적 욕구를 타고 난다. 만일 한 분이 곁에 있지 않으면 좋지 않은 결과가 생길 수 있다. 아버지가 (심리적으로) 부재하게 되면, 그 영향은 대개 직업윤리나 권위를 가진 인물을 대하는 태도에서 가장 확실하게 드러난다. 아버지는 자녀에게 중요하다. 모든 아이들은 본능적으로 자신들의 삶에 아버지가 참여해주길 간절히 원하고 있다.

물론 부재만이 자녀들에게 직업 문제를 일으키는 유일한 요인은 아니다. 아버지와 자식 간의 관계에 문제가 많다든지, 팽팽한 긴장감이 감돈다든지, 혹은 분노나 실망으로 가득 차있다든지 하면 진로 선택에서부터 직장 동료와의 관계에 이르기까지 거의 모든 영역에 심각한 결과를 가져올 수 있다. 물론 좋지 않은 영향이 있으면 좋은 측면도 있기 마련이다. 아버지*와의 관계는 많은 정보와 통찰을 제공하곤 하는데, 좋지 않은 관계도 마찬가지다. 이런 정보와 통찰을 잘 활용하면 직무 수행 능력을 회복하고 더 나아가 한 수준 더 끌어올릴 수 있다. 인간관계, 직업, 재정적인 측면 등에서 아버지가 남겨준 유산을 이해한다면 이는 우리의 직장생활을 위한 강력한 자원과 도약대가 될 수 있다.

아버지의 직업과 진로가 자신과 아무런 연관성이 없다고 믿는 것은 근시안적인 생각이며 흔히 위험하기도 하다. 예를 들어, 아버지가 전쟁 직후 일을 시작해서 은퇴할 때까지 수십 년간 한 회사에서만 기능공으로 근무했다고 하자. 본인은 대학을 나와 석사 학위를 취득하고, 몇가지 관리직을 맡았는데, 그 사이 회사의 합병으로 2차례 실직했다. 이를 피상적으로 보면 자신과 아버지의 직업 생활에 아무런 공통점도 없어 보일 것이다. 하지만 아버지의 동기, 진로 선택, 직업의 안정성과 지속성, 그리고 인간관계 유형에 대해 좀 더 생각해 보라. 이런 비언어적인 일상 행동들이 바로 우리 내면의 아버지 요인을 형성하는 기초가

---

* 단지 생물학적인 아버지만을 의미하는 것이 아니다. 실제로 아버지 역할을 했던 사람, 예를 들면 양아버지나, 나이 차이가 많은 큰 형과 같이 아버지 상이 되었던 사람을 모두 포함한다.

되고 있다. 여성이라 할지라도 자신의 아버지 요인을 갖고 있다. 직업이나 그 밖의 영역에서 아버지의 영향을 받은 행동 양상이 드러나곤 한다. 우리는 아버지의 직업 생활을 관찰했고, 그분이 같은 자리에서 수십 년 동안 살아남는 것을 보았다. 직업과 관련된 아버지의 행동들은 우리가 직장에서 어떻게 행동할 것인지를 가르쳐주는 중요한 지침으로 작용한다. 아버지가 직장에서 어떻게 살아남았는지, 어려운 경영자들을 어떻게 대했는지, 그리고 그렇게 오랫동안 어떻게 한가지 직무를 유지할 수 있었는지를 살펴보면 상당히 귀중한 정보와 지혜를 발견할 수 있을 것이다. 우리와 달라 보인다고 해서 아버지의 직업 생활을 결코 무시하지 말라. 아버지가 살아남을 수 있었던 그 방식이 직업 세계에서 우리가 생존하는데 틀림없이 도움이 될 것이다.

마지막으로, 아버지가 직업 역할모델이 되지 못했거나 닮고 싶은 그런 사람이 아니라고 생각할 수 있다. 이런 생각의 이면에 깔려있는 분노와 화로 인해, 많은 딸과 아들들은 나이에 상관없이 아버지와는 전혀 다른 직업을 갖고자 절망적으로 애쓴다. 이런 진로 선택은 어렸을 적 가정에서 경험한 끔찍한 사건들에 대한 반응이라고 할 수 있다. 자기 아버지의 성격과 직업에 관련된 문제를 해결하지 못한 사람들은 직장생활에서 극단적인 공격성과 '냉담함'을 보인다. 이런 자녀의 진로를 결정하는 힘은 부모이자, 일하는 어른이자, 어머니의 배우자인 아버지의 존재와 직업을 완전히 거부하는 데서 나온다.

이들에게 남겨진 유산은 남성에 대한 실망과 환멸을 극복하는 것이다. 이런 유형의 아버지와의 관계를 경험한 사람들은 권위를 가진 인물들을 신뢰하는 것이 어렵다.

## 아버지 요인은 어떻게 작동하는가?
## : 힘의 여러가지 근원들

아버지 요인은 자신에게 도움이 될 수도 있고 방해가 될 수도 있다. 어떤 방향으로 작용할 것인지는 아버지 요인을 이해하고 인식하느냐 아니면 그것을 무시하느냐에 전적으로 달려있다. 아마도 우리들은 아버지 요인을 이해하고 인식해서 자신에게 도움이 되기를 바랄 것이다. 그렇게 하기 위해서는 아버지와 자녀간의 관계를 다음의 관점에서 바라보는 것이 중요하다.

1 **애착(나와 아버지간의 정서적 유대감)의 4가지 양식** 간헐적 애착, 회피 애착, 우울한 애착, 그리고 안전한 애착의 4가지 양식은 개인적인 관계나 직업과 관련된 인간관계를 어떻게 맺고 있는지를 이해하는데 필요한 단서를 제공한다(각 애착 양식에 대해서는 2장에서 자세히 설명할 것이다). 어릴 때 아버지와 안전한 애착을 형성했던 사람들이 성장해서 일을 하면서도 매우 친밀하고 서로 도움을 주고받는 강력한 인간관계를 즐긴다는 사실은 그다지 놀랄만한 일이 아니다. 안전한 애착이란 출생 초기부터 아버지와 아이가 정서적 유대감을 형성해서 이를 계속 유지하는 것을 말하며, 자녀에게 큰 안정감과 사랑받고 있다는 느낌을 준다. 이런 애착 과정은 이후 다른 사람들과의 관계에 기초가 되며, 이런 아이들은 성장해서 다른 사

람들과 마음을 열고 의사소통을 즐기며 신뢰하는 관계를 맺는다. 물론 다른 애착 양식들이 모두 이처럼 바람직한 것은 아니다. 이런 정서적 유대감을 이해한다면 아무리 어려운 상황에 처했을 때라도 다른 사람들과 안전한 유대 관계를 형성할 수 있다.

2 **아버지의 규범집 : 일, 관계, 윤리, 그리고 돈에 관해 아버지와 할아버지가 언급하거나 언급하지 않은 규칙들** 열심히 일하고, 야망을 갖고, 성취하는 것은 가족 안에서 학습되는 행동이다. 우리가 성취하고자 최선을 다해서 노력하고 있다면, 아마 아버지나 할아버지도 그러했을 것이다. 물론 이 규칙에는 많은 예외가 있긴 하지만, 일반적으로 대부분의 아들과 딸들은 일에 관해서는 아버지와 할아버지의 발자취를 따라간다. 그리고 인간관계를 맺는 방법의 규칙은 바로 우리 내면에 있는 규범집에 근거하기 때문에 아버지나 할아버지의 방법과 더 비슷하다. 규범집은 알고 있는 규칙과 인식하지 못하는 규칙들로 구성되는데, 우리의 사고, 행동, 신념은 이 규칙들을 따른다. 일단 아버지의 규범집 내용을 알게 되면, 이를 자기 자신에게 맞게 다시 작성해야 한다. 대부분의 성인들이 자신의 규범집에 따라 살면서도, 그 안에 담긴 시대에 뒤떨어지고 좋은 결과를 내지 못하는 행동을 바꾸려 하는 경우는 드물다. 이 규범집은 아버지가 물려준 것이지만, 우리가 직장생활에서 성공할 수 있도록 다시 읽어보면서 재평가하고 작성해야 한다.

3 **아버지 유형(아버지와의 일상적인 교류, 행동, 의사소통)** 기본이 되

는 아버지 유형은 성취지상주의형(superachiever) 아버지, 시한폭탄형(time bomb) 아버지, 수동형(passive/negligent) 아버지, 부재형(absent) 아버지, 그리고 배려하는 멘토형(compationate-mento) 아버지, 이렇게 5가지가 있다(이에 대해서는 3장부터 8장까지 자세히 다룰 것이다). 아버지 유형은 우리의 직업 양상, 대인관계 양상, 그리고 삶의 방법에 지대한 영향을 주고 있다. 자신이 호되고 요구가 많은 상사인지 아니면 설렁설렁 넘어가는 상사인지는 상당 부분 아버지의 양육 유형에 따라 달라진다고 할 수 있다. 아버지가 우리와 교류한 방법이 중요한 정보가 되어 현재의 진로 선택, 직업에서의 대인관계, 그리고 업무 능력을 발전시키는데 도움을 주고 있다. 아버지 유형을 잘 이해하는 것이 아버지 요인을 통찰하는 기초가 되며, 따라서 자신의 직장생활과 가정생활도 정확히 이해할 수 있다.

### 샘의이야기

일상생활에서 아버지와의 교류와 의사소통, 그리고 아버지의 행동이 어떻게 우리의 직업과 진로에 영향을 주는지 감을 잡기 위해서 샘의 이야기를 하겠다. 샘은 38세로, 현재 클리블랜드의 작은 법률회사에서 일하고 있다. 샘의 아버지 테디는 출장을 자주 가는 영업 사원이었다. 샘이 기억하는 바에 따르면, 아버지는 공장에 기계 부품을 팔기 위해 중서부를 돌아다녔는데, 몇 주씩 집을 비울 때도 있었고 한동안 전혀 소식이 없을 때도 있었다고 한다. 아버지는 집에 있을 때도 샘의 생활에는 전혀 관여하지 않았다. 테디가 관심을 보인 것은 오직 운동뿐이었다고 한다. 대단한 스포츠 팬이면서 마이너 리그에서 투수 생활을 했던 테디는 샘이 리틀 야구 시합을 할 때만 관심을 보였다. 거의 모든 게임을 보러 왔고, 출장 중에는 샘에게 전화를 걸어서 게임이 어떠했는지 물어보았다고 한다.

아버지 테디가 일 때문에 자주 집을 비웠지만 그렇다고 특별히 열심히 일을 했던 것은 아니었다. 적어도 샘이 보기는 그랬다. 실제로 아버지는 '자기 몫'을 다하지 못해 기계 부품 회사에서 해고당했다. 이 이야기는 부모가 싸울 때 샘이 들었던 것이다. 그 후로 십년 정도 테디는 이 회사 저 회사 옮겨 다니면서 영업을 했지만 돈을 충분히 벌지 못했고 자신의 일에 대해서도 만족스럽게 여기지 않았다. 회사를 그만두거나 해고당할 때도 그저 "별 거 아닌 일이었어"라고 말하곤 했다.

샘은 모범생이었고 고등학교에 다닐 때부터 이미 변호사가 되려는 꿈을 키웠다. 그는 매우 논리적이고 논쟁을 아주 잘했다. 고등학교 토론 팀에서 상을 받았으며, 그 주에서 최고 좋은 법률학교에 입학해서 그 지역 법률학교 학생에게 주어지는 '로 리뷰(Law Review)'라는 최고의 상을 수상했다. 졸업 후에 클리블랜드에서 가장 큰 법률회사에 높은 급여를 받고 취직했다. 그리고는 바로 결혼을 해서 두 아이를 두었다.

불행하게도 샘의 진로는 기대와는 달리 출발부터 순탄치가 않았다. 일을 시작하자마자 그는 법률회사에서 자신이 '사각형 구멍에 들어간 동그란 조각' 같이 느껴진다고 아내에게 말하곤 했다. 파트너들이 동료들에게 품위없이 대하는 것도 싫었고, 아이가 생긴 후에는 다른 동료들은 적어도 한달에 두번은 출장갔음에도 불구하고 샘은 한달에 한

번 이상 출장가는 것을 완강히 거부했다. 여러 차례 샘은 파트너들과 소위 '성격적인 마찰'을 일으켰는데, 다시 말하자면 일과는 전혀 상관없이 전적으로 그들의 '태도'에 관련된 문제였던 것이다. 파트너가 샘을 무시하는 일이 벌어지자 샘은 사직했다. 아내에게는 보다 시간에 여유가 있고 품위있는 문화를 가진 작은 회사에서 일하고 싶다고 했다. 하지만 다녔던 회사마다 문제가 발생했다. 한 회사에서는 사장이 게으르고 무능했고, 다른 회사에서는 일이 너무 단조로웠다. 그의 아버지만큼 자주 회사를 옮긴 것은 아니었지만, 12년 동안 다섯개 회사를 다녔고 그중 어느 누구와도 파트너 관계를 맺지 못했다.

이러한 샘의 진로, 업무 수행, 그리고 직무 만족도에 아버지 테드가 어떤 영향을 주었을까? 우선, 테디는 간헐적이거나 회피하는 애착을 한 아버지라고 할 수 있다. 비록 같이 살기는 했지만 근본적으로는 부재하는 아버지 유형이었다. 아무리 좋게 보아도 샘에게는 수동적인 아버지였다. 그 결과 샘은 아버지와 정서적으로 안전한 애착을 형성하지 못한 채 성장했다. 그 결과 샘은 대부분의 사람들, 특히 상사들을 두려워했다. 그들을 완전히 신뢰할 수가 없었고, 그들이 한 말을 믿지 않았다. 이것이 바로 부재하는 아버지의 영향이다. 샘은 성급하게 법률회사를 사직하는 경향이 있었는데, 아마 버림받고 싶지 않은 마음이 무의식에 있었기 때문일 것이다. 심리적으로 보면 아버지인 테디가 샘을 버렸다고 할 수 있다. 두번째, 아버지인 테디는 돈을 다루는 점이나 야망의 측면에서 바람직한 역할 모델을 보여준 적이 없었다. 돈을 많이 번 적은 한 번도 없었고 성취에 대해서도 별로 관심이 없었다. 샘은 재능도 있었지만, 돈을 많이 벌 수 있고 다른 직업에 비해 출장이 적었기 때문에 변호사를 선택했던 것이었다. 그러나 샘은 겉으로는 일을 잘하길 원했고 아버지의 전철을 밟지 않으려고 했지만 항상 전문가로서의 길을 스스로 파괴하는 것처럼 보였다.

모든 고용주들이 샘의 재능을 인정했지만, 성공과 승진을 가로막은 것은 바로 샘 자신의 태도였다. 샘은 항상 불평불만이 많았고, 그의 태도는 고객과의 관계에 나쁜 영향을 주었다. 고객들이 샘의 동료나 상사에게 샘이 맡은 사건에 '관심이 없어 보인다' 거나 적어도 완전히 개입하지 않는다고 말한 적도 여러 차례 있었다. 이것 역시 회피하고 부재하는 아버지 유형인 테디의 영향이다. 샘이 야구를 할 때만 제외하고는 테디는 아들에게 흥미나 감정을 거의 표현하지 않았다. 샘은 아버지보다 훨씬 더 다정했고 자녀들과 함께 했지만 일에서는 그렇지 못했다. 자기 자신과 타인들 사이에 방어벽을 치고는 했다. 뛰어난 법률적 소견을 갖고 있었고 충실히 일했지만 고객이나 동료들과 좋은 관계를 맺지 못했던 것이다. 일에 있어서는 샘이 상상하고, 원하고, 생각했던 것보다 훨씬 아버지와 닮았다고 할 수 있다.

법률학교의 스타였던 샘은 자신이 기대했던 것만큼 성장하지 못하는 것에 당황하고 자신의 무능력에 큰 좌절감을 느꼈다. 12년간에 걸친 실패를 겪고 난 뒤에야 과거를 되돌아보면서, 그리고 심리치료의 도움을 받으면서 샘은 아버지 요인이 자신에게 어떤 영향을 주었는지 알기 시작했다. 아버지가 자신의 직업 선택과 업무 태도에 어떻게 미묘한 영향을 주고 있는지를 의식하게 되자 샘은 중간 규모의 법률 회사에서 마침내 파트너가 되었다. 아버지 요인을 점점 깨달아 가면서 이를 조절하고 도움이 되는 방향으로 활용할 수 있게 된 것이다. 샘은 직업 생활에서의 좌절을 자신의 아버지나 부자지간의 불행한 관계 탓으로 돌리면서 원망하지 않으려고 조심했다.

## 아버지에 대한 진실과 오해

사람들이 직업과 진로에 관련된 부정적인 유산을 극복하는데 어려움을 겪는 이유는 상당 부분 오래 전에 집에서 일어났던 일들이 현재의 진로와 직업 생활에 어떻게 영향을 주는지 잘 모르기 때문이다. 이런 관련성은 간과하기가 매우 쉽다. 예를 들어 샘은 많은 오해를 하고 있었는데, 아버지에 대한 오해, 아버지가 진로에 미치는 영향에 대한 오해, 그리고 더 넓게는 아버지와 자녀 간의 문제에 대한 오해가 있었다. 그런 오해로 인해 우리가 자라면서 듣고 본 아버지의 말이나 행동의 영향을 가볍게 여기거나 무시하게 된다. 우리들 대부분은 자신들이 현재에만 존재하고 있으며, 과거는 단지 지나간 일일 뿐이라고 확신하고 있다. 아이러니컬하게도 바로 이런 태도로 인해서 과거가 실제보다 더 큰 힘을 갖게 되는 것이다. 지배하고자 하거나, 요구를 많이 하거나, 기대 수준이 높거나, 혹은 학대하는 아버지가 오늘날의 자신에게 아무런 영향도 주지 못하는 척 행동하려고 할 때, 자신도 모르는 사이에 '거칠거나 심하게 비판하는' 상사가 있는 직장을 피하거나 그만둔다든지, 좋은 자리를 놓치는 일이 생길 수 있다. 게다가 그런 일이 왜 생기는지 이해하지도 못한다.

진실과 오해를 구분할 수 있을 때 자기 내면에 숨겨진 의식하지 못한 힘이 자신의 진로 결정에 어떻게 영향을 주는지 훨씬 더 잘 알 수 있으며, 보다 건설적인 방식으로 행동할 수 있게 된다. 또한 이를 깨달을 때 앞으로 우리가 논의할 여러가지 아이디어와 도구들을 잘 활용할 수 있다. 우리에게 영향을 미친 아버지 요인을 이해할 때 우리의 직장생활과 직업에서의 만족도가 높아지기 시작하며 잠재 역량을 극대화할 수 있게 되는 것이다.

다음의 항목들은 아버지가 자녀에게 주는 영향에 관해 흔히 잘못 알고 있는 것들이다. 각 항목을 읽으면서 그 내용이 진실(T)인 것 같은지 아니면 거짓(F)인 것 같은지 표시해 보라. 그런 후에 해답을 보면서 자신이 얼마나 잘 알고 있는지 확인해 보도록 하라. 여기서 중요한 것은 많이 맞추는 것이 아니다. 아버지와 자녀 간의 관계라는 주제에 대해서 제대로 알기 시작하는 것이 중요하다. 즉, 아버지의 말과 행동이 자신의 진로 선택과 업무 수행에 어떻게 영향을 주는지 깨닫는 것이 중요하다.

1 아버지와 어머니는 자녀를 키우는데 동일한 역할을 한다.
2 아들과 딸은 아버지에게서 자기의 생각을 표현하는 기술과 자신감을 배우며, 어머니에게서는 감성지능(EQ : Emotional Quotient)을 배운다. (EQ는 타인을 공감하고, 자신과 타인의 상호작용과 타인에게 주는 영향을 이해하고 통찰하는 능력이다)
3 친아버지보다 아이를 키워준 양아버지 혹은 아버지 역할을 하는 다른 인물의 영향력이 더 크다.
4 남성과 여성은 아버지가 없었던 과거를 극복해서 바람직한 아버지 요인 모델을 발달시킬 수 있다.

5 아버지들은 자녀들의 생애 전체에 걸쳐 영향을 준다.

6 미워하는 아버지로부터 뭔가 가치 있는 것을 배운다는 것은 남자든 여자든 불가능하다.

7 모든 소년과 소녀들이 아버지와 좋은 관계를 맺을 필요가 있다거나 갈망하는 것은 아니다.

8 남자나 여자나 어느 정도 나이를 먹으면 더 이상 아버지에게 인정받고 싶어하지 않는다.

9 어렸을 때 정서적으로 혹은 정신적으로 상처를 받아 고생한 사람들은 자신의 직업에서 성공하기가 어렵다.

10 아주 어린 아이들도 일과 돈의 가치에 관한 아버지의 태도와 행동에 주의를 기울인다.

11 아버지의 언어적 학대는 신체적 학대에 비해 훨씬 덜 해롭다.

12 아버지와의 관계가 좋지 않았던 사람들은 직장에서 조용한 가면을 쓰고 있지만, 실제로 그 속을 들여다보면 대개는 압력밥솥같이 들끓고 있다.

## 해답

1 **거짓** 아버지는 일을 대하는 방식, 문제를 해결하는 능력의 활용, 그리고 직업적 목표를 추구하는 면에서 자녀들에게 역할 모델이 된다. 어머니 역시 역할 모델이 되는데, 주로 가치나 인간관계 면에서 모델이 되며, 아버지의 영향에 여성적인 균형을 잡아준다. 아버지나 어머니 모두 아이들의 발달에 가치를 헤아리기 힘들 정도

로 중요하면서도 서로 다른 역할을 하고 있는 것이다. 자신의 경력 발달에 아버지가 공헌하는 바를 이해하는 것이 중요하다. 지금도 아버지는 우리의 진로와 업무에 중요한 역할을 행사하고 있다.

2 **거짓** 우리 삶에 기본이 되는 정서는 사랑, 공포, 분노, 이 세 가지이다. 아버지가 자녀에게 믿음직하고 따뜻하게 또는 정직하게 이러한 정서를 표현하는 만큼 자녀들이 성장해서 직장생활을 하는데 활용되는 감성지능이 발달하게 된다. 직장 동료와 부딪치는 성격상의 갈등은 정서를 표현하고 이해하는 기본적인 능력, 즉 EQ가 부족한데 기인한다고 할 수 있다.

3 **진실** 아버지 역할을 한다는 것은 생물학적인 차원을 넘어선다. 양아버지란 말은 법률용어일 뿐이다. 실제 관계가 중요하기 때문에, '양(아버지)' 이란 접두사와 '아버지' 로서의 영향력 간에는 아무런 관련이 없다. 자신의 진로 선택이나 직장에서 보이는 성격은 생물학적인 아버지보다 실제로 자신을 양육하는데 중요한 역할을 한 남자의 영향을 더 많이 받는다. 따라서 때로는 한 사람 이상의 아버지(예컨대, 생물학적 아버지와 양아버지)가 동시의 진로 선택과 태도에 큰 영향을 줄 수도 있다.

4 **진실** 아버지가 없었다거나 아버지와의 관계가 끔찍했다고 해서 반드시 과거를 반복하거나 부정적인 유산을 계속 지니고 있어야 하는 것은 아니다. 우리 자신의 진로와 직업에서 성공하기 위해,

또한 자신의 삶과 인간관계를 풍요롭게 만들기 위해 필요한 변화를 창조할 수 있다. 아버지를 비난하기보다 이해하는 능력이 성공의 열쇠 중 하나이다. 그리고 이것이 바로 아버지 요인 모델의 기초이다. 분노와 미움은 잠시 동안 강한 동기를 불러일으킬 수 있지만 이 두 감정이 우리의 진로를 떠받쳐줄 수 없으며, 경력 발전과 자신의 성장에 필요한 모든 요구에 부응하지도 않는다.

5 **진실** 아버지는 돌아가신 후에도 여전히 우리의 직업적 인간관계와 경력 발달에 영향을 주고 있다. 자식들이 분노에 차서 아버지에게 어떤 말을 해도(예를 들면, "나는 결코 아버지처럼 되지는 않을 거예요"), 혹은 어른이 되어 거리를 두려고 아무리 노력해도 아버지는 여전히 긴 그림자를 드리우고 있다. 일반적으로 사람들은 아버지가 돌아가실 때까지는 아버지가 자신의 삶에 주는 영향력을 과소평가하곤 한다. 아버지가 돌아가신 후에도 대부분의 남성과 여성은 아버지가 사생활을 넘어서서 직업 세계에까지 영향을 주고 있다는 사실을 깨닫지 못한다. 우리가 일에 부여하는 가치는 이미 수년 전에 부녀지간 혹은 부자지간이라는 맥락과 배경 속에서 형성된 것이다.

6 **거짓** 모든 딸과 아들은 아버지로부터 정말 많은 것을 배운다. 아버지에 대한 분노나 미움 같은 감정을 넘어서는 것이 가능하다. 아버지와 자식 간의 관계를 분석하면 가치 있는 통찰을 얻을 수 있으며, 우리가 더 나은 관리자, 경영인, 혹은 부모가 되는데 도움이 된

다. 이러한 통찰은 다양한 인간관계에 적응하고 직업 면에서 더 나은 수준으로 상승하는데 도움이 된다.

7 **거짓** 때로는 어린 자녀들이 아버지를 필요로 하지 않는 것처럼 행동한다. 특히 부모가 고통스럽게 이혼하거나 재혼하는 와중에서 그러하다. 어떤 소녀들은 아주 독립적이거나 어머니와 너무 밀접해서, 아버지와의 관계가 아무런 영향을 주지 못할 것이라고 착각하기도 한다. 하지만 실제로는 모든 자식들이 아버지와의 관계를 원하고 필요로 하고 있다. 자신이 아버지와 정서적인 유대감을 갖고자 간절히 바라고 있다는 점을 알아야 한다. 이 타고난 충동을 부인하면 공허함이 생기고, 그러면 직장에서 반드시 문제가 발생하게 된다. 이런 욕구를 부인하는 사람은 고객이나 직원 그리고 그 밖의 사람들과 친밀한 관계를 맺으려는 하는 욕구 또한 부인하게 된다.

8 **거짓** 나이에 관계없이 우리 모두는 아버지의 인정을 바란다. 인정받고자 하는 욕구는 심리적으로 타고나며 아버지와 자녀간의 역학관계에서 자연스럽게 발생한다. 불행히도 많은 아이들이 자라면서 아버지의 인정을 거의 받지 못하는데, 아예 전혀 받지 못하는 아이들도 있다. 이를 극복하고 해결하는 방안은 자기 스스로 자신을 인정하고 자기를 받아들이고 자기를 사랑하는 것이지만, 대부분의 사람들은 그 대신 직장에서 만나는 다른 사람에게 인정받으려 한다. 특히 상사에게서 아버지의 인정을 대신 구하는 경우가 흔

하다. 뒤에서 보듯이, 바로 이런 이유 때문에 많은 직업상 문제나 개인 문제들이 발생하는 것이다. 부재하는 아버지로 인해 생겨난 문제들은 결코 직장에서는 제대로 해결될 수 없다는 사실을 기억하라.

9 **거짓** 갈등을 빚고 학대하는 아버지 밑에서 자랐다고 해서 과거의 그 업보를 반복하거나 진로를 선택할 때 자기 자신을 계속해서 처벌할 이유는 없다. 예를 든다면, 건설적인 비판을 하는 상사로부터 도망쳐서 약하고 무능한 상사를 찾아서는 안된다. 또는 어린 시절 학대받은 것처럼 부하 직원들을 학대해서도 안된다. 자신이 어떻게 자랐는지, 그리고 어린 시절을 형성한 아버지 유형이 어떠했는지를 알게 되면 자신의 진로 선택을 통제할 수 있다.

10 **진실** 아들과 딸은 돈과 일에 관해서는 마치 먹이를 찾는 매처럼 아버지를 주시한다. 많은 아이들이 부모가 눈치 채지 못하게 떨어져서 일과 관련된 행동을 관찰하는 기술을 발달시킨다. 그런데 어떤 이들은 성장하는 동안 이런 주제에 관심을 가져본 적이 거의 없다고 말한다. 하지만 실제는 단지 불쾌한 경험들을 마음속에 가둬두고 있을 뿐이다. 어렵게 번 돈을 낭비하고 있다고 어머니에게 소리를 지르는 아버지, 상사가 너무 많은 일을 자꾸 맡겨서 일을 그만두고 싶다고 불평하는 아버지, 이런 경험들을 잊어버리려고 애쓴다. 돈과 직업윤리에 대한 우리의 태도는 돈과 일에 대한 아버지의 태도, 행동, 신념을 관찰한 사실에 직접 영향을

받았다는 것이 사실이다.

11 **거짓** 인간관계와 직업이라는 관점에서 보면, 언어적 학대도 신체적 학대만큼 파괴적이다. 잔인한 말과 끊임없이 괴롭히는 부정적인 언급들은 아이의 자신감을 손상시키며, 그 결과 권위를 가진 인물들과의 관계가 어렵고 그들을 신뢰하지 못하는 문제가 생기곤 한다. 직원들을 무시하고 흠 잡기를 좋아하는 상사들은 흔히 언어적으로 학대하는 아버지가 있는 가정에서 자란 경우가 많다. 이런 사람들은 상대를 깎아내리는 것을 통해서 자신이 괜찮은 사람이라는 것을 확인하려 한다. 이렇게 학대는 끊임없이 반복되는 경향이 있다.

게다가 언어적 학대는 눈에 보이지도 않는다. 신체적으로 학대를 당하는 아이들과는 달리, 언어적으로 학대를 당한 아이들은 자신이 평범한 아동기를 거쳤다고 믿으며 성장한다. 이처럼 학대를 깨닫지 못할 때 직장에서나 인간관계에서 또 다른 학대를 당하기 쉽다. 이들은 자긍심•에 손상을 입었음에도 불구하고 전문가의 도움을 구하지 않으며, 과거와 현재의 아버지 행동이 자신에게 얼마나 끔찍한 결과를 낳았는지 인식하거나 표현하지도 못한다. 눈에 띄는 신체적인 증거(부러진 팔, 멍, 부은 얼굴 등)가 없기 때문에 언어

---

• self-esteem. 자긍심이라고 번역했으며 자신감이나 자존심(pride)과는 조금 다른 의미이다. 자신감은 일반적으로 자기가 일을 해낼 수 있는 능력이 있다고 믿는 것이지만 자긍심은 자신이 괜찮은 사람이라고 믿는 것이다. 자긍심에는 능력에 대한 믿음뿐만 아니라 인격적으로도 신뢰할 만한 사람이라는 믿음을 포함하기 때문에 자신감보다 더 넓은 개념이다. 이에 비해 자존심은 일반적으로 부정적인 의미로 사용되며, 자존심을 내세우는 사람은 실제로는 자긍심이 낮거나 자신감이 부족한 사람일 경우가 많다.

적 학대가 가져오는 장기적인 손상을 가볍게 보는 경향이 있다. 결과적으로 보면 그들은 정서적인 손상과 고통을 지닌 채 가정생활과 직장생활을 영위하는 셈이다.

12 **진실** 관리직에 있는 사람들은 흔히 스트레스를 받을 때 겉으로는 완벽하게 차분하게 보이는 기술을 갖고 있다. 하지만 속으로는 압박감이 계속해서 쌓여 간다. 이런 사람들은 밤에 잠을 잘 이루지 못하고, 위궤양이 생기기도 하며, 불안해하곤 한다. 그 밖에도 다양한 신체 증상들이 생기는데, 이로 인해 의사 결정을 잘 하지 못하고 증상이 심해지면 직장을 그만두기도 한다. 지지하고 보호하는 아버지는 모든 유형의 스트레스에 대처할 수 있도록 필요한 내면의 자원을 자녀에게 제공한다. 물론 일과 관련된 압박감에도 대처할 수 있는 능력을 키워준다. 아이들의 자긍심을 높여 주고, 학교, 직장, 인간관계를 잘 해나갈 수 있는 대처 기술을 습득하도록 도와주곤 한다. 이런 아이들 중 일부는 스트레스를 받을 때 화를 내거나 우울해지거나 아니면 불안해 할 수도 있다. 하지만 내적으로 보면 이들은 스트레스를 다룰 능력이 있으며 따라서 계속해서 유능하게 일한다.

## 모두 고려하기
## : 아버지의 행동을 성인이 된 자녀의 일에 대한 태도와 행위에 연결하기

애착 양식, 아버지 유형, 그리고 규범집을 통해 아버지들은 자녀의 경력 선택과 직장에서의 행동에 무수한 영향을 줄 수 있다. 하지만 이 효과는 모든 자녀들에게 동일하거나 선명하게 보이는 것은 아니다. 같은 애착 양식을 가진 두 분의 아버지(어머니가 이혼하고 재혼했을 경우)와 살았다고 해도 아버지 유형은 서로 다른 방식으로 자녀에게 영향을 줄 수 있다. 예를 들어, 양아버지는 친아버지에 비해 더 친밀하고 감정을 나누는 양육 태도를 취할 수 있을 것이다. 유전과 직장 환경(고용주, 직장 문화, 상사의 유형 등) 또한 중요한 역할을 하는 것은 분명하다. 그러나 이런 차이가 있다 하더라도, 아버지가 자녀를 키운 방식과 자녀들이 성장해서 직장인이 되었을 때 보이는 장단점 간에는 여전히 분명한 관련성이 있다.

이런 연관성을 볼 수 있도록 아버지 유형, 애착 양식, 그리고 아버지의 규범집을 합쳐 '퀴즈'를 만들어 보았다. 아이와 아버지의 양육 방식을 기술한 시나리오를 보여준 다음, 각각에 대해 그 아이가 성인이 되어 직업을 가졌을 때 일어날 법한 가상적 결과를 3개씩 제시했다. 아이와 아이를 양육한 방법, 그리고 결과 간의 관련성을 찾을 수 있는지 한번 문제를 풀어보라.

**앤드류** 회사에서 최고위층 중역으로서 매우 열심히 일하고 뛰어난 성과를 내고 있다. 딸인 앨리슨을 키우면서 아이가 요구하는 것은 거의 모두 들어주었다. 왜냐하면 업무상 출장이 잦아 딸과 함께 있는 시간이 거의 없어서 죄책감을 자주 느꼈기 때문이다. 그래서 출장에서 돌아올 때면 꼭 딸을 위해 선물을 사왔다. 앨리슨의 성인식 때에는 새로 출시된 BMW 스포츠카를 선물했고, 대학을 다닐 때는 테니스와 골프 개인 지도를 받게 했으며, 여름 방학동안 친구들과 유럽 여행을 가게 했다. 그는 딸을 맹목적으로 사랑했고 딸이 어떤 문제를 일으켜도 큰소리를 치는 법이 거의 없었다. 귀가 시간을 넘겨도, 과속이나 교통법규 위반 딱지를 끊어도, 음주 운전을 해도 내버려 두었다. 앤드류는 앨리슨이 엄청난 가치를 가진 대단한 아이라고 확신하고 있었고, 딸을 믿는 것이 부모로서 할 수 있는 최선의 일이라고 믿었다. 무엇을 요구하지도 않았고, 앨리슨에게 정서 표현과 행동의 한계를 정해주지도 않았다. 앤드류는 딸의 가장 가깝고 친한 친구가 되기를 원했다.

**A** 앨리슨은 아버지처럼 성공한 회사 중역이 되었다. 아버지가 자신에게 무척 관대하게 대했고 일에서 느끼는 행복과 성공을 얘기해 주었기 때문에 아버지의 길을 따르기로 선택했다. 그녀 또한 출장을 자주 다니고, 늦게까지 일하고, 자신의 높은 지위와 많은 급

여에 만족하는 매우 열정적인 중역이다.

B 앨리슨은 회사라는 세계와 물질주의를 거부하고 젊은이답게 저항하는 삶을 살았다. 그녀는 대도시 중심부의 저소득층 거주 지역에서 일하는 초등학교 교사를 자원했다.

C 앨리슨은 제대로 된 성공이나 안정감을 획득할 만큼 오랫동안 한 자리에 붙어있지 못하고 이 회사 저 회사, 이 직업 저 직업으로 옮겨 다녔다. 처음 일을 시작하거나 새 직장에 들어가면 열정적으로 일을 시작하지만, 금새 싫증을 내고 다른 일이나 직장으로 옮기고 싶어 안달했다. 앨리슨은 늘 경제적인 문제가 있었고 신용이 불량했다. 매년 아버지에게 큰 돈을 받아 위기에서 벗어나곤 했다.

**• 정답 : C** 부재하면서 너무 방임하는 아버지 밑에서 자란 아이들은 세상의 어떤 상사나 직장도 아버지처럼 자신을 대하지 않는다는 것을 알게 된다. 아버지가 해준 것만큼 충분히 칭찬받을 수도 없고, 만족할 만한 봉급을 받을 수도 없는 게 현실이다. 자신이 기대한 것만큼 일이 쉽지도 재미있지도 않다. 그 결과, 이상에 맞는 직업이나 직장을 찾아 끊임없이 헤매지만 항상 헛수고로 끝나곤 한다. 이런 유형의 아버지는 수동적이고 부재하며, 과도하게 방임하고, 죄책감을 해소하려고 행동하기 때문에, 아들이나 딸을 의존하는 성인으로 키우는 경우가 많다.

**마이클** 자영업을 하는 배관공으로, 아들인 알렉스에게 비판을 매우 많이 하고 화를 잘 낸다. 알렉스가 리틀야구 리그에서 시합을 할 때면 마이클은 관중석에 앉아서 아들이 실수할 때마다 소리를 지르곤 했으며, 끊임없이 시합하는 '요령'을 알려주는 그런 유형의 아버지였다. 알렉스가 성적표를 받아왔을 때 한 번도 만족한 적이 없었다. 아무리 A학점을 많이 받아도 달라지지 않았다. 알렉스가 집안의 규칙을 조금이라도 위반하면 불같이 화를 냈고, 아들의 친구나 다른 가족들 앞에서 아들을 마구 씹어댔다. 마이클 역시 그런 아버지 밑에서 자랐다. 마이클의 아버지는 남자 아이들은 거친 아버지 밑에서 자라야지, 그렇지 않으면 고생을 많이 할 것이라고 단호하게 말했다.

**A** 알렉스는 자기 집에다 작은 회사를 차려 놓고 운영하기 시작했다. 먹고 살 만큼은 벌었지만 사업을 확장하고 수입을 높일 기회를 많이 놓쳤다. 왜냐하면 그가 늘 사람들에게 말하듯이, 위험을 감수하고 싶지 않았기 때문이었다. 알렉스는 자신감이 부족했고 그래서 자신을 성장시키고 싶어하지 않았다.

**B** 알렉스는 독재적인 상사가 되었다. 명령하고 통제하는 시대의 뒤떨어진 리더가 되어 고함지르며 명령하고 업무 수행이 마음에 들지 않으면 기분 나쁜 것을 그대로 표출했다.

**C** 알렉스는 모험을 즐기면서 그 대가를 얻는 주식중매인이 되었다. 성공한 주식중매인이 되어 세상과 그의 아버지에게 자신이 비난 받을 만한 존재가 아니라는 것을 보여주었다.

**• 정답 : A** 알렉스가 양육된 방식을 살펴보면, 그는 위험을 감수하는 것이나 실패에 따른 비난을 두려워한다. 조그맣고 안전한 자영업은 다른 사람들을 화내게 만들지 않으며, 그가 잘못했다는 말을 들을 가능성도 적기 때문에 두려움을 피하기에 좋다. 자기 때문에 다른 사람이 화를 내는 것을 참을 수가 없고, 따라서 주위 모든 사람들의 평화를 깨지 않도록 부단히 노력하곤 한다. 자영업을 하는 것이 권위를 가진 인물을 대해야 하는 문제를 피하도록 해준다는 점에서 도움이 된다.

**칼** 치과의사. 자녀와 많은 시간을 보내기 위해 병원을 집 가까이에 차리고, 경제적으로 안정되자마자 두 명의 보조 의사를 채용했다. 그렇게 해서 아들인 루이스가 참여하는 모든 공연이나 연주회에 참석할 수 있었다. 루이스와 시간만 같이 보낸 것이 아니라 마음으로도 함께 했다. 아들 앞에서 감정을 표현하는 것을 두려워하지 않아서 슬픈 일이 생기면 눈물을 보였고, 루이스가 실망스러운 행동을 하면 이를 기꺼이 알렸다. 칼은 완벽하지는 않았지만(칼은 루이스 스스로 해야만 하는 일을 대신 해주는 경향이 있었다) 항상 자비롭게 함께 하는 아버지였다.

**A** 루이스는 자신의 일에서 결코 평범한 수준을 넘어서지 못했다. 부분적으로는 아버지가 너무 많이 도와주고 지지해주었기 때문에 혼자 힘으로 뭔가를 시도하는 사람이 되지 못했다. 루이스도 치과의사가 되고 싶었지만 시장을 파악하고 자신의 병원을 효과적으로 운영하는 주도력이 부족했다. 루이스가 자신의 일을 제대로 하려면 아버지의 지지가 필요했다. 그렇지 않으면 일을 제대로 하지 못했다.

**B** 루이스는 아버지와는 전혀 다른 직업을 선택했다. 그는 큰 교향악단의 매니저가 되었다. 그는 자신의 일을 사랑했다. 다른 직업에 비해 취업의 기회가 많지 않은 일을 선택했지만 자신이 잘 알고 즐기는 일에서 성공할 수 있다는 자신감을 갖고 있었다. 루이스는 힘이 넘치고 창의력 있는 운영자가 되어, 대다수의 교향악단들이 적자에서 허덕일 때 자신의 교향악단이 흑자를 낼 수 있게 도와주었다.

**C** 루이스는 스튜디오에서 녹음을 돕는 뮤지션이 되었고, 상당히 잘했다. 그는 항상 더 높은 수준의 연주를 하기 원했지만 그런 일을 하지는 못했다. 칼이 너무 지지를 많이 했고 자비로웠기 때문에, 그렇게 뛰어오르는데 필요한 경쟁심을 루이스에게서 빼앗은 셈이다.

• **정답 : B** 앞에서 말했듯이, 칼은 완벽한 아버지는 아니었지만 아

들이 아버지를 필요로 할 때면 언제나 곁에 있어주었다. 그래서 칼과 루이스는 안정되고 안전한 관계를 즐겼던 것이다. 이런 관계 속에서 루이스는 자긍심이 높아졌을 뿐만 아니라 실패를 극복할 수 있는 용기를 얻었다. 그는 사랑하는 직업을 찾았고, 그 일이 비록 성공할 가능성은 높지 않았지만, 야심찬 목표에 초점을 맞추고 그것을 성취하는데 필요한 자신감을 갖고 있었다. 칼은 아들의 생각이 자기와 다르더라도 이를 지지할 수 있는 내면의 자신감을 가진 아버지였던 것이다.

실제 삶을 살펴보면 여기에 제시한 시나리오보다 훨씬 더 복잡할 수 있지만, 그럼에도 불구하고 매우 정확하다. 핵심을 다루기 위해 실제 원인과 결과를 단순화시켰지만, 그동안 볼 수 없었고, 완전히 이해하기 힘들었던 아버지의 행동과 성인이 된 자녀의 경력 선택과 직장 안에서의 행동 간의 관계를 깨달았을 것이다.

# 아버지 – 자녀의 애착 관계

## 아버지의 애착 양식이 직장에서 인간관계에 영향을 주고 있다

2

나의 첫 번째 기억은 요람에 서서 아버지를 울면서 찾았던 것이다.
그 때 경험했던 감정을 정확히 묘사할 수 있는 말은 아무 것도 없다. 무시무시했다.
어린 시절이나 아버지를 생각할 때면 겁이 나기 시작하고,
이런 두려움은 남자들에 대한 분노로 변한다. 아버지는 어디 있었는가?
아버지와의 관계가 지금도 나에게 영향을 주고 있다는 것을 나는 알고 있다.

:: 데비, 52세(매니저, 어머니, 2차례 이혼)

성장하는 동안 아버지는 나의 든든한 버팀목이었다.
그때는 몰랐지만, 아버지는 항상 나를 바라보고 계셨다.
어떤 일이든 제대로 될 것이고 난관을 극복할 수 있을 것이라는 느낌을 항상 갖고 있었다.
항상 아버지가 지지해주고 보살펴준 결과, 자신감을 갖고 직업과 삶에서
성공할 수 있었다는 것을 나는 알고 있다.
아버지의 지지가 없었더라면 사업에서 성공할 수 없었을 것이다.

:: 찰스, 38세(소매업체 소유주, 아버지, 결혼한 지 5년)

father

factor

"사업 세계에서 성공하는 심리적 비결이 무엇입니까?" 사람들은 내게 이런 질문을 자주 한다. 당신의 직업에서 '성공 가도'를 달리고 야심찬 목표를 달성할 수 있는 요인을 하나만 들어 보라고 하면 과연 무엇일까? 나는 이 질문에 항상 이렇게 대답한다. 사업적이든, 법률적이든, 사회적이든, 개인적이든, 심리적이든, 어떤 측면에서 보든 인간관계의 중요성과 막강한 힘을 이해하는 것이 그 열쇠가 된다. 인간관계의 힘을 이해하고 싶다면 애착이라는 개념을 파악할 필요가 있다. 특히 아버지와의 애착 관계를 알아야만 한다. 왜냐하면 모든 인간관계는 애착에 기반을 두고 있기 때문이다.

보다 구체적으로 말하면 초기 애착 과정에서 자신과 아버지 사이에 일어났던 상호작용을 인식해야만 한다. 애착(愛着 : attachment)이란 용어가 시사하듯이, 애착•은 성장하는 동안 아버지와 접촉하고 유대감을 형성하는 방식을 의미한다. 사전에는 애착을 '한 사람을 다른 사람과 묶어주는 감정. 헌신. 호의를 가짐' 이라고 정의하는데, 이 개념을 그런대로 잘 요약하고 있다. 애착이 없으면 의미 있는 관계가 존재할 수 없다. 우리는 애착을 기반으로 세계, 미래의 배우자, 아이들, 동료, 고객, 거래처, 상사, 그리고 자기 자신과 관계를 맺는다. 사람은 관계를 맺고자 하는 성향을 갖고 태어난다는 사실을 기억하라. 정신 건강을 측정하는 한가지 지표는 삶의 모든 측면에서 인간관계를 형성하고 유지하는 능력을 재는 것이다.

애착의 개념을 너무 단순화시키고 싶지는 않지만, 그렇다고 여기서 필요 없는 심리학 이론이나 어려운 용어를 사용해서 부담을 주고 싶지도 않다. 따라서 우리들의 인성(人性) 발달에 애착이 어떤 역할을 하는지에만 초점을 맞춰 설명하도록 하겠다.

## 타고난 반응
## : 왜 우리는 반사적으로 애착하는가?

애착 연구와 이론의 선구자는 영국 출신의 정신과 의사인 존 보울비 박사이다. 그는 '성격 발달에 있어서 아동이 가정에서 경험하는 것보다 더 큰 영향을 주는 경험은 없다' 고 기술했다. 어린 시절 아버지와 함께 있다고 느끼는 경험은 자신이 어떤 존재인가, 특히 다른 사람과의 관계에서 어떤 사람인가 하는 느낌을 형성하는 초석으로 작용한다.

---

• 많은 사람들이 애착이란 말을 흔히 집착이란 말과 혼동해서 사용한다. 하지만 여기서 사용한 애착은 집착과는 다르다. 애착이란 용어는 심리학, 교육학 등 학술 분야에서 흔히 사용하는 용어이기 때문에 여기서 그대로 사용했다. 애착이 집착과는 다르다는 점을 확실히 이해하기 바란다.

유대감이 형성되는데는 아버지와 어머니 모두 매우 중요하다. 안아주고, 껴안고, 먹여주는 행동들 모두가, 유아가 세상에서 안전하고 안락하게 느끼는 능력을 발달시키는데 결정적인 역할을 하고 있다. 우리는 주위에 있는 사람들과 접촉하고 애착하고 관계를 맺고자 하는 욕구를 갖고 태어난다. 애착의 추동과 애착하고자 하는 욕구는 평생 동안 결코 감소하지 않는다. 어른이 되어도 우리의 정신 건강의 기초는 항상 의미 있는 애착관계를 형성하는 능력이다.

보울비에 의하면 아버지와 맺는 초기의 애착은 이후의 모든 대인관계에 대한 기대를 만드는 힘을 갖고 있다고 한다. 이 말은 우리가 배우자 혹은 애인을 신뢰하고 있다고 생각하거나 아니면 자신을 이용하고 있다고 의심하거나, 상사가 따뜻한 사람이라고 생각하거나 아니면 요구가 지나치다고 생각하거나, 회사 동료가 도움이 된다고 보거나 아니면 믿을 만하지 않다고 보고 있다면, 이런 현재의 경험들이 실은 아버지와의 관계에 그 뿌리를 두고 있다는 것이다. 좀 더 구체적으로 말하자면 우리가 아버지와 어떻게 애착했는지가 지금의 인간관계에 영향을 주고 있다는 것이다. 당연히 어머니와의 애착 과정도 아버지에 대한 애착과 같은 정도로 중요하다는 사실을 잊어서는 안 된다. 이러한 초기 관계들의 영향은 과소평가되거나 무시될 수 없다. 하지만 아버지와의 애착 과정은 그 영향력이 적다고 생각하면서 간과하고 거의 이해하지 못하는 경향이 있다. 이런 문화적 편견이 있는 이유는 아버지 유형을 다루면서 자세히 설명하겠다. 여기서의 초점은 아버지의 애착 양식이 어떻게 우리에게 영향을 주고 있는지를 이해하고, 그것이 지금도 우리의 인간관계와 업무에 영향을 미치고 있다는 것을 잘 아는 것이다.

어릴 적 부모와의 애착 경험을 자세히 이해하다 보면 직장에서의 자신의 행동이나 직업 선택에 관해 놀라운 통찰을 할 때가 종종 있다. 조직에서 리더들을 살펴보면, 그들 중 대다수가 버팀목이 되어주는 아버지와 친밀한 관계를 맺었던 가정에서 자랐다는 것을 발견할 수 있다. 물론 아버지와 소원한 애착을 했던 리더도 일부는 있다. 이런 리더들은 배려가 부족해서 차갑고 공격적인 리더십 유형을 취하곤 한다. 이들은 부하 직원에게 감정을 드러내는 것이 자연스럽지 못하다고 느끼는 경향이 있다(본인은 이를 의식하지 못할지도 모르지만). 이와 비슷하게 아버지와 불안정한 애착을 했던 사람들은 아버지를 대신할 만한 상사를 찾아다닌다. 아버지를 대신할 사람이란 부하 직원에게 엄청나게 많은 관심과 공감을 표현하는 사람을 말한다. 아버지와의 애착이 약했던 사람들도 자존감이 부족하기 때문에 힘 있고 창조적으로 자신을 표현할 수가 없어서 일을 하면서 상처를 많이 받는 경향이 있다.

앞에서 든 예들은 애착이 인간관계나 직장생활에 주는 영향의 극히 일부분일 뿐이다. 그러면 어떻게 해서 애착이 그처럼 강력한 효과를 내는지 알아보기 위해 두 개의 사례를 살펴보도록 하자.

**메리** 서른여섯 살. 그녀는 포춘 지가 선정한 500대 기업 중 하나에 드는 대기업의 전국 영업 관리부장 직을 놓고 면접 과정 중이었다. 그녀는 관련 분야의 석사 학위를 갖고 있고 업무 성적도 뛰어났다. 적합한 직무 경험도 있고, 상사도 그녀가 진급할 수 있도록 지원하고 있었다. 그런데 이틀에 걸친 면접 과정에서 메리는 면접위원들과 시선을 맞추는 것이 너무 어려웠다. 그들의 마음에 들기를 간절히 원하고 자신이 그 자리에 적임이라는 것을 보여주고 싶었지만 점점 위축되고 멀어지는 느낌이 들었다. 메리는 인사위원회가 이미 누군가를 채용하기로 결정해 놓은 상태에서 형식적인 절차만 밟고 있는 것은 아닌가 하고 느꼈다.

메리는 오랫동안 유지해왔던 직업적 관계를 잃고 새로운 관계를 형성해야 하는 상황에 부닥치면 평소보다 훨씬 더 조심스러워진다. 하지만 메리란 사람이 관계에 변화가 생기고 불확실한 상황에 처할 때 습관적으로 어떻게 행동하는지를 인사위원회가 알 리가 없지 않겠는가? 내면 깊은 곳에서 메리는 다른 사람들이 자신을 괜찮고 유능한 사람이라고 보지 않을 것이라고 확신하고 있었다. 그래서 인사위원회의 면접 과정처럼 사람들이 그녀를 알려고 시도하는 상황에 처하면 그녀는 더 안으로 도망쳐 버렸다. 이전의 성공에도 불구하고 메리는 자신의 성취를 별거 아닌 것으로 취급해 버리곤 한다. 열심히 일하고자 하는 의지와 더불어 단지 운이 좋았기 때문이라고 자기 자신에게 말하곤 했다. 메리는 끈질기게 지속되는 불안과 능력에 대한 불안감을 이해하기 위해 자신의 내면 깊은 곳을 보려는 시도를 한 번도 하지 않았다.

메리가 나에게 왔을 때 우리는 그런 탐색을 시작했다. 그 과정에서 메리의 어린 시절 대부분 동안 아버지가 심하게 우울했었다는 사실을 발견했다. 아버지는 직장에서 퇴근하여 집에 돌아와서는 소파에 앉은 채 석간신문만 읽었다. 메리나 식구 중 어느 누구와도 대화를 거의 하지 않았다. 메리는 아버지가 자기를 중요하게 생각한다거나 자기를 보호하고 있다고 느낀 적이 없었다. 성장하면서 아버지와 정서적인 접촉을 하거나 교류를 한 적이 거의 없었던 것이다. 정말 놀랍게도, 그녀의 아버지는 메리가 대학 졸업반이 될 때까지 딸의 생활에 관해서, 딸의 감정이나 관심거리에 대해서 물어본 적이 전혀 없었다. 어른이 되어서도 메리가 전화할 때만, 대개는 일 년에 두 차례(아버지 생일과 추수감사절) 정도 아버지와 이야기를 나누었다.

메리의 아버지는 딸의 자연스러운 인간적 욕구인 사랑, 인정, 그리고 안정감을 충족시켜주지 못했다. 직장에서 그녀의 인간관계가 그처럼 취약하고 안정되지 못하는 것은 바로 이 때문이었다. 아버지들이 자녀에게 제공하는 안정감과 사회적 기대에 따른 능력 발달에 필요한 내적인 핵을 메리는 자라면서 한 번도 받지 못한 셈이다. 메리의 아버지가 정서적으로 떨어져 있었기 때문에 그녀는 자신에게 뭔가 문제가 있다고 느꼈던 것이다. 지적이고 기술도 있고 성실함에도 불구하고 그녀는 여전히 자신감이 부족하며, 특히 전국 영업 관리부장 직같이 중요한 변화가 일어날 가능성이 있을 때 더욱 그렇게 느꼈다. 메리가 아버지와의 애착 경험과 아버지 유형을 이해할 때까지 그녀는 직장에서 핸디캡을 느끼면서 자신의 잠재력을 발휘할 수가 없었다. 예상대로 그녀는 원하던 승진을 하지 못했지만, 아버지와의 관계가 어떠했는지를 알아가고 있는 중이다. 그녀는 이 과정에서 얻게 된 중요한 통찰들을 통해 직장에서 자신 스스로를 어떻게 보고 있는지, 그리고 동료들과 어떻게 관계를 맺고 있는지 알게 될 것이다.

**마이크** 52세인 마이크는 메리와는 다른 양식의 애착을 아버지와 형성했다. 하지만 진로에 미치는 영향은 메리와 마찬가지로 컸다. 마이크는 대규모 영화사의 컴퓨터 애니메이션 감독으로 일하면서 만화 영화에 사용되는 그림의 배경을 만들었다. 이는 많은 기술을 필요로 하면서도 지루한 작업이다. 마이크는 최근 같은 회사에서 일하는 제작자와 계속 마찰을 일으켜 일을 그만두었다. 회사의 이사는 그가 재능은 있지만 함께 일하기는 까다로운 사람이라고 느꼈다. 마이크가 해고되기 전에 그의 상사는 마이크에게 "일을 끝내는 데에만 초점을 맞추지 말고 팀원으로 함께 작업하는데 더 신경을 쓰라"고 조언을 해주었다. 마이크는 해고되자 자신이 시기와 연령 차별의 희생자임이 분명하고, 아무도 자신의 컴퓨터 애니메이션 재능을 인정해주지 않는다고 확신했다.

마이크가 나를 보러 왔을 때, 나는 그에게 어린 시절 아버지와의 애착이 어떠했냐고 물어보았다. 마이크는 "내가 성장하는 동안 부모님이 이혼했기 때문에 아버지는 집에 거의 없었지요. 정기적으로 아버지를 만나 함께 멋진 시간을 보낼 수도 있었지만, 오랫동안 아버지를 만나지 못했습니다"라고 대답했다. 또한 마이크는 아버지와 함께 있을 때는 무척이나 안전하고 행복하고 만족스럽게 느꼈다고 설명했다. 하지만 아버지를 몇 주 동안, 때로는 몇 달 동안 보지 못했을 때에는 우울해지고 친구들이나 가족과의 만남도 피했다고 했다. 정기적으로 아버지를 만나지 못했던 일은 마이크에게 큰 슬픔이었고, 어린 나이에 겪게 된 이처럼 강력하고 혼란스러운 감정으로 인해 불안을 느꼈다. 마이크는 "아버지를 만날 때마다 놀라고 기뻤어요. 아버지가 다시는 돌아오지 않을 거라고 항상 생각했거든요" 하고 말했다.

이렇게 어린 시절에 아버지에게 애착과 분리를 동시에 경험한 마이크는 상사나 직원들과 정서적으로 거리를 두는 것이 오히려 편하게 느껴졌다. 아버지와의 관계에서 겪은 대립되는 감정과 슬픔에 대한 반응으로 스스로 고립을 선택한 셈이다. 정확하게 표현하면 아버지와 함께 보낸 시간이 너무 좋았기 때문에 오랫동안 아버지가 없을 때는 끔찍하게 괴로웠다. 이 고통으로부터 자기 자신을 지키기 위해, 마이크는 직장에서 '얼음'(직장 동료들이 그렇게 표현했다) 가면을 쓰고 살았다. 흥미롭게도 마이크는 친한 관계에서는 따뜻하고 친절했다. 그의 아버지의 유산이 나쁘기만 한 것은 아니었던 것이다. 아버지와 보낸 시간들은 정말 좋은 시간이었고, 아버지는 마이크에게 친밀감과 의사소통의 가치를 가르쳐 주었다.

마이크가 직장에서의 인간관계에서 이런 인간적인 면을 보여주려면 일을 하다보면 자연스럽게 벌어지는 정서적인 만남과 이별에 대처하는 방법을 배워야만 한다. 직원들은 사직하기도 하고 해고당하기도 한다. 상사들은 승진하기도 하고 다른 부서로 이동하기도 한다. 새로운 고객들이 생기는가 하면 기존 고객이 떠나기도 한다. 팀원들 간에 의견 차이가 생기는 것이 당연하고 새로운 영화 프로젝트는 시작되고 또 종료된다. 마이크는 어린 시절 아버지와의 애착 경험을 현재의 직업적 인간관계에서 분리시켜야만 한다.

나는 마이크가 아버지와 가졌던 이중적 관계가 현재의 사적인 인간관계와 직업상의 대인관계에 어떻게 반영되고 있는지 볼 수 있도록 도와주었다. 그는 만남과 헤어짐이라는 자연스러운 경험을 받아들일 필요가 있었다. 아버지와 함께 있을 때 마이크는 멋진 관계를 즐겼으며, 이는 사생활에 그대로 전이되어 역시 좋은 인간관계를 가졌다. 아버지가 곁에 없을 때에는 위축되고 우울해지는데, 직업상 관계의 변화에 직면했을 때도 이와 똑같이 반응했다. 이런 이중성을 알고 자신이 다른 사람들을 차단하고 있다는 사실을 깨닫기 위해 계속해서 진지한 노력을 하는 것이 자신을 괴롭히고 진로에 방해가 되는 대인관계 문제를 극복하는데 도움이 될 수 있다.

## 어떤 애착 문제가 직장에서 문제를 일으키는가?

우리가 아버지와 바람직한 애착 속에서 성장했다면 가정생활과 직장생활에 많은 성취감과 행복감을 맛보았을 것이다. 하지만 대부분의 사람들은 그렇게 운이 좋지 못하다. 우리의 부모님이나 조부모님 세대는 아버지가 어떤 역할을 해야 하는지에 대해 오늘날 우리가 아는 것만큼 많이 알지 못했다. 그 결과 요즘 아버지들처럼 자녀들과 친밀한 관계를 형성하지 못하는 경우가 많았다.

그래도 좋은 소식은 우리가 아버지와 어떤 애착을 했던 간에 그 부정적인 효과를 극복할 수 있다는 것이다. 손상을 회복하는 첫 번째 단계는 자신이 어떤 면에서 취약한가를 아는 것이다. 그렇게 할 수 있도록 아래에 여러가지 체크할 항목들을 제시했다. 첫 번째 항목들은 직장에 관련된 행동들이고, 두번째 항목들은 아버지에 관련된 것이다. 아래의 체크 리스트를 살펴보면서, 일상생활에서 반복되는 주제나 행동 패턴이 있다면 체크하라. 늘 그런 행동을 하거나, 혹은 아버지가 매일 그렇게 했어야만 하는 행동을 체크하는 것이 아니라, 자주 반복되는 것이라면 체크하라.

### 애착 문제

___ 동료, 상사, 거래처, 고객들을 신뢰하거나 마음으로 친해지기가 어렵다.

___ 직장에서 다른 사람들과 감정을 교류하지 않으며 거리감이 느껴진다.

___ 바람직한 '사교 기술'을 발달시키거나 유지하는데 어려움을 느낀다.

___ 직장에서 정서적인 헤어짐 혹은 변화(이별, 종결, 이직, 전출, 사업 계획의 변경)에 부닥칠 때마다 어려움을 겪는다.

___ 장기적인 직업상의 관계를 형성해야 할 때 심한 감정적 갈등이 느껴진다.

___ 다른 사람들의 심정을 공감하고 그것을 표현하는 것이 힘들다.

___ 스트레스를 받으면 누군가에게 매달리거나 공격적으로 행동하는 경향이 있다.

___ 진로나 직장생활에 손상이 생길 정도로 동료에게 극심한 경쟁심을 갖는다.

___ 상사나 권위를 가진 인물들(직장 내에서 지위가 높은 사람)을 대하는 데 어려움(불안, 충돌, 분노, 회피 등)이 있다.

___ 직업, 직무 수행, 혹은 동료들에 대해 불안을 느낀다.

___ 위험이 별로 없는 일이나 과업을 선택한다.

___ 동료, 상사, 고객들에게 좋은 감정을 표현하는 것을 고의적으로 피한다.

아버지 문제

___ 내가 어렸을 때 아버지가 멀게 느껴질 때가 자주 있었다.

___ 내가 어렸을 때 아버지는 실제로 떨어져 있을 때가 자주 있었다.

___ 아버지는 화가 나거나 좌절할 때 화를 냈지만 다른 감정은 표현하지 않았다.

___ 아버지는 친한 친구가 없거나 직장에서 친하게 지내는 사람이 없었다.

___ 아버지는 특히 내게 좋은 감정을 표현하는 일이 드물었다.

___ 아버지와 나와의 관계는 일관성이 없었다(신체적으로나 정서적으로 때로는 내 곁에 없을 때가 많았다).

___ 아버지는 자주 우울하거나 슬퍼 보였다.

___ 아버지는 활기가 별로 없어서 나와 놀이나 활동을 함께 하지 않

는 편이었다.

___ 내가 성장하는 동안 아버지는 내 생활에 관여를 거의 하지 않았다. 나에 대해서도 잘 모르고, 나의 관심이나 친구 관계에 대해서 아는 것이 별로 없었다.

___ 아버지는 자신의 직업에 대해서 만족감이나 긍지를 표현한 적이 없다.

두 개의 체크 리스트 중에 하나도 체크한 것이 없다면 아버지와 안정된 애착을 즐기며 성장했다는 증거이다. 그리고 애착 문제가 진로와 직업에 나쁜 영향을 주지 않았을 가능성이 높다(4장부터 8장까지 다루는 아버지 유형이 영향을 줄 수도 있다). 각 목록에 체크한 것이 한 두 개 정도라면 애착 문제가 인간관계와 직장생활에 영향을 주고는 있지만 심각한 정도는 아니다. 만일 한 목록 당 3개 이상의 항목에 체크했다면 아버지와의 애착에 문제가 있었으며 경력과 직장생활에 상당한 문제가 있을 가능성이 높다. 사회적 성장과 성공이 지연되는 중요한 이유 중 하나가 애착 문제일 수 있다는 것이다.

물론 이 체크 리스트의 항목 중 어떤 것은 아버지 유형과 상관없는 다른 요인 때문에 체크한 것일 수도 있다. 하지만 나의 의도는 정확한 진단을 하려는 것이 아니라 아버지 유형이나 애착같이 직업상의 인간관계에 관련된 중요한 주제를 생각해 보게 하는 것이다. 우리들 대부분은 자신이 아버지와 어떤 애착 관계를 가졌는지 생각해 보지 않는다. 생각한다고 해도 그것을 직장에서의 애착 양식이나 직업상 어려움과 연결지으려 하지 않는다. 이 체크리스트는 우리가 별개라고 생각했던 행동들 간에 존재하는 연관성을 생각하고 관련성을 찾으려는 시도의 시작이라고 할 수 있다. 우리의 성공과 좌절은 우리의 아버지—아들 관계 또는 아버지—딸 관계 양상과 직접적인 상관이 있다.

각 체크 리스트에 체크한 항목이 많다고 해서 실망하거나 아버지와의 관계가 무가치하고 희망이 없다고 생각하지는 말라. 대부분의 사람들이 그러하듯이, 우리 역시 어느 정도는 아버지와 성공적인 애착을 했을 것이다. 애착이란 있고 없고의 문제가 아니라 애착의 부재에서부터 안전하고 일관성 있는 애착에 이르는 연속선상에서의 차이만 있다. 즉, 질에서 차이가 나는 것이 아니라 양에서 차이가 나는 것뿐이다. 우리의 애착도 그 연속선상의 어느 한 점에 해당될 것이다. 비록 아버지와의 관계가 흔들리거나 산발적이었을지라도, 아버지가 우리 곁에서 정서적, 신체적, 정신적으로 함께 즐긴 시간이 분명히 있었을 것이다.

그리고 과거는 과거일 뿐이라는 사실을 명심하라. 우리의 인생은 우리 앞에 펼쳐져 있지 뒤에 있는 것이 아니다. 지금 우리의 관심은 자신의 직업 전망과 직무 수행을 향상시키기 위해 할 수 있는 것이 무엇인지를 아는 것이다. 다행히도 우리가 할 수 있는 일이 많다. 아버지와의 애착의 질이 어떠했는지에 상관없이 현재와 미래의 일에 대해 더 현명한 선택을 할 수 있도록 그것을 활용할 수 있다. 그렇게 할 수 있도록 다음에 분류한 4가지 애착 양식(간헐적 애착, 회피 애착, 우울 애착, 안전한 애착) 중에 자신의 애착이 어디에 해당하는지 확인해 보라. 각 양식은 고유한 특성과 접근 방식이 있어서 우리가 어렸을 때뿐만 아니라 어른이 된 후에도 영향을 미친다. 우리가 대답해야 할 질문은 '아버지와의 애착 양식이 지금도 나의 직업과 직장생활에 장애가 되고 있는가?' 이다. 경력과 직장생활에 관한 소중한 깨달음을 얻고 이를 현재와 미래의 직업적 성장을 위해 이용하는 것이 중요하다.

## 간헐적 애착 양식

이름이 암시하고 있듯이, 간헐적 애착 양식은 관계가 있다가 없다가 하고, 규칙적이지 않고 일관성이 없는 경우이다. 아이의 정서적 욕구(사랑, 지지, 관심), 신체적 욕구(음식, 안식처), 정신적 욕구(시선 접촉, 대화)가 충족될 때도 있다. 그러나 어떤 때는 이런 기본 욕구가 충족되지 못한다. 출생 시부터 열 살 무렵까지 경험하는 충족되지 못한 사건들이 어린 아이의 세상 경험의 주축을 이루게 된다. 어린 딸이 눈물을 흘리며 학교에서 돌아왔는데 아버지가 이를 알아차리지 못하거나, 혹은 더 심각하게, 알아차렸음에도 불구하고 뭐가 잘못되었는지 물어보지 않는다면 딸은 자신이 중요하지 않은 존재라고 느끼기 시작한다. 이런 무관심이 지속되면 자신이 무가치할 뿐만 아니라 자신의 행동이 아무런 영향도 주지 못한다고 생각하면서 행동하기 시작한다.

사실 아이에게 큰 영향을 주는 것은 아버지가 때때로 눈물을 알아차리고 안심시켜 줄 때이다. 아버지가 적절하게 반응하면 아이는 사랑받고 있고, 보호받고 있고, 안전하다고 느낀다. 하지만 불행하게도 그런 일이 있은 후 아이가 상처를 받았거나, 우울하거나, 흥분되어 있는데 아버지가 전처럼 잘 대해주지 않을 수가 있다. 이처럼 아버지의 행동에 일관성이 없고 아버지가 어떤 행동을 할지 확신할 수 없을 때, 아이는 세상이 안전한 장소가 아니라는 두려움을 갖게 된다. 정서적 일관성과 예측 가능성은 신뢰를 형성하며, 신뢰는 아이나 성인 생활에서 모든 애착과 인간관계의 기초가 된다고 할 수 있다. 신뢰가 없으면 직업상 좋은 인간관계를 형성하는 것이 거의 불가능하다. 예측할 수 없는 애착 양식이 극단적으로 심하면 의심과 두려움이 많은 편집증적 성격이 형성된다. 이들은 모든 사람들이 자신을 이기려고 혈안이 되어 있기 때문에 아무도 믿어서는 안 된다는 생각을 바탕에 깔고 살아간다. 직장에서 조금이라도 이런 피해 의식이나 의심을 갖고 있게 되면 사회적 경력의 발전이나 직업적 만족, 진급 등에 장애가 될 수밖에 없다.

어떤 아버지들은 가끔씩 일관성을 잃어버리지만 어떤 아버지들은 전혀 일관성이 없는 경우도 있다. 전혀 일관성이 없는 아버지를 둔 아이들은 타인을 의심할 뿐만 아니라 자신에게 결코 좋은 일이 일어나지 않을 것이라고 생각하게 된다. 반면에 아버지가 일관성 있게 행동하면 그 자녀는 세상에서 안전함을 느끼고 사람들을 신뢰할 수 있게 된다. 그런 아버지들은 자녀가 어떤 감정을 느끼고 있는지 알고 있다는 것을 보여주며, 따라서 자녀들은 아버지에게 그런 것을 기대한다. 아버지의 섬세함과 보호를 통해서 우리는 자신감을 얻고 세상에 나아갈 수 있다.

간헐적 애착 양식의 아버지는 어른이 된 자녀의 진로와 직장에서의 행동에 어떤 영향을 줄까?

첫째, 이런 사람들은 다른 사람들을 조심스럽게 대한다. 만약 상사라면, 직원에게 솔직한 경우가 거의 없다. '알아야 할' 수준이 다르고, 직원들이 모든 것을 알 필요는 없다고 생각한다. 흔히 이런 사람들은 팀워크에 문제가 있다. 아이디어가 떠올라도 아무한테도 알리지 않고, 그 아이디어가 성과를 내게 되면 그 공을 다른 사람과 나누려고 하지 않는다. 둘째, 일관성 없는 애착 하에서 자란 아이들은 행동을 예측하기가 매우 어렵고 매일매일 다른 사람처럼 행동한다는 피드백을 받기도 한다. 어떤 때는 다정하고 열심히 일하다가도 다른 날은 심통이 나 있고 거의 아무 것도 하지 않곤 한다. 세 번째, 이런 사람들은 비관적이고 냉소적일 때가 많고 대개는 세상을 부정적인 시각으로 바라본다. 경영자들은 대체로 이런 사람이 다른 사람에게 동기를 부여하거나 리더가 되기는 어렵다고 생각하게 된다.

**조안** 아버지와 일관성 없는 애착 관계에서 성장했다. 그녀는 매우 유능한 소프트웨어 설계자였고, 자신의 회사를 운영하기 위해 최고의 소프트웨어 회사를 그만두고 나왔다. 그녀가 만든 제품은 대단히 훌륭했다. 그녀의 회사는 벤처 캐피털 회사에서 든든한 지원도 받았지만 어쩐 일인지 허우적거렸다. 조안은 좋은 직원들을 붙잡지 못했고 고객들과도 안정된 관계를 형성하지 못했다. 직원들의 작업을 너무 일일이 간섭해서 직원들을 소외시켰고, 고객들에게는 부정적인 태도를 취했다. 하지만 조안은 그것을 '파악하지' 못했고 회사가 처한 어려움에 자신이 일조하고 있다는 생각을 하지 않았다. 오히려 직원들의 이직률이 높고 주요 고객들이 떠나는 것을 보면서 세상을 안전하지 못한 곳이라고 보는 그녀의 비관적인 관점만 강화되었다.

조안처럼 우리도 아버지와의 일관성 없는 애착에 의해 영향을 받고 있는지 평가하기 위해서 다음의 질문에 답해 보라.

1 직장생활에서 다른 사람을 믿기가 힘든가?
2 직장에서 내가 가장 신뢰하고 친밀하게 지내는 사람이 누구인가?
3 내가 믿고 있는 그 사람은 내가 그를 가장 신뢰한다는 사실을 알고 있는가?
4 동료를 대하는 태도나 행동이 나의 기분에 따라 상당히 달라진다고 느끼는가? 동료들로부터 360도 피드백을 받게 되었을 때, 내가 어떤 '모습'을 보일지 알 수가 없다는 지적을 받았는가?
5 나의 직업상 목표를 결코 달성할 수 없으리라고 생각하는가? 난관이 생길 때마다 마치 재난이라도 벌어진 것처럼 대하는가?
6 화가 나거나, 슬프거나, 스트레스를 받거나, 흥분되었을 때 동료들과 거리를 두는가?
7 동료들과 어떠한 유대감도 갖지 않으려고 피하는 경향이 있는가?
8 직장에서 다른 사람과 애착하거나 친해졌을 때, 그것을 걱정하거나 그렇게 한 것을 나중에 후회하는가?

그렇다고 대답한 것이 많을수록 아버지의 일관성 없는 애착 양식에 의해 더 많이 영향을 받고 있을 가능성이 높다. 그러나 우리는 통찰을 통해서 현재의 걱정과 행동을 변화시키고 더 나은 선택을 할 수 있다. 이것이 통찰이 갖고 있는 지혜와 아름다움이다.

## 회피 애착 양식

회피 애착 양식인 아버지들은 정서 표현, 신체 접촉, 그리고 감정을 나누고 이해하는 대화가 부족하다. 안아주고, 손을 잡아주고, 뽀뽀하는 등의 자양분이 되는 행동은 이 양식과는 거리가 멀다. 성인이 된 자녀들은 이런 아버지를 '차갑다', '무관심하다', '거리감이 느껴진다', '사랑을 표현할 줄 모른다' 라고 묘사하곤 한다. 물론 거의 모든 아버지들이 자녀를 사랑한다. 하지만 그 사랑을 말과 행동으로 자녀가 알 수 있게 표현하는 것이 어려운 것이라고 할 수 있다. 그 결과 자녀들도 대부분 정서적인 고립에 익숙해지게 된다. 즉, 자신의 감정이나 생각을 다른 사람들과 나누기보다는 생활 속의 기쁨과 고통을 혼자 처리하곤 한다. 겁이 나거나, 스트레스를 받거나, 화가 났을 때, 이들은 가족이나 친구의 위로를 구하기보다 자신의 껍질 속으로 숨어들어가는 경향이 있다. 위기 상황에서 고립되는 것이 이들에게는 오히려 안전하게 느껴지는 것이다.

회피하는 아버지 밑에서 자란 아이들이 어른이 되면 직장에서도 이와 비슷하게 다른 사람들과 거리를 둔다. 감정이 실린 표현이 이들을 불편하게 만들기 때문에 타인에게 화를 내는 일이 드물다. 동료나 직원들이 상사나 다른 동료에 대해 화내면서 말하기 시작하면 얼른 주제를 바꾸어 버린다. 이들은 자신의 감정을 드러내거나 진실로 만나야 하는 관계를 형성하거나 유지하는데 곤란을 겪곤 한다. 이런 이유 때문에 고객들과 좋은 관계를 맺지 못하는 경우가 많다. 그냥 '서류나 들이미는 사람', '관료주의자나 공무원 스타일', '인간적인 매력이 없는 사람' 으로 비춰진다. 때로는 이들이 보여주는 정서적 중립성이, 일이나 주위에 있는 동료들에게 관심이 부족하다거나 일에 몰두하지 않는 것으로 오해를 사기도 한다. 경영자가 되면, 직원에게 문제가 있을 때 그 직원과 함께 문제를 처리해 나가려고 하지 않고 인력개발실에 떠넘겨 버린다. 이런 사람들은 상당히 구체적인 성과를 산출할 수 있고 개인적으로 훌륭한 공헌을 하기도 하지만, 대인관계 기술이 부족하기 때문에 승진에 한계가 있다. 이런 아들과 딸들은 인간관계가 매우 어렵고 깊은 수준의 정서적 교류를 힘들어 한다. 이것이 승진과 발전에 큰 걸림돌이 되는 것이다.

아버지의 회피 애착 양식에서 파생되는 또 다른 문제는 흔히 그 자녀들이 회사나 직장의 정서적 분위기에서 고립된 외톨이, 은둔자, 혹은 아웃사이더로 비춰진다는 사실이다. 정서적인 접촉이 잘 안되고 마음이 흔들리는 것을 꺼려하기 때문에 직업적으로 의미 있는 성장을 이룩하는데 손해가 된다. 소원하고 냉담한 고객, 동료, 혹은 상사에게 사람들이 잘 대해줄 리가 없지 않는가? 자신감, 신뢰, 그리고 직업적 발전은 친밀한 인간관계에서부터 이루어진다. 회피하는 아이들과 어른들은 이런 식의 교제를 꺼려한다.

**조** 조의 아버지는 회계사 일을 했다. 조의 말을 빌자면, 조의 아버지는 회계 감사를 할 때처럼 차갑고 계산적인 눈으로 자녀들을 대했다. 어릴 때 아버지가 안아준 기억은 한 번밖에 없었는데, 그건 할아버지의 장례식 때였다. 조는 아버지의 전철을 밟지 않았다. 자녀들을 정기적으로 안아주고 사랑을 표현하는 것을 중요하게 여겼다. 하지만 직장에서 사람들에게 따뜻하게 대하는 것이 매우 어려웠다. 조는 뉴욕에 있는 커다란 대중 홍보 기업에서 일을 했지만, 그의 주된 업무는 '무대 뒤'에서 배포할 기사, e-메일 편지, 그리고 연설문을 작성하는 것과 언론 홍보 방안을 수립하는 것이었다. 회사에서는 그의 기술을 높이 샀지만 그가 사람들(고객이나 기자들)과 교류를 잘하지 못한다는 것을 알고 있었다. 그래서 그는 자기 분야에서 평범한 성공만을 거두었을 뿐이다. 그렇게 몇 년이 지나자 조는 자신이 승진하지 못하는 이유가 자기의 글재주와 언론매체 분석 기술이 너무 뛰어나기 때문이라고 확신하기 시작했다. 자신이 관리직급으로 승진하면 다른 업무를 처리하느라 자신의 뛰어난 기술을 온전히 활용할 수 없기 때문에 회사에서 승진시키지 않으려 한다고 생각한 것이다. 그는 최근에 들어서야 자신이 승진하지 못한 진짜 이유가 사람들이 가까이 다가오면 거의 반사적으로 밀쳐 내고(특히 사람들이 화가 나 있거나 성취한 것에 대해 지나치게 흥분했을 때), 다른 사람들과의 대화를 차단하기 때문이라는 것을 깨닫기 시작했다.

아버지가 회피 애착 양식이어서 우리가 직업과 관련된 문제를 일으키거나 영향을 받는 것은 아닐까? 다음의 질문들은 이 문제를 더 자세히 알아보는데 도움이 될 것이다.

1 혼자서 일하는 것을 선호하는가? 협동 작업을 하는 것이 어렵다거나 시간 낭비라고 생각하는가?

2 같은 사무실에 근무하는 사람 중에서 업무와 관련된 문제나 직업상의 걱정거리에 대해 터놓고 깊은 대화를 나누는 사람이 없는가?

3 일에서 스트레스를 받을 때, 그 상황에서 어떤 감정을 경험하고 있는지를 다른 사람에게 표현하지 않으려고 하는가? (예를 들면, 곧 있을 구조조정 때 퇴직당할지도 모른다는 두려움을 다른 사람과 나누는가? 일의 마감 기한을 맞추지 못하지는 않을까 하는 걱정, 혹은 다른 사람과 좋지 않은 일이 벌어진 것에 대한 걱정을 얘기하는가?)

4 직장에서 자신의 참 모습을 아는 이는 아무도 없다고 생각하는가?

5 동료가 눈물을 흘리면서 혹은 화를 내면서 다가올 때, 나는 그 감정을 빨리 차단하고 사실에만 초점을 맞추는가?

6 해고당했거나 승진에서 누락된 동료에 대해 누군가 동정적으로 얘기할 때, 나는 혹시 감정이 개입되지 않은 주제로 바꾸려고 시도하는가?

7 좋은 직업을 갖고 있고 일도 상당히 잘 하는데도 불구하고 공허함을 느끼거나 뭔가 충족되지 못한 것 같은 느낌을 받는가?

8 직장에서 가장 친한 친구에게 자신의 직업이나 진로에 관련해서 감정을 표현하는 것을 피하는가?

9 나는 나 자신의 감정이나 타인의 감정과 의견을 편하게 받아들이는 사람이라고 생각하는가?

이전과 마찬가지로 그렇다는 대답이 많을수록 아버지의 회피 애착 양식이 우리의 일에 영향을 주고 있을 가능성이 더 높다.

## 우울 애착 양식

아버지가 치료를 받아야 할 정도로(일상의 모든 면에서 제대로 기능하지 못하는 수준) 우울하지는 않았더라도 활기가 부족하고, 산만하게 행동하고, 특히 자녀의 요구에 반응하지 않았을 수 있다. 항상 이렇지는 않았을 수도 있지만 직장을 잃었거나 경제적인 어려움을 겪을 때 우울 애착 양식이 작동할 수 있다. 또는 질병이나 약물 남용, 혹은 아버지의 아버지, 즉 할아버지와의 애착에 문제가 있었을 때도 우울 애착 양식이 되기도 한다. 아버지의 우울한 기분이 집 밖에서 발생한 사건에 기인하든 만성적이든, 그것은 마치 우리에게 관심이 없다고 말하는 것과 같다. 아이들은 아버지의 불행이나 우울함과 자신이 아무런 관련이 없다는 것을 알지 못한다. 아이의 눈으로 보면 자기 때문에 아버지가 아무런 반응을 하지 않는 것으로 받아들여진다. 자기의 말이나 행동 때문에 아버지가 그렇게 행동한다고 보는 것이 아이들의 전형적인 사고방식이기 때문이다. 그 결과 아이들은 자긍심이 떨어지고, 이를 보상하기 위해서 문제 행동을 하거나• 자기 껍질 속으로 들어가 버린다. 왜냐하면 자신들이 하는 것은 아무런 가치가 없다고 생각하기 때문이다.

---

• 청소년이 저지르는 비행 행동의 주요 원인 중 하나는 우울이다. 우울한 아이들은 자극을 찾아서, 어른들의 관심을 끌기 위해서, 절망감에서 벗어나기 위해서, 또는 자포자기하는 심정으로 약물, 절도, 폭행 등의 비행을 하거나 자살을 시도한다. 우울로 인해서 비행을 하는 청소년들은 그렇지 않은 비행 청소년들에 비해 관심을 보이는 성인들과 친밀한 관계를 맺기가 쉽고 상담의 효과도 높다.

이 애착 양식의 전형적인 예는 다음과 같다. 딸아이가 학교에서 돌아와 아버지에게 학교에서 그린 그림을 선물했다. 아버지는 그 그림을 보다가 내려놓고서는 고개를 살짝 끄덕인다. 그것으로 끝이다. 칭찬하거나 선물에 고맙다고 하거나 그림 내용을 알려달라고 한다거나 자신의 감상평을 얘기하지 않는다. 그렇게 되면 딸아이는 어렸을 때부터 자기가 중요한 존재가 아니고 자기가 노력한 결과가 별 것 아니라는 것을 배우게 된다. 아이가 이렇게 생각하는 것은 사실 틀린 것이며, 발달에 해를 끼친다. 이 아이들은 정서적인 무관심과 방치라는 중대한 문제를 겪으면서 성장한다. 이 문제를 잘 처리하지 못한 채 성인이 되면 직장생활에서도 그 후유증을 계속 겪게 된다.

학교나 일에서 아무리 성취를 많이 한다고 해도 우리들은 부모님께 인정받고 소중한 존재가 되고 싶은 핵심 욕구를 갖고 있다. 아버지가 우울하거나, 이랬다저랬다 하거나, 다른 일에 빠져 있어서 자녀가 얼마나 소중한 존재인지 보여주지 못한다면 아이들은 자신이 환영받지 못하는 존재라는 느낌을 마음 깊이 새기게 된다. 이후에 이런 느낌은 자기가 가치 없는 존재가 아닌가 하고 끊임없이 의심하는 형태로 나타난다. 다른 사람들이 자기를 좋아하지 않을 것이란 느낌, 자신이 한 일이 별 거 아니라는 느낌이 계속해서 자기를 괴롭히는 것이다. 어른이 되어서도 이런 사람들은 자기가 주목받을 만한 가치가 없다는 수치심을 느낀다. '부족한' 사람이라는 느낌은 긍정적인 경력 발전에 아주 강력한 방해물이 되어 버린다.

일과 관련해서 보면, 이런 부류의 사람들은 인간관계보다는 보수나 지위가 올라가고 작업 목표를 달성하는 것을 통해 정서적 욕구를 충족하려고 한다. 아이러니컬하게도, 이렇게 일에만 초점을 맞추다보면 자신의 진로 목표를 달성하는 과정에서 한계에 부닥치게 된다. 이들에게는 자신감과 결단력이 없다. 자기 가치에 대해 의심하고, 수치심(자신이 지나치게 부족하다고 느끼는 감정)이 있고, 올바른 선택을 하지 못할 것이라고 불안해하기 때문에 직업적인 면에서 제동이 걸린다.

**앤** 눈부실 정도로 뛰어난 업무 실적에도 불구하고 부장 승진에 두번이나 실패했다. 회사의 이사회가 그녀의 '리더십'에 의문을 가졌기 때문이었다. 이 회사의 CEO는 여성이었고, 따라서 단지 여성이기 때문에 진급에 누락된 것은 아니었다. 그보다는 앤이 우유부단하고 직원들에게 동기를 부여하는 능력이 부족하다는 인상을 주었기 때문이었다. 앤이 받은 피드백은 그녀가 훌륭한 아이디어를 갖고 있을 때나 끝내주는 전략을 제안할 때도 그 제안의 장점을 타인들에게 확신시켜 주기보다는 사과하는 듯한 태도를 취하면서 그 전략의 단점을 염려하는 모습을 보여준다는 것이었다.

이 우울 애착 양식의 모습이 친숙하게 들린다면, 다음에 있는 내용들이 자신에게 해당되는지 확인해 보라.

1 직무 스트레스를 받을 때 뚜렷한 이유가 없음에도 불구하고 수치

심을 경험하는가?

2 일이나 직업상 성공을 했을 때 마치 사기를 친 것 같은 느낌, 그러니까 자신이 유능하다고 생각하도록 모든 사람의 눈을 속인 것 같은가?

3 실패가 두려워서 혹은 무능해 보일까봐 두려워서 사업에서의 모험을 시도하지 않으려고 하는가?

4 누군가 나를 칭찬할 때, 그것이 단지 나의 지위 때문이거나 뭔가 내게 바라는 것이 있어서 그러는 것에 불과하다고 의심하는가?

5 회의하는 도중에, 혹은 자기 자리에 앉아 있을 때 특별한 이유 없이 갑자기 엄청난 슬픔이 밀려드는가?

6 사무실에서 나의 능력, 타인에 대한 영향력, 그리고 중요성을 과소평가하는가?

7 때때로 내가 '정말로' 중요하고 성공한 인물이 되어 모든 이들이 나를 칭송하는 공상을 하곤 하는가?

이 질문들은 자신이나 직업상 관련있는 다른 사람과 관계를 맺는 방식이 우울 애착 양식인지를 확인하기 위해 만든 것이다. 아버지의 우울 애착 양식은 자녀에게 우울을 야기시키는 경향이 있다.

## 안전한 애착 양식

안전한 애착 양식은 이상적인 방식이라고 할 수 있다. 자녀의 욕구에 귀를 기울이고, 무엇을 원하는지 알고 이해하는 능력이 있다. 이런 아버지들은 자녀의 일상적인 욕구(신체적, 정서적, 정신적 욕구)를 일관성 있게 충족시켜 준다. 그래서 아이들은 아버지를 신뢰할 수 있게 된다. 어릴 때 형성된 신뢰와 안정감은 이후의 모든 성격 발달, 지적인 성장, 그리고 직업 선택의 기초가 된다.

안전하게 애착하는 아이들은 아버지가 제공하는 일관된 주의와 관심, 그리고 사랑을 표현하는 동작을 통해서 자신이 세상에서 중요한 존재라는 것을 알게 된다. 사실 아버지의 애착 양식에 관계없이 대부분의 아이들이 이런 긍정적인 관심과 사랑을 받긴 하지만, 대개는 산발적이다. 일관성이 중요한 요소이다. 일관성이 있을 때 아이들은 아버지로부터 사랑과 지지를 기대할 수 있다는 것을 배우게 된다. 물론 아버지와 자녀간의 관계에서 어느 정도의 갈등과 문제는 있게 마련이다. 하지만 이런 긴장과 다툼 속에서도 아이들은 아버지가 자신을 사랑하고 있다는 것을 확신한다. 아버지에 대한 신뢰를 결코 잃지 않는 것이다. 성적이 나빠 아버지가 외출을 금지시켰기 때문에 화가 난다고 해도 말이다.

이런 애착 양식의 결과로 어른이 되었을 때 일을 잘하고 야심찬 직업상 목표에 도달한다. 이들은 정서적으로 다른 사람과 자신있게 접촉할 수 있으며, 위험을 감수하고, 남을 이해하고, 동료를 신뢰하며, 소속감을 키우도록 돕는 능력을 갖고 있다. 자신감과 결단력이 있기 때문에 리더십이 뛰어나 관리직으로 승진할 유력한 후보가 될 수 있다. 위기 상황에서도 잘 대처하며, 혼란의 와중에서도 차분하게 자신을 지켜나간다. 또한 동료, 직원, 그리고 고객들 역시 안전한 애착과 친밀한 관계를 갈망하고 있다는 것을 인식하고 그들이 이런 관계를 형성하고 촉진

할 수 있도록 도움을 아끼지 않는다.

**빌** 그의 아버지는 안전한 애착 양식이었다. 빌의 아버지가 특별히 돈을 많이 벌었다거나 성공한 것은 아니었지만 그의 아버지 유형은 빌이 커다란 상가 건축회사의 CEO로 성장하는데 큰 도움을 주었다. 빌은 주립 학교를 다녔고, 공부를 잘하는 편이었지만 뛰어난 학생은 아니었다. 장래에 CEO가 되고 싶어 하는 사람들이 원하는 그런 인맥은 없었지만, 빌은 빠르게 승진하면서 여러가지 직무를 담당했고 마침내 최고의 지위까지 올라갔다. 회사의 CEO 선발 위원회의 말을 빌자면, "그는 CEO에게 필요한 모든 자질을 갖추고 있다." 빌은 자신의 경력을 통해 모든 것을 처리하는 기술을 보여주었지만 가장 중요한 것은 회사의 문화와 일치하는 가치관을 굳건히 갖고 있다는 것이었다. 그는 재무 분야에서 뛰어난 능력을 지녔을 뿐만 아니라 회사 직원들, 고객, 그리고 공급처 사람들과 인간관계를 형성하는데 관심을 기울이고 시간을 내었다. 또한 보수적인 경영자라면 결코 시도하지 않을 '계산된 위험' 을 감수하면서 도전하여 회사가 기회를 잡을 수 있게 했다. 그렇다고 결코 무모한 시도를 한 적은 없었다. 쉽게 말해서, 빌은 모든 회사가 원하지만 쉽게 찾을 수 없는 집중력 있고, 자신감 있고, 유능한 리더였던 것이다.

우리의 아버지도 안전한 애착 양식 같은가? 다음의 질문을 통해서 확인해 보라.

1 동료들이 나를 신뢰한다고 생각하는가? 즉, 동료들이 다른 사람에게는 말하기 힘든 두려움, 의심, 불평 등을 내게는 기꺼이 얘기하는가?
2 사업적 기회를 활용할 수 있도록 적절한 수준의 위험을 감수하고 있다고 생각하는가? 최근 2～3년 동안 내가 위험을 감수하고 시도해서 회사에 이익을 안겨준 일을 두어가지 들어 보라.
3 동료나 상사가 나의 업무 처리에 대해 결단력이 있다고 평가하거나 피드백을 하는가?
4 좋은 인적 네트워을 갖고 있는가? 회사 내부와 외부에 나의 사업적 목표를 달성하도록 도와줄 강력한 인간관계를 형성했는가?
5 직장에서의 인간관계에 장점을 갖고 있는가?

그렇다는 대답이 많을수록 좋다. 하지만 아버지와의 관계에 부족한 점이 있다고 하더라도 관리 양상과 대인관계 양상을 보다 바람직한 방향으로 변화시키는 것이 가능하다. 이 책에서 설명한 단계를 따른다면 자신의 잠재력을 극대화할 수 있도록 아버지 요인을 긍정적인 힘으로 바꿀 수 있다. 첫 단계는 아버지 유형(4장부터 8장)과 아버지에게 물려받아 그에 따라 살고 있는 규범(9장)을 정확히 아는 것이다. 이 두 가지를 정확히 알기만 한다면 변화가 가능할 뿐만 아니라 자유로움을 만끽할 수 있다.

## 애착을 이해하는 것이 경력 개발에 어떤 도움이 되는가?

아버지 요인을 파악하는데 있어서 애착은 단지 퍼즐 조각 하나에 불과하지만 중요한 조각이라 할 수 있다. 아버지의 애착 양식과 그것이 직장에서의 행동에 주는 강력한 영향력을 깨닫는다고 해서 모든 직업상의 문제가 해결되는 것은 아니다. 하지만 깨달음은 가치 있는 통찰을 주기 때문에 바람직한 방향으로 문제를 해결하는 시발점이 될 수 있다. 사람들이 애착의 원리를 이해할 때 모든 업무에서 직면하는 장애물을 생각보다 훨씬 쉽게 제거할 수 있다는 것을 발견하고는 경탄해하는 모습을 자주 보게 된다. 예를 들면, 아버지와 간헐적으로 애착했던 경험으로 인해 쉽게 상처받는 경향이 있다는 것을 알게 되는 순간이 문제를 다루는 길이 열린다.

아마 지금쯤이면 성장할 때 경험했던 애착 양식을 파악할 수 있을 것이다. 이제 각 양식의 부정적인 효과를 상쇄할 수 있는 몇가지 아이디어와 해야 할 일들을 아래에 제시하겠다.

### 간헐적 애착

- 업무와 관련된 새로운 행동을 5가지 정하라. 그리고 이를 꾸준히 연습하기 위한 목표를 설정한 후 매일 일지를 써라. 예를 들면, 약속 지키기, 시간을 끌지 않고 회신 전화하기, 사업상 지시에 따르기, 동료와 점심 약속 만들기, 일정보다 빨리 과업 완수하기.
- 우습거나 겁이 나더라도 직장에서 다른 사람의 노력을 칭찬하는

연습을 하라. 직원, 동료, 혹은 고객을 요일별로 한 사람씩 정해서 그 사람이 한 일에 대해 감사를 표현한다. 긴장되더라도 이를 감수하면서 동료들에게 말로 감사를 표현하라.

- 관심을 표현하고 싶은 사람들의 목록을 만들어라. 특히 걱정을 표현하거나 도움을 요청하는 사람들을 정한다. 이런 문제를 모른 척하고 저절로 사라지기를 바라는 마음을 극복하라. 모든 사람의 문제를 해결해줄 필요는 없지만 그들의 문제가 진행되는 상태를 확인하고, 새로운 정보를 제공하고, 지지해주고, 그들의 질문에 대답해줄 의무가 있다. 이렇게 지속해서 표현하는 것은 사람들에게 그들의 걱정과 노력에 대해 자신이 신경쓰고 있다는 것을 전달하는 강력한 방법이다.

## 회피애착

- '정서 교류 역량' 리스트를 작성하라. 동료와 함께 웃음을 나누고, 업무 상황과 관련된 화나 분노를 표현하고, 과제 달성이나 진급에 행복해하거나 만족하는 모습을 보여준 경우를 적는 것이다. 정서적 교류를 한 것이 거의 없다면 의도적으로 노력하라. 한 달 동안은 일주일에 한 번 작은 정서를 교류하는 것부터 시작하라. 두번째 달에는 일주일에 두 차례로 늘린다. 점차 늘려나가면 관계를 형성하고 강화하는데 도움이 될 것이다.
- 직장 상황에서 자신이 경험한 감정과 생각을 기록하라. 상황을 기술하고 왜 그런 식으로 느꼈는지 이유를 적고, 자신의 반응에 대

해 어떻게 생각했는지 적는다. 한 상황에 대해 적어도 한 페이지 정도는 적도록 하라. 이런 연습은 자기의 감정을 깨닫고 이를 보다 '안전하다' 고 느끼도록 도와줄 것이다. 종이에 감정을 표현하게 되면 말로 표현하는 것이 더 쉬워진다.

- 동료, 고객, 상사가 내게 감정 표현을 하면 그것을 받아들이고 비슷한 방식으로 반응하도록 노력하라. 직장에서 정서를 수용하는 사람이 되는데 초점을 맞춘다. 이 단계는 다른 사람의 감정과 정서에 관심을 갖고 스스로 질문을 던져 봄으로써 성취할 수 있다.
- 직무 상황, 고객, 개인적 관계에 대해서 '나는 ~하다고 느낀다' 라는 문장으로 자신의 감정을 적어도 하루에 한 번씩은 반드시 표현하라. 의도적으로 감정을 진술하는 것은 자신의 정서 역량과 능력을 발휘하는 시발점이 될 수 있다.

## 우울애착

- 직장에서 다른 사람들과 의미 있게 교류하는 시간을 증가시켜라. 함께 식사하고, 개인적으로 대화하고, 퇴근 후 함께 활동을 하는 것이, 단지 정보를 피상적으로 나누는 것을 넘어서서 인간관계를 형성하게 해준다. e-메일이나 전화 통화에도 사적인 대화의 비중을 늘리도록 한다.
- 자신의 성과를 기록하라. '성취' 기록 일지를 작성하고, 거기에 노력을 통해 성취할 수 있는 크고 작은 목표들을 적는다. 다른 사람 — 상사, 직원, 고객, 거래처 등—이 내게 한 칭찬을 상세하게 기록

한다. 특히 어떤 기술이나 자질을 칭찬했는지 기록한다.

- 자기 자신이 동료들로부터 고립되도록 놔두지 말라. 고객이나 동료들과 얼굴을 보면서 만나는 기회를 늘릴 수 있도록 의도적으로 시도하라. 예를 들면, 전화나 e-메일을 사용하지 않고 다른 층에 있는 사무실로 직접 걸어 올라가 동료와 이야기할 수도 있다.
- 직장에서 고립되어 있다고 생각된다면 데이트나 약속을 만들어 누군가를 만나서 자신이 느끼는 좌절감을 얘기하라. 이렇게 하면 사무실 내의 내부 집단에 속하게 될 것이다. 사람들은 솔직하게 감정을 표현하면서 문제를 얘기할 때 유대감을 느낀다. 우리는 감정의 '동굴'에서 벗어나 사람들에게 다가갈 필요가 있다.

직장에서 다른 사람들과 어떻게 관계를 맺고 있는지 확인하기 위해서 애착에 관한 심리학 지식을 이용할 수도 있다. 어떤 사람들은 자신의 애착 양식이 아버지의 애착 양식과 같다는 것을 발견할 것이며, 어떤 사람은 아버지의 애착 양식과는 정반대로 행동하고 있다는 것을 발견할 것이다. 분명히 안전한 양식으로 동료들과 관계를 형성하는 것이 좋지만 우리들 대부분은 안전한 양식과 안전하지 못한 양식이 섞인 형태를 보이고 있다. 예를 들면, 부하 직원과는 안전한 애착을 하지만 상사와는 회피하는 애착 양식을 보일 수 있다. 잠시 시간을 내어 다음 사람들이 어떤 양식의 애착을 하고 있는지 판단해 보라.

- 상사
- 부하 직원

- 동료
- 고객
- 공급처/제조업자

어떤 사람들은 우리가 비생산적인 양식의 애착을 할 수밖에 없도록 만들기도 할 것이다. 특히 상사들은 많은 사람들에게 아버지 상으로 비춰지기 때문에 부정적인 행동을 하도록 자극할 수 있다. 상사를 제외한 다른 사람들과는 좋은 관계를 가지면서도 상사에게는 거의 반사적으로 아버지에게 했던 것처럼 행동하는 사람들을 많이 보았다. 그런가 하면, 상사와는 튼튼하고 안정된 관계를 가지지만 부하 직원, 혹은 고객이나 동료, 또는 제조업자와 문제가 있는 사람도 있을 수 있다. 사람 관계란 것은 참으로 복잡하기 마련이며, 마찬가지로 직장에서의 애착 양식도 복잡하다. 두 개의 잘못된 신화가 있다. 하나는 직장에서의 인간관계가 중요하지 않다(오직 이익만이 중요하다)는 것이며, 다른 하나는 이런 직업상 인간관계의 기초가 아버지로부터 시작되지 않았다(나의 인간관계는 아버지와는 무관하다)는 것이다.

하루아침에 애착 양식을 바꾸어 전혀 다른 사람이 될 것을 기대하는 것은 아니다. 여기서 제시한 애착 문제를 깨닫고 열린 마음으로 자기 변화를 고려하는 것을 기대하는 것이다. 애착 양식에서 작지만 바람직한 방향으로의 변화가 큰 열매를 맺을 수 있다는 점을 기억하라. 상사를 대할 때 자신감을 조금만 더 표현하는 것, 부하 직원과 대화하면서 한 방울의 정서적 공감을 추가하는 것이 직무 수행이나 경력 개발에 좋은 영향을 줄 수 있다.

안전한 애착으로 바꾸려면 직장생활과 관련된 모든 사람들(이 주제에 있어서는 사생활에 관련된 모든 사람도 마찬가지다)이 관계의 중요한 5가지 요소를 원한다는 점을 기억하라. 5가지의 중요한 요소는 신뢰, 소속감, 관심, 안전감, 그리고 사랑이다. 그리고 인간관계가 모든 직업적 성장의 기초가 된다는 사실도 기억하라. 인간관계와 애착의 질을 향상시키기 위해 투여하는 시간과 에너지, 그리고 변화하려는 시도는 오늘과 미래에 큰 수확을 거둘 수 있게 할 것이다. 그것이 정말로 시간을 잘 보내는 것이다.

# 7가지 아버지 요인

## 아버지 요인을 제대로 알아야 직장생활과 업무수행에서 힘을 발휘할 수 있다

3

나는 응당 받아야 할 승진이나 제대로 된 평가를 받아본 적이 한 번도 없는 것 같다. 항상 누군가 내 몫을 빼앗아 가는 것 같다. 직장에서도 무시되고 인정받지 못한다고 느낀다. 매우 불공평해보이지만, 어쩔 수 없이 그렇게 살아야만 한다.

:: 제인, 45세

우리 아버지는 일중독이셨다. 일주일에 6일간 일을 하셨고, 일 년 중 절반은 출장을 가셨다. 어느 날 나는 아버지와 똑같이 살고 있다는 것을 문득 알게 되었다. 그래서 나의 삶은 성공이라고 할 수 없다. 내 아이들을 보는 일이 거의 없고, 아내는 나를 보기 위해 직장에 약속을 하고 와야만 한다. 사장은 나의 헌신을 좋아하지만 나는 죽어가고 있다. 하지만 어떻게 변해야 하는지 알지 못한다.

:: 마이크, 36세

지금까지 일터에서 아버지 요인을 이해하는 것이 얼마나 중요한지 논의했다. 이 개념은 그동안 별로 이해되지 못했고 따라서 별로 적용되지 못했다. 하지만 아버지 요인은 직업적 성공과 목표를 달성하는 과정에 힘을 부여하는 엄청난 비결이다. 아버지와의 관계를 이해하면 자신의 경력과 업무에 실제로 활용할 수 있는 정보를 얻을 수 있다. 그렇게 하는 열쇠는 아버지의 유산을 파악하는데 있다. 아버지 요인의 장점을 잘 활용할 때 성공적인 변화를 이룩할 수 있다. 대부분의 경우 원하는 승진이나 새로운 기회를 얻지 못하게 족쇄를 채우는 것은 사소한 문제나 행동들이다. 그런데 우리가 원하는 해결책이나 변화는 이상하게도 손에 잘 잡히지 않는다. 기적이 일어나거나 신이 도와주지 않는다면 직업과 업무 환경에서 변화가 일어날 수 없을 것만 같이 느껴지곤 한다. 늘 같은 문제가 반복되고 좌절감을 느낀다. 오래된 속담의 표현을 빌면, 우리가 보지 못하고 있는 눈 안의 대들보는 과연 무엇일까? 직업과 관련해서 궁지에 몰린 듯이 보이는 상황을 살펴보면 대부분 아버지 요인이 눈 안의 대들보가 되고 있는 셈이다.

지금 궁지에 몰려 있지 않다고 하더라도 아버지 요인을 알면 우리의 경력을 한 수준 끌어올리는데 도움이 되는 변화가 가능하다. 우선 이 문제를 확인하고, 이해하고, 조금씩 계속해서 변화할 가능성을 고려해야만 한다. 그러면 언뜻 보기에 별 관련이 없어 보이는 직장 문제에도 아버지 요인이 매우 중요한 역할을 하고 있다는 것을 보기 시작할 수 있을 것이다. 그럼에도 아버지와의 관계를 무시하는 경우가 너무도 흔하다. 특히 아버지와 친밀하지 않았거나 아버지가 곁에 없었던 경우에 그렇다. 그 때문에 아버지 요인이 눈 안의 대들보가 되어 버리는 것이다.

지금부터 다섯 장에 걸쳐 여러가지 아버지 유형을 설명할 것이다. 각 아버지 유형이 직업 세계에서 어떻게 강점과 약점으로 작용하는지도 다룰 것이다. 이 장에서는 먼저 아버지 요인과 자신의 경력 발달, 장애, 그리고 직업상 목표가 어떻게 정서적으로, 정신적으로 연결되어 있는지를 분명히 아는 것이 중요하다.

이미 앞의 두 장에 걸쳐 우리의 일상생활과 직장생활에서 맺는 대인관계는 아버지와의 애착에 기원을 두고 있다는 점을 설명했다. 이 장에서는 직장에서 부딪치는 많은 문제와 그 뿌리가 되는 근원에는 아버지와 자녀간의 관계가 직접 연관되어 있다는 것을 보여줄 것이다. 끊임없이 반복되고 괴롭히는 문제들도 제대로 이해만 한다면 변할 수 있다. 변화는 이 책 전체에 걸친 목표다. 이 책을 따라가면 아버지의 유산과 영향을 활용하여 직업에서 성공하고 만족하는 삶을 살 수 있는 방법을 알게 될 것이다.

지금부터 직장생활에서 가장 흔히 경험하는 일곱가지 문제를 탐색한다. 이 문제들은 아버지 요인과는 별로 관련이 없어 보이지만 사실은 관련이 있다. 흔히 나타나는 직업적 갈등, 경력 발달상의 장애, 지속되는 자기 의심 등의 문제는 우리가 의식하지 못한 아버지 요인과 정서적, 정신적으로 깊이 연결되어 있다. 이런 문제를 정확히 평가하고 자신에게 이것을 변화시킬 힘이 있다는 사실을 인식하면 실제로 해결에 도움이 되는 방법들을 더욱 확실히 이해할 수 있게 된다.

나는 심리학자로서 사람들을 수없이 만나면서, 직업상 문제를 해결하는데 필요한 것 중 80 퍼센트는 단지 자신에게 문제가 있다는 점을 인식하는 것이며, 나머지 20 퍼센트만이 점진적인 행동 변화가 요구된다는 사실을 발견했다. 자신에게 문제가 있다는 지적에 대해 저항하거나 심리적으로 부인하는 것은 회피하는 행동을 유발하곤 한다. 가장 진지한 직장인들에게도 회피는 성장을 방해하는 주된 장애물로 작용하고 있다. 이런 정교한 방어기제는 도움이 되는 변화를 방해하고, 자신의 잠재력에 제약을 가하며, 직업상 목표를 달성하지 못하도록 만들 수 있다. 이 장의 목적은 그동안 의식하지 못했던 자기 패배적인 행동과 자신을 제약하는 행동을 의식하는 것이다. 일단 이런 행동들을 드러내어 인식하게 되면 변화가 시작된다. 통찰은 모든 인간의 마음과 행동에 변화를 유발한다. 이런 중요한 연관성을 깨닫지 못한다면 당신을 괴롭히던 장애물은 치워지지 않고 그대로 남아있을 것이다.

변화라는 개념이 새로운 것은 아니지만, 직장 환경에 적응하는 능력은 예전보다 훨씬 중요해졌다. 성공하기를 원한다면 아버지가 우리의 행동과 대인관계 양식에 미친 중대한 영향, 즉 아버지 요인을 조절할 필요가 있다. 문제를 잘 해결하기 위해서는 문제의 표면을 보는 것을 넘어 그 이면을 볼 수 있는 정서적 지적 능력을 개발해야 한다. 많은 경우 비난하는 태도, 부정적 신념, 또는 특정한 행동 패턴이 직장에서 문제를 일으키는 뿌리가 되고 있다. 이런 부정적 신념체계는 과거에 깊이 뿌리를 박고 있는 경우가 많다. 그럼에도 불구하고 자신의 성장과 건강을 제약하는 문제로 인식되지 않는 일이 흔하다. 이런 부정적이고 잘못된 신념체계를 깨닫고 동시에 아버지를 비난하거나 가정의 역사를 저주하지 않을 때, 비로소 우리는 직업과 생활에 변화를 일으키는 데 필요한 심리적 도구를 획득하게 될 것이다.

## 모든 직업에 문제가 되는 일곱 가지 아버지 요인

일상의 삶이나 직장생활에서 흔히 나타나는 문제는 수치심, 자기 의심, 집중력 부족, 동기 부족, 책임감 부족, 정서적 미성숙, 그리고 실패에 대한 두려움이다. 직업과 관련된 이 일곱 가지 공통된 문제는 직업 세계에서뿐만 아니라 사생활이나 공적인 활동의 모든 영역과 수준에서 발견된다. 가족 사업, 회사의 이사회, 학교, 군대, 프로 스포츠, 중앙정부, 지방정부, 영업과 마케팅, 오락 산업, 의료 분야, 법률 분야 등등 모든 영역에서 나타난다. 어느 분야에서든 장애가 되는 이 공통된 일곱 가지 행동 중 한두 가지 문제로 인해 고생하고 있는 사람을 볼 수 있다. 여기서도 핵심이 되는 질문은 마찬가지다. '일터에서 장애가 되고 있는 것을 이해하고 인식할 수 있는가?'

이런 문제를 측정하는 심리 검사는 많지만, 대부분 기대에 미치지 못하거나 엉뚱한 것을 다루곤 한다. 종이와 연필로 하는 검사가 우리의 경력이나 인생을 이해하는데 필요한 정보를 항상 제공해주는 것은 아니다. 그보다는 탐색하는 질문과 통찰을 통해서 우리의 경력과 인생을 왜곡시킨 자기 패배적인 행동과 신념을 깨달을 수 있다. 자기 분야에서 상당히 유능하고 성공한 두 직장인의 실제 사례를 살펴보도록 하자. 이 두 사람은 자신에게 미치는 아버지 요인의 부정적인 측면을 인식하지 못하고 있었다.

## 제인과 마이크의 이야기

이 장의 첫 머리에 인용한 제인은 4명의 자녀 중 막내다. 성장하면서 제인은 성공한 사업가인 아버지에게 버려지고 무시된다는 느낌을 자주 받았다. 어른이 되어 제인은 회사 내에서 다양한 직무를 거쳤지만 늘 과소평가되고 자신의 가치를 제대로 인정받지 못한다고 느꼈다. 이런 자기 의심과 수치심은 자신이 기억할 수 있는 어린 시절부터 늘 그녀를 따라다녔다. 불행하게도 제인이 진로를 선택할 때는 항상 의식하지 못했던 자기 능력에 대한 의심과 낮은 자긍심에 많은 영향을 받았던 것이다. 하지만 이제는 직장에서 자신의 무가치감을 반영하는 방식으로 말하고 행동했다는 것을 인식하기 시작했다.

제인은 늘 자신의 작업 결과와 리더십 역량, 외모를 스스로 폄하하는 발언을 동료나 상사에게 했다. 그녀의 유머는 지나치게 개인적이고 자기 자신에 대한 강한 혐오를 담고 있었다. 동료들은 그녀가 재미있고 재치있다고 생각했지만, 제인은 스스로 강한 직업의식이 부족하다고 생각했기 때문에 끊임없이 직장에서 불안을 느끼고 있었다. 새로운 과업이나 친숙하지 않은 일을 자원하거나 시도한 적이 없어서 스스로 궁지에 자신을 몰아넣고 있다고 느끼곤 했다. 제인은 상담을 받으면서 이 책의 후반부에 기술된 단계를 밟아 나가며 아버지와의 관계를 탐색하기 시작했다. 어릴 적 아버지의 무관심 때문에 큰 고통을 느꼈고, 그것이 오늘날 자신의 삶과 경력에 영향을 주고 있다는 사실을 보기 시작했다. 개인적인 면에서 보면 제인은 결혼하고 이혼을 두번 했고, 항상 자신보다 스무살은 더 많은 남자들과 연애하곤 했다. 이는 그녀가 자라면서 경험했던 아버지 유형과 직접 연결된 수치심, 자기 의심, 그리고 정서적 미성숙을 분명하게 드러내는 것이다.

제인의 사례는 문제의 핵심이 쉽게 드러나는 단순한 예 같아 보인다. 하지만 속지 않도록 하라. 명심해야 할 가장 중요한 점은, 제인이 아버지 요인에 의해 생겨난 이런 모호하고 혼란스런 경력 문제를 지닌 채 지난 25년간이나 살아왔다는 것이다. 아버지 요인은 이처럼 복잡한 문제다. 그런 생활에 너무나 익숙해져서 아버지 요인이 마치 자기 성격의 일부인양 느끼고 변화될 수 없을 것이라고 생각하기 쉽다. 실제로 제인은 성공한 전문직 여성이고, 혼자 힘으로 자녀를 키우는 엄마이기도 하며, 활발하게 활동하고 있었다. 그럼에도 불구하고 제인은 마음속 깊이 자리잡은 버려진 느낌만을 볼 뿐 다른 면들은 보지 못하고 살았다. 그녀의 아버지 유형은 수동형(6장에서 자세히 다룰 것이다)이었다. 즉, 있지만 있지 않은 존재였다. 이제 제인은 직장생활과 자신의 삶에 어려움을 주었던 수치심, 자기 의심, 정서적 미성숙이라는 3가지 큰 주제를 아버지 유형과 관련해서 처음으로 다루기 시작했고, 경력과 자신의 자아에 대한 느낌이 바람직한 방향으로 변하고 있는 중이다.

제인은 항상 승진을 앞둔 바로 그 순간 상사나 고객, 동료 앞에서 수동적으로 태업을 하는 이유가 무엇인지 오랫동안 궁금했다. 예를 들면, 곧 있을 승진을 앞두고 새로운 고객에게 회신 전화를 하는 일을 잊어버린다든지, 마감일을 못 맞춘다든지, 중요한 회의에 빠지곤 했다. 물론 일부러 그런 것은 아니었다. 하지만 이런 행동들은 수치심과 자기 의심, 정서적 미성숙 문제를 더욱 강화시켰다. 제인이 아버지 요인의 관점에서 그 이면에 있는 패턴을 바라보았을 때, 마침내 그 관련성을 알게 되었다. 그러자 자신이 직업적으로 성장할 가능성이 매우 높다는 것을 발견했다. 업무 행동이 변하여 그동안 괴롭혔던 막다른 골목에 더 이상 빠져들지 않을 것이라고 느끼게 되었다. 그동안 지긋지긋하게 자신의 성장을 제약해 왔던 보이지 않던 유리벽이 실은 스스로 선택한 것이었으며 해결되지 않았던 아버지 요인 때문이라는 사실을.

마이크의 경력은 제인의 사례만큼이나 흥미롭다. 하지만 관련된 문제는 다르다. 마이크는 일중독으로 나를 만나게 되었다. 그의 아내는 마이크에게 가정에 관심을 기울이지 않으면 아이들을 데리고 떠날 것이라고 최후통첩을 보내왔다. 마이크는 처음에는 아내의 말을 진심이라고 받아들이지 않았다. 그런데 아내는 정말로 두 아이를 데리고 집을 나가 버렸다. 그 일은 아내에게 가지 않겠다고 약속했던 열흘간의 출장을 다녀온 후에 생겼다. 마이크가 출장을 마치고 집에 도착했을 때, 부엌 식탁에 아버지의 인정을 받으려는 시도를 그만두고 가정에 충실하지 않으면 아무 것도 얻지 못할 것이라고 쓰여 있는 쪽지만 덩 그러니 남아 있었다. 마이크는 멈추어 서서 자신 내면 깊숙한 곳에 있던 실패에 대한 두려움을 보기 시작했다. 마이크는 아버지와 관련된 해결되지 않은 정서 문제가 있다는 것을 알게 되었다. 그 정서적인 문제가 직업과 개인 생활에 위기를 가져오게 된 발단이었다. 자신이 그처럼 일과 성취에 매달리는 것은 정상이 아닐 뿐더러, 동료나 다른 이사들과 비교해 볼 때 너무 소모적이라는 사실도 인정했다.

마이크는 자신이 기억하는 한 항상 성공하고자 하는 욕구에 사로잡혀 있었다. 마이크에 의하면, 아버지 스탄은 하루 종일 일만 했고, 주중에는 거의 집에 없었다. 마이크의 어머니는 마이크를 비롯한 세 아들에게 아버지는 중요한 일을 하고 있어서 그 일에만 전념해야 한다고 항상 얘기했다. 그래도 마이크는 늘 아버지의 사랑과 지지를 그리워했다. 아버지는 아무리 특별한 일이 있어도 초등학교, 중학교, 고등학교 시절 내내 한 번도 마이크의 학교를 방문한 적이 없었다. 마이크는 아버지가 직업적으로나 경제적으로 매우 성공한 사람이라는 사실을 알고 있었다. 그의 집은 이사도 여러번 했다. 이사할 때마다 더 부자 동네의 큰 집으로 옮겨갔고 더 좋은 차를 샀다. 스탄은 항상 마이크에게 열심히 일하고 대가를 치루지 않으면 그렇게 좋은 집과 차를 얻을 수 없다고 말하곤 했다. 마이크는 어머니가 남편의 직업적 성공을 위해 희생을 치러야 한다는 점을 알고 있었다고 회상했다. 그 희생이란 가정에서 아버지를 잃는 것이었던 셈이다. 아버지는 자기 회사를 소유하거나 경영하지 않는다면 이 자본주의 사회에서 '패배자'에 불과할 뿐이라고 믿고 있었다. 마이크는 이것을 고통스럽게 기억하고 있었다.

스탄은 자식들이 학교에서 받아온 성적에 대해서도 매우 비판적이었다. A학점을 받지 못하면 주말에 아버지가 집에 돌아올 때 끔찍한 일을 겪을 각오를 해야만 했다. 스탄은 자녀들이 완벽하지 못하거나 학급에서 최고 성적을 받지 못하는 것을 참지 못했다. 자라면서 아버지를 자주 보지도 못했지만, 아버지의 비판적이면서도 지나치게 성취 지향적인 태도는 마치 먹구름같이 온 집안을 뒤덮고 있었다. 한번은 마이크가 여름 학기에 영어에서 B⁻를 받아온 적이 있었는데, 스탄은 불같이 성을 내면서 마이크에게 '멍청한 놈, 실패자' 라고 하면서 여름 방학 내내 외출을 금지했다. 9월 1일까지 7권의 미국 고전 소설을 읽지 못하면 아버지의 분노와 실망을 감수해야만 했다. 그래서 마이크는 아버지의 관심과 사랑을 받기 위해 학교, 운동, 그 외의 모든 경쟁에서 성공을 쟁취하려고 분투했다. 하지만 아버지의 수용과 진실한 관심, 인정을 받는 순간은 극히 짧았고 마이크의 어린 시절이나 어른이 된 후에도 그런 일은 매우 드물었다. 마이크가 유명한 경영대학원에서 MBA를 따고 졸업했을 때, 아버지는 "이제 마침내 넌 너 자신을 위해 뭔가를 할 수 있고, 나처럼 큰돈을 벌 수 있겠구나"라는 말 한마디를 했을 뿐이었다. 스탄은 은퇴해서 플로리다에 살고 있는데, 지금도 마이크에게 그의 일과 사업에 대해서 물어볼 뿐 손자나 며느리에 대해 궁금해하는 일은 거의 없다.

다른 형제들과는 달리 마이크는 '완벽한 아들' 이 되는 길을 선택했다. 직업적인 성공과 성취를 통해 아버지의 인정을 받으려고 항상 노력했다. 마이크의 두 형제는 전형적인 낙제생이었고 직장에서도 많은 어려움을 겪었다. 업무 태도가 불량하고 평균 이하로 수행한다는 이유로 아버지는 그 두 아들과 접촉을 전혀 하지 않았다. 반면에 마이크는 아버지의 끊임없는 성공을 향한 욕구를 받아들여 자신의 경력 패턴으로 발달시켰다. 그는 회사의 커뮤니케이션 기술 부서에 입사해서 부사장이 되었고, 일주일에 최소한 65시간을 근무했다. 토요일이나 일요일에도 하루는 회사에 나가서 일했다. 마이크는 자기처럼 시간과 노력을 기울이지 않는 동료들에게 심하게 비판했다. 들볶고, 돈에 집착하며, 직장에서 사소한 감정 표현도 참아내지 못했다. 그로 인해 동료들이나 직원들에 대해 연민이나 공감을 전혀 갖지 않는다고 여러 차례 비난을 받았다. 스탄처럼 마이크도 감정을 회피하며 사람과 삶의 복잡성에 대한 통찰이 부족하게 된 것이다.

마이크는 자신을 끊임없이 괴롭히는 불안감, 실패에 대한 두려움, '부족한' 사람이라 생각하는 데서 오는 수치심을 없애기 위해 시간을 있는 대로 짜내 일하지 않으면 안 되었다는 것을 알게 되었다. 마이크는 마침내 자신이 갖고 있던 해결되지 않은 문제들이 아버지 요인과 관련되어 있다는 것을 느끼고 이를 검토하게 되었다. 아내와 자녀가 가출한 충격과 정말로 가족을 잃을지 모른다는 두려움, 고통스런 이혼(어떤 상황이든 이혼은 고통스러울 수밖에 없다)에 직면하면서 자신의 아버지 요인을 다루게 되고 변화하기 시작했다. 마이크는 이제 자신이 '괜찮은' 사람이며, 직장이 자신의 문제, 즉 아버지와 아들간의 문제를 해소하는 장소가 아니라는 것을 깨달았다. 아버지가 자신의 경력과 직업, 그리고 인간관계에 주는 큰 영향을 인식하면 할수록 삶의 방향을 바꿀 힘도 더 생겼다. 마이크는 통찰과 새로운 행동을 통해 성취지상주의 아버지 유형을 극복하고 있는 중이다(성취지상주의형 아버지 유형은 4장에서 자세히 다룬다).

마이크와 제인은 둘 다 직장에서 일곱 가지 아버지 요인 문제에 직면해야만 했고, 그것이 직업적 만족과 가족적인 삶의 만족에 직접 연결되어 있다는 사실을 뒤늦게야 깨달았다. 이처럼 직업에 관련된 아버지 요인은 그동안 잘못 알고 있거나 제대로 이해되지 못했다. 이제 아버지 요인 문제를 평가해보도록 하겠다. 내가 제시하는 일곱 가지 주요 문제에 대한 정의와 체크리스트는 일과 인간관계에서 반복되는 문제의 패턴과 그 실마리를 볼 수 있도록 도와주기 위해 고안한 것이다. 우리가 의미 있고 지속적인 변화를 위해 해야 할 첫 번째 단계는 이 문제를 깨닫고, 이것이 아버지와의 관계에 뿌리를 두고 있다는 사실을 진정으로 깊이 이해하는 것이다. 불행하게도 대부분의 사람들은 이 단계를 건너뛰고 자기 아버지는 아무런 문제가 없다고 생각한다. 하지만 나는 아버지를 다른 각도에서 신중하게 바라보기를 권한다.

## 아버지 요인 체크리스트: 나는 어떤 문제가 있을까?

다음에 설명할 일곱 가지 중요한 아버지 요인 문제 리스트는 각 문제에 관련된 전형적인 행동 패턴을 다루기 위해 만든 것이다. 이런 문제들을 정서적, 정신적, 심리적 측면에서 살펴보지 않는다면 어떤 변화를 기대하기란 어렵다. 자신에게 솔직하라. 각각의 문제들이 자신과 관련되는지 일에서, 고객과의 관계에서, 그리고 권위를 가진 인물과 관련된 상황을 처리하는 방식을 묘사하고 있는지 솔직히 대답하라. 이들 중 어떤 문제도 절대적이지 않다. 즉 특정한 문제나 염려, 행동, 생각이 항상 발생한다는 뜻이 아니다. 특히 압력이나 스트레스를 받을 때나 매우 불안하게 느끼는 상황에서 자신이 어떻게 반응하는지 생각해 보면서 답하는 것이 가장 좋은 방법이다. 불안은 이런 문제들을 악화시키는 경향이 있다. 마음이 편할 때는 일이나 경력에 어려움을 주는 증상들을 거의 보이지 않을 것이다. 다시 말해서, 힘든 상황에서 다음과 같이 말하거나 행동하는지의 여부를 생각해서 체크하면 된다.

## 수치심

일곱 가지 직업상 문제 중에서 가장 파괴력 있고 문제가 되면서도 가장 이해하지 못하는 것이 수치심이라고 할 수 있다. 수치심은 자기 자신에 대해서 '결함이 있다, 부족한 사람이다, 실패자다, 무능하다, 능력이 부족하다, 끔찍한 사람이다, 가치가 없는 사람이다, 어리석다, 손상된 상품 같다' 고 느끼거나 생각하는 것을 말한다. 그러면서 이런 끔찍한 감정을 솔직히 표현하는 것이 아니라 마치 그렇지 않은 것처럼 행동하면서 다른 사람들을 속이고 있다. 하지만 당신이 무슨 일을 하여도 결코 수치심을 없앨 수는 없을 것이다. 어떤 상황이 되면 이런 수치심이 순식간에 자신의 마음에 가득 찬다. 돈을 아무리 많이 벌고 승진이 되고 좋은 차와 새로운 집을 사도, 휴가를 가거나 섹스를 하거나 사업적인 모험을 해도, 어떤 직업적 인간관계에서도, 어떠한 칭찬을 들어도 자신의 마음과 가슴에서 수치심을 지울 수는 없다.

수치심을 제대로 이해하고 치유하지 않으면 이 감정이 그 흉측한 머리를 쳐들 때 어떤 어른이라도 순식간에 정신이 마비되어 버린다. 수치심은 죄책감과는 다르다. 죄책감은 항상 어떤 행동이나 행위와 관련되어 있다. 죄책감은 그 사람으로 하여금 도덕적이고 윤리적인 행동을 하게 하므로 생산적이며 유용하다고 할 수 있다. 죄책감은 사과를 하거나 대가를 치루는 행동을 하면 언제든 해결되고 해소될 수 있다. 많은 경우에 죄책감은 그 사람의 도덕성을 재는 행동 척도에 불과한 셈이다.

하지만 수치심은 이런 좋은 기능이 없고, 일상생활이나 직장생활에 도움이 되지 않는다. 정신 건강의 측면에서 보아도 수치심은 쓸모없을 뿐만 아니라 문제가 된다. 수치심은 특정한 행동, 사건, 혹은 현실에 기초한 것이 아니다. 자기 안에서 결함을 느끼는 수치심이 제멋대로 날뛰도록 놔두면 불안 발작*으로 나타나거나, 아니면 충동적으로 결정하거나 전혀 결정을 내리지 못하는 형태로 나타나기도 한다. 더 나쁜 것은 수치심이 동료나 고객에게 이성을 잃고 행동하는 모습으로 비춰질 수도 있다는 것이다. 수치심을 갖고 있는 사람은 생각과 감정, 행동에 좋지 않은 영향을 받고 직장생활에도 손상을 입는다.

아버지 유형에서 수치심이 어떻게 형성되고 어떻게 성인기의 직업생활에까지 그 영향을 미치는지 다룰 것이다. 여기서는 많은 심리학자들이 수치심을 '마음의 암'으로 생각한다는 사실을 이해하는 것이 중요하다. 수치심의 뿌리를 치료하지 않으면 그 파괴력은 끊임없이 커져서 정신 건강과 신체 건강에 심각한 영향을 줄 정도가 되어 버린다. 수

* Anxiety Attack. 불안을 느낄 사건이나 상황이 아닌데도 불구하고 갑작스럽게 죽을 것 같은 심한 불안이 밀려드는 증상. 호흡이 가빠지고, 가슴이 두근거리고, 땀이 나는 등 신체 증상을 동반하며, 만원 지하철이나 버스 안 같은데서 경험하는 경우가 많다.

치심은 부모와 자녀 사이의 관계에 뿌리를 두고 있으며, 그 발단부터 이해해야만 한다. 다음의 질문을 읽고, 직장생활을 하면서 힘들고 스트레스를 받을 때, 혹은 불안을 심하게 느낄 때 자신의 행동에 해당하는 것을 체크하라.

## 수치심 체크리스트

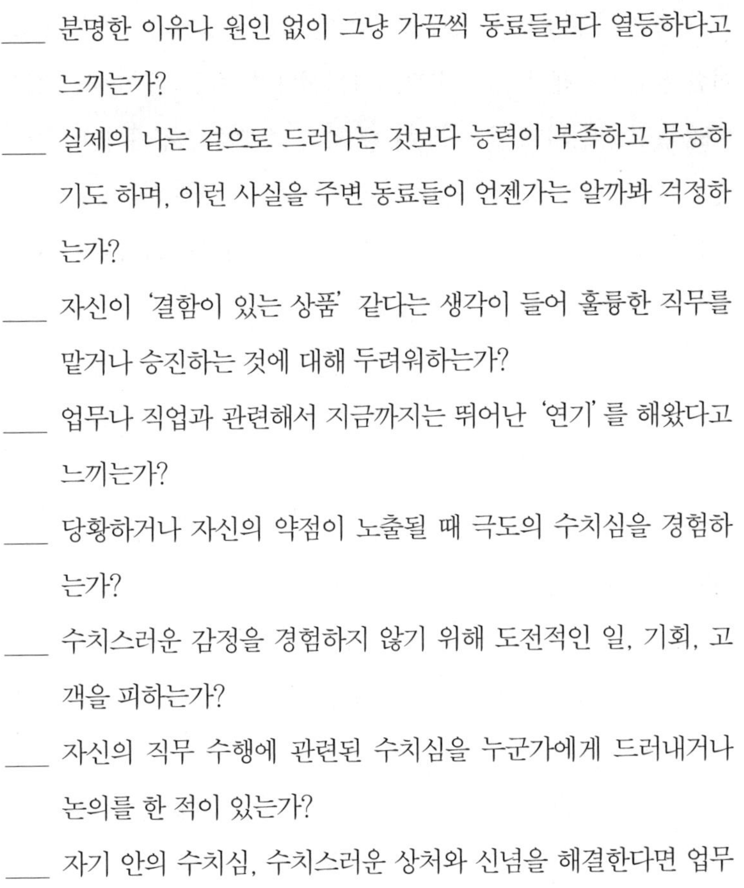

___ 분명한 이유나 원인 없이 그냥 가끔씩 동료들보다 열등하다고 느끼는가?

___ 실제의 나는 겉으로 드러나는 것보다 능력이 부족하고 무능하기도 하며, 이런 사실을 주변 동료들이 언젠가는 알까봐 걱정하는가?

___ 자신이 '결함이 있는 상품' 같다는 생각이 들어 훌륭한 직무를 맡거나 승진하는 것에 대해 두려워하는가?

___ 업무나 직업과 관련해서 지금까지는 뛰어난 '연기'를 해왔다고 느끼는가?

___ 당황하거나 자신의 약점이 노출될 때 극도의 수치심을 경험하는가?

___ 수치스러운 감정을 경험하지 않기 위해 도전적인 일, 기회, 고객을 피하는가?

___ 자신의 직무 수행에 관련된 수치심을 누군가에게 드러내거나 논의를 한 적이 있는가?

___ 자기 안의 수치심, 수치스러운 상처와 신념을 해결한다면 업무

능력과 경력이 달라질 것이라고 생각하는가?

___ 가장 수치스럽게 생각하는 것 한 가지를 든다면 무엇인가?(아마도 자신이 가장 인정하기 어려운 무엇일 것이다)

___ 다른 사람들이 나의 '본 모습'을 보지 못하게 하려고 에너지를 사용한 적이 있는가?

위의 질문을 신중하게 생각해 보라. 일상생활을 할 때 자기 모습과 직업 혹은 업무 중일 때의 자신이 어떤 관련이 있는지 심사숙고하라. 이런 질문에 대해서 "그렇다"라고 대답했다면 수치심이 자신의 경력에 어떤 걸림돌이 되고 있는지 생각해 보기 바란다. 과장되거나 너무 단순화시킨 것처럼 들릴지도 모르지만, 수치심을 치유하지 않고 놔두어 자신을 짓누르도록 내버려두지 말길 바란다. 자신의 삶에서 수치심의 힘을 점차 줄여나가도록 해야만 한다.

### 자기의심

자기 의심은 수치심과 비슷하다. 자신이 무능하고, 역량이 부족하고, 현재 지위나 의사결정 과정에 걸맞는 사람이 아니고, 승진할 자격도 없다는 생각이 마음속에서 계속 흐른다. 자기가 내리는 모든 결정에 대해 확신이 매우 부족하다. 직장에서 맡고 있는 역할과 지위에 대해 자신감과 명쾌함이 부족한 것이다. 이런 불확실감은 결정을 내릴 때마다, 어떤 일에 뛰어들 때마다, 직원이나 고객과의 한계를 설정해야 할 때마다 느껴진다. 자기 의심은 일터에서 직무 수행과 자신의 역할에 대해 불안해 한다는 점에서 수치심과는 다르다. 자기 의심은 확고한 입장을 취해야 하는 순간에 자신감을 느끼지 못하는 상태를 말한다. 결정을 내리거나, 직원에게 "아니다"라고 말해야 할 때, 자기 의견을 주장해야 할 때, 혹은 프로젝트를 끝맺어야 할 때 확신을 갖지 못하는 것이다. 수치심이 있는 사람과는 달리 직장에서 자신의 역할이나 지위에 대해서는 의심을 품지 않는다. 단지 자신이 하는 행위에 대해 불안해 하고, 주저하고, 확신하지 못하고, 의심을 느끼는 것뿐이다. 결정을 잘못 내릴까봐 지나치게 염려해서 시기적절한 순간에 선택을 하지 못하게 된다. 자기 능력을 믿지 못하기 때문에 끊임없이 걱정하는 것이다. 이런 정서적인 장애는 결국 직업적으로 성장하는 것을 가로막는다.

자기 의심의 작동원리와 그것이 직업에 미치는 영향을 기술한 다음의 질문들을 고려해 보라. 어느 정도 자기 의심을 느끼는 것은 정상이라고 할 수 있다. 여기서 기술한 것은 그 정도가 지나쳐서 자신의 경력 발달에 큰 장애가 되고 일상 생활에도 문제가 되는 경우를 말한다. 자기 의심은 항상 느끼는 불안은 아니다. 이에 비해서 수치심은 항상 있으면서 늘 작동하고 있는 정서 상태라는 점을 기억하라. 자기 의심은 깨닫기 어려운데, 왜냐하면 '업무를 처리하다보면 다 그런 것'이라고 착각해서 자기 의심으로 인한 불안감을 회피하기 때문이다.

## 자기 의심 체크리스트

____ 업무상 결정에 대해서 끊임없이 의심하면서 수정하는가?

____ 결정을 내릴 때만 되면 몹시 고뇌하는가?

___ 자기 의심으로 인한 불안을 낮추기 위해 '다른 사람들을 즐겁게 해주는 사람'이 되었는가?

___ 결정이나 선택을 피하거나 고객, 직원, 혹은 상사에게 거절하는 것을 피하는가?

___ 불편한 상황을 피하기 위해서 자신의 의견이나 생각을 말하지 않을 때가 있는가?

___ 직장에서 나와 나의 지위에 의문을 품지 못하도록 무조건 "예, 예"하는 것은 아닌가?

___ 자신에 대해 의심이 들면 불안을 덜기 위해 결과에 상관없이 되돌아가서 결정을 바꾸는가?

___ 의사 결정을 할 때 내 자신이 갖고 있는 상식, 통찰, 직업적 경험을 무시하는가?

___ 자기 의심의 감정을 피하기 위해 업무 상황, 고객 문제, 자신의 문제를 고의적으로 피하는가?

___ 혹시 중요한 시기에 자기 의심이 들지 않았다면 자신의 경력이 어떻게 달라졌을까 하고 궁금해 하는가?

이 질문들 중에 몇 개에 "그렇다"고 대답했다든지, 이 내용들이 일을 할 때 느끼는 감정과 비슷하다고 생각되면 자기 의심이 자신의 경력에 주는 영향을 심사숙고해 보도록 하라.

## 집중력 부족

집중력 부족은 앞에서 설명한 수치심과 자기 의심이 작동한 결과라고 할 수 있다. 불안이 심할 때(자기 의심)나 수치심을 느낄 때, 또는 파괴적인 정서(우울, 변화에 대한 두려움, 심한 불안 등)를 경험할 때 일에 집중하기란 매우 어렵다. 한마디로 말해 집중력 부족은 일반적으로 자신의 삶에 작동하고 있는 정서적 문제를 해소하지 못하거나 제대로 이해하지 못할 때 생긴다. 이때 나타나는 증상은 과제나 프로젝트, 사업 계획에 집중하지 못하거나 집중력을 유지하지 못하는 것이다. 집중력 부족은 문제가 아니다. 그 순간에 머무르는 것을 막고 있는 뭔가가 수면 아래 있다는 것을 알려주는 신호일 뿐이다. 즉, 부주의는 걱정 근심이나 정신적인 문제로 인해 나타나는 증상이다. 예를 들면, 버림받지는 않을까 하는 두려움이 배경에 숨어 있어서 현재의 일과 직무에 집중하는 것을 끊임없이 방해할 수 있다. 직장이나 고객과의 관계에서 생기는 상실감이 끊임없이 반복되어 힘들어하는 것일 수도 있다.

집중력 부족은 변화할 필요성이 있다는 것을 알려주는 지표가 된다. 많은 직장인들이 타성에 젖어 일이 지루해지고 흥미를 잃지만, 그것이 편하기 때문에 필요한 변화를 하려고 시도하지 않는다. 그러나 이런 감정과 사고는 직업상 변화가 필요하다고 경고하는 신호로 받아들여야 한다. 과제에 집중하는 것이 어려운 것은 중요한 정보일 뿐이다. 자신의 행동이 자기에게 뭔가를 알려주고 있는 셈인 것이다. 부주의는 항상 흥미나 관심 부족, 혹은 지나친 불안과 관련이 있다. 부주의하다는 것이 약물 치료를 받아야 하는 주의력 결핍 장애의 증상을 의미하는 것은 아니다. 직장에서 회신 전화를 해야 하는데 잊어버린다든지, 자리에 앉아있기 힘들다든지, 고객에 대한 사후 서비스를 빼먹는다든지, 프로젝트를 따라가는 것이 어렵다든지 하는 것 같은 행동을 말하는 것이다. 직장에서 과제나 일, 프로젝트를 달성하는 과정에서 빠뜨린 일이나 단계가 있다거나 하지 않은 것이 있을 경우를 말한다. 더 많은 일을 할 수 있고 더 뛰어난 잠재력이 있다는 것을 알지만 이런 문제로 해서 어려움을 겪게 될 수 있다.

다음의 질문을 보면서 직장에서 현재 자신이 하고 있는 행동이 본인에게 있는 해결되지 못한 다른 문제의 징후는 아닐지 생각해 보라. 많은 사람들이 이면에 있는 숨겨진 문제나 걱정, 욕구 등을 아는 순간 집중력이 극적으로 향상되는 것을 경험하곤 한다. 많은 경우 집중력 부족은 갑자기 시작되어 몇 달 혹은 이삼 년에 걸쳐 서서히 악화되어 간다. 집중력은 우리를 괴롭히는 문제가 아니라 우리 삶의 중요한 시기에 나타나 어떤 문제가 있음을 경고해주는 것이다.

### 집중력 부족 체크리스트

____ 일을 할 때 집중에 어려움을 느끼는가?

____ 지난 몇 달 혹은 몇 년 동안 자신의 생각이나 욕구를 무시한 적이 있는가?

____ 다른 직무나 지위, 혹은 직업을 꿈꾸는가? 어떤 일이었으면 하고 바라는가? 바꾸고 나면 어떻게 보일 것 같은가?

____ 현재의 지위나 경력에서 마치 함정에 빠져든 것처럼 느껴지는

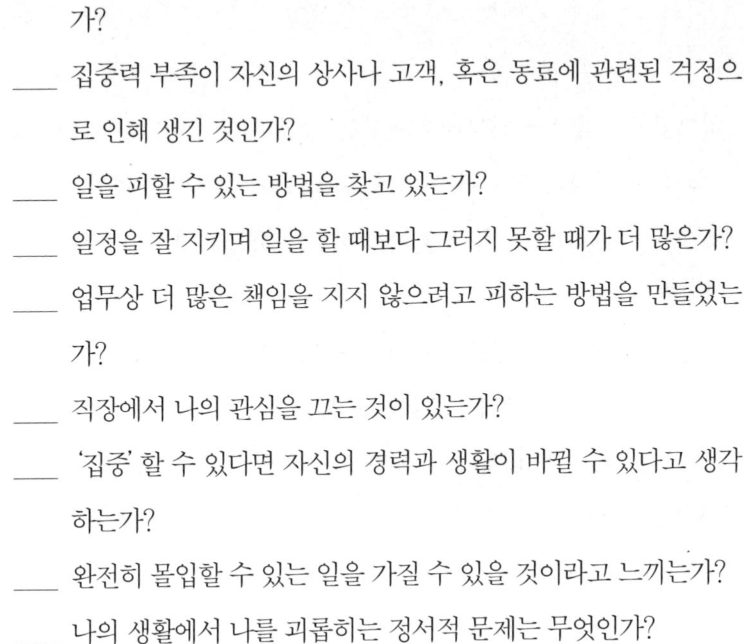

가?

___ 집중력 부족이 자신의 상사나 고객, 혹은 동료에 관련된 걱정으로 인해 생긴 것인가?

___ 일을 피할 수 있는 방법을 찾고 있는가?

___ 일정을 잘 지키며 일을 할 때보다 그러지 못할 때가 더 많은가?

___ 업무상 더 많은 책임을 지지 않으려고 피하는 방법을 만들었는가?

___ 직장에서 나의 관심을 끄는 것이 있는가?

___ '집중' 할 수 있다면 자신의 경력과 생활이 바뀔 수 있다고 생각하는가?

___ 완전히 몰입할 수 있는 일을 가질 수 있을 것이라고 느끼는가?

___ 나의 생활에서 나를 괴롭히는 정서적 문제는 무엇인가?

자신과 자신의 경력 발달에 중요한 것에 집중하려면 잠재된 문제가 무엇이며 어떻게 해야 할 지 생각해 보라. 위의 질문은 원하는 일이나 만족을 방해하는 숨겨진 진짜 문제를 확인할 수 있도록 만든 것이다. 집중은 자기 자신과 자신의 직업, 자신의 능력에 대해 어떻게 느끼는지와도 관련되어 있다. 집중력 부족은 불안이 있다는 것을 알려주는 단서로 작용한다. 때로는 너무 미묘해서 이를 알아차리기가 쉽지는 않지만, 불안을 해결하고 아버지 유형을 이해하는 것이 일에서 집중력과 추진력을 회복하는 열쇠라는 점을 기억하라.

## 동기부족

최고의 직원을 묘사하는데 사용되는 공통된 단어 하나를 들라고 하면 '의욕이 넘치는, 동기가 부여된(motivated)' 이란 말일 것이다. 직장에서 의욕을 갖느냐에 따라 성공을 하기도 하고 실패하기도 한다. 동기(motivation)란 단어는 그 사람으로 하여금 행동하게 만드는 추진력과 인센티브, 욕구, 욕망을 의미한다. 우리가 매일 직장을 나가고, 특정한 직업을 선택하고, 어떤 결정을 내리고, 특정한 행동을 하는 이유는 뭔가를 얻거나 이루고자 하는 동기가 우리 안에 있기 때문이다. 뭔가 분명하게 바라는 것이 있다면 그것이 새로운 지위든 장기적인 목표든 그 무엇이든 간에, 그 동기에 의해 추진력을 얻을 수 있다.

동기의 작동원리에 관해서 그동안 수많은 연구들이 있었지만 그 모든 결과를 한 마디로 표현한다면, 원하는 것이 추진력을 제공한다고 요약할 수 있다. 한 개인의 삶에는 여러 영역(사생활, 직업, 인간관계, 재정 등)이 있고, 각 영역은 자체의 동기, 소망, 그리고 욕망을 갖고 있다. 매일매일, 혹은 매년 자신을 이끌고 나가는 힘이 무엇인지 아는 것이 중요하다. 이를 알아서 힘을 얻게 되면 원하는 것을 성취할 수 있게 된다.

심리학자 칼 로저스가 행한 유명한 조사연구에 의하면, 직업적 성공이나 경제적 안정, 내적인 만족이나 직업상 만족과 같은 높은 수준의 동기에 도달하기 위해서는 개인 생활에서 보다 기본적인 욕구가 충족되어야만 한다고 한다. 많은 직장인들이 갖고 있는 문제는 동기를 상실했거나 삶의 진로에 대한 올바른 직업상 지향점을 상실해서 추진력이 새나가고 있다는 것이다. 동기가 부족한 것과 집중력이 부족한 것은 매우 유사해 보이지만 실은 많이 다르며, 이 두 가지 직업상의 장애물을 구분해야만 아버지 요인에 중요한 것을 더 잘 이해할 수 있다. 동기는 있지만 목표에 집중하는 것이 어려울 수 있으며, 명백한 동기와 방향 없이 집중하기란 매우 어렵다.

소규모 자영업을 하든, 대기업에 다니든, 아니면 집에서 일을 하든 상관없이 동기를 가진 사람들은 거의 항상 일을 잘 한다. 어떤 유형의 동기가 옳고, 어떤 것은 그르고, 어떤 것이 좋고 나쁜지에 대해 도덕적인 판단을 내리자는 것이 아니다. 진정한 동기는 개인의 삶을 윤택하게 하고 주변 사람들에게 혜택을 주고자 하는 시각을 가질 때 생겨난다. 많은 직장인들이 직장과 관련되지 않은 삶의 중요한 변화, 예컨대 결혼이나 아이를 낳고 키우는 것과 같은 변화를 경험한다. 중요한 변화가 생기면 자신의 동기와 직업 목표를 재조정해야 한다. 자신의 삶에서 벌어지는 다양한 변수를 고려해서 직장에서의 동기를 갱신하고 재평가하는 것이 현명하다고 할 수 있다. 45세 된 사람의 동기는 30세 때의 동기와는 다를 것이다. 마찬가지로 28세 된 사람의 동기와 54세 된 사람의 동기는 다를 수밖에 없다.

만일 일과 관련해서 동기가 부족하다고 느낀다면 다음의 질문들을 생각하면서 다시금 초점을 맞추기 바란다.

### 동기체크리스트

___ 요즘 직장에서 무엇이 자신에게 동기를 유발하는지 알고 있는가?

___ 나의 직업과 관련해서 지금 내게 가장 중요한 것 세 가지는 무엇인가?

___ 나의 직업과 관련해서 성취하고자 하는 1년, 3년, 5년의 목표와 계획을 세웠는가?

___ 나의 경력에 관련해서 내면 가장 깊은데서 느끼는 욕망을 알고 있는가?

___ 내게 동기를 불러일으키는 인물이 있는가?

___ 일하러 나가는 것이 끔찍하게 느껴지는 날이 그렇지 않은 날보다 많은가?

___ 5년 전과 비교해 볼 때 요즘 나는 내 일에 얼마나 더 많은 노력을 기울이고 있는가?

___ 동료들에 비해서 의욕이 넘친다고 생각하는가?

___ 동료, 상사, 고객들이 나를 의욕이 넘치는 전문가라고 생각하는가?

___ 직업을 바꾸고자 하는 욕구가 있는가?

___ 일에 대한 열정이 있는가?

___ 동기, 직업적 추진력, 그리고 집중력이 나의 직장생활에 중요한 역할을 하고 있는가?

이 질문들은 직장과 가정에서 동기와 추진력에 관한 관심을 불러일으키려고 만든 것이다. 삶의 한 영역에서 의욕이 넘치면 당연히 다른 영역에도 이 의욕이 전파된다. 동기는 일을 추진하는데 필요한 연료가 되며, 이것이 부족하면 자신의 성장과 성공에 방해가 되는 족쇄가 되어 버린다. 일에서 동기를 잃는 것은 포착하기 어렵고, 어느 누구도 이런 일이 일어나지 않도록 막을 수 없다. 자신의 심리구조를 변형시킨 아버지의 영향력을 이해하고 통찰할 때 동기를 높은 수준으로 유지할 수 있다.

## 책임감 부족

책임감은 아버지 요인에 의해 가장 강력한 영향을 받는 삶의 한 측면이다. 스스로 책임지는 능력은 경력 발달을 가로막는 수많은 정서적 함정이나 정신적 장애물을 비켜가게 해준다. 책임을 진다는 것은 아버지를 비난하지 않고, 승진에서 누락되었을 때 다른 사람들에게 손가락질하지 않고, 어려운 일을 피하려 하지 않는 것을 말한다. 좋은 상황이든 나쁜 상황이든 가리지 않고 그 상황에서 자신이 어떤 역할을 했는지 평가하고 이해하는 것이다. 책임감 있는 사람은 윤리적으로 행동하고 생각하며, 창의적으로 문제를 해결하고, 어떤 결정이나 행위를 할 때 그 결과를 예측한다. 따라서 정신 에너지를 자신의 행위나 입지를 정당화하는데 혹은 그 상황에서 자신의 무죄를 다른 사람들에게 알리려고 애쓰는데 낭비하지 않는다.

책임감을 이해하고 연습하지 않고서는 직업적인 성실성을 확보하기란 불가능하다고 할 수 있다. 책임감을 이해하고 이것이 자신의 삶에 자리잡을 때에야 비로소 의미 있는 직업상 성장이 가능하다. 지난 수년 동안 발생했던 대기업들의 부정은 직장인들이 아무 생각 없이 행동할 때 어떤 일이 벌어지는지를 깨닫게 해주는 고통스런 경험들이라고 볼 수 있다. 그들이 자신의 생각과 행위에 책임지지 않았기 때문에 수

백만 명의 사람들에게 큰 고통을 주었던 것이다.

자신의 행위에 전적으로 책임지지 못하면 불안감과 낮은 자긍심, 수치심, 집중력 부족, 그리고 자기 의심이 생긴다. 자신의 행위에 좀 더 책임감을 갖는 것이 일에 대한 불안이나 스트레스를 낮추고 직장에서 즉각적인 존경을 얻는 방법 중 하나이다. 책임감 결여는 대다수의 사람들에게 경력 발전에 걸림돌이 되면서도 과소평가된 문제라고 할 수 있다. 직업상 선택에 책임지는 것은 매우 부담스러우면서도 동시에 해방감을 준다. 이를 이해하는 것이 자신의 경력 발달에 있어서 스스로 결정할 수 있는 힘을 되찾게 해준다. 책임감이 힘을 낳는 것이다.

자신의 경력에서 발생한 일에 대해서, 그리고 원하는 것을 얻지 못하는 것에 대해서 어느 누구에게도 비난할 수 없다는 사실을 받아들일 때 오히려 힘이 생긴다. 일에 관련해서 자신은 아무런 잘못도 하지 않았다든지, 만족감을 높이기 위해서 할 수 있는 일이 아무 것도 없다는 말을 얼마나 많이 듣고 있는가? 항상 다른 누군가의 잘못이고 자기가 통제할 수 없다고 생각한다. 이런 생각은 대부분 틀린 것이며, 어른이 하기에는 참으로 순진한 핑계라고 밖에 볼 수 없다. 주어진 상황에서 어디서 중단하고 어디서 시작할지를 알 때, 사업상 거래나 프로젝트 수행에서 자신과 동료들이 가진 잠재 역량이 발휘되는 것이다. 자신의 행위와 선택에 대해 책임을 지는 것을 당연하게 여기는 것이 바로 유능한 성인이라는 표시이다.

다음의 질문을 읽고 자신의 행위에 책임을 지는 능력에 대해 염려스러우면, 이런 패턴을 어떻게 변화시킬지 생각해 보도록 하라. 언제라도 자신의 일과 모든 결정에 대해 책임을 지고 행동하는 사람이 될 수 있다.

### 책임감 체크리스트

___ 직장에서 문제가 생기면 자동적으로 자신을 방어하면서 다른 사람에게 잘못이 있다고 주장하는가?

___ 어떤 문제나 사업상의 기회를 놓친 것에 대한 책임을 다른 사람에게 떠넘기거나 비난하는가?

___ 자신의 업무 수행에 대해 비판적인 피드백을 받는 것이 어려운가?

___ 스스로 삶의 모든 영역에 대해서 책임을 지는 사람이라고 생각하는가?

___ 어떤 문제에 대해 고객이 옳고 자신이 틀렸을 때, 그것에 대해 감사를 표하거나 사과하려고 시도하는가?

___ 비난과 적개심이 나의 경력에 어떤 역할을 하는가?

___ 나의 입지를 강화하기 위해 상사나 동료에게 다른 사람의 험담을 늘어놓는가?

___ 자신이 윤리적으로 일한다고 생각하는가?

___ 아버지는 자신의 직업 선택에 대해 스스로 책임을 졌는가?

___ 아버지가 자신의 직업과 사업상 거래에서 윤리적이었다고 생각하는가?

___ 자신의 지위나 결과를 더 멋있게 보이기 위해 일부러 진실을 살짝 왜곡한 적이 있는가?

___ 일상적인 업무 수행과 장래의 경력 발전에 나의 책임감이 어떤 역할을 하고 있는가?

직장생활을 어렵게 만드는 자신의 심리적 장애물을 제거하고 아버지 요인을 최대한 이해하고 싶다면, 이 질문들은 매우 중요하다. 자기가 한 행위와 결정에 대해 책임을 질 수 있어야 일과 삶에서 원하는 것을 얻을 수 있는 길이 열리기 때문이다.

## 정서적 미성숙

정서는 일과 별 상관이 없는 듯 보일지도 모르지만 여기서 논의한 다른 요소들만큼이나 직업과 직무 수행에 큰 영향을 준다. 정서적으로 미성숙한 사람을 묘사하는 것보다 성숙한 사람이 직장에서 어떻게 행동하는지 묘사하는 것이 이해하기 더 쉽다. 정서적으로 성숙한 사람은 다른 사람의 감정, 입장, 생각 등에 자동적으로 반응하지 않고 이를 이해하고 다룰 수 있는 능력이 있다. 다른 사람의 관점, 신념 체계, 견해를 자신의 관점과 분리해서 볼 수 있는 능력을 갖고 있으며, 자신의 감정이나 생각을 다른 사람에게 투사하지 않는다. 스트레스 상황에서 모든 사람들이 자신과 같은 방식으로 생각하고 반응한다고 가정하지도 않는다. 다른 사람들이 자기의 생각에 동의해야만 자신을 긍정적으로 생각하고 있다거나 문제를 처리할 수 있는 것은 아니지 않은가?

정서적 성숙은 자신의 생각, 감정, 욕구를 건설적인 방식으로 처리하고 이해하고 표현하는 능력을 말한다. 정서적으로 미성숙한 사람은 자신의 감정을 제대로 이해하거나 표현하지 못해서 그 감정을 주위의 다른 사람들에게 투사한다. 예를 들면, 사실은 본인이 화가 나 있는데, 자신은 화난 것조차 인식하지 못하고 상대에게 왜 화를 내냐고 따진다.

화가 자주 난다는 것 자체가 정서적으로 미성숙하다는 증거이다. 그런 사람은 다른 사람의 관점을 이해하지 못하고 특정한 상황에서 느끼는 좌절감을 표현하지 못한다. 분노가 자신의 생각과 감정을 표현하는 유일한 방법이 아니라는 점을 알면 문제를 해결할 가능성이 열린다.

정서적 미성숙의 또 다른 요인은 좌절을 참아내는 인내심이 부족한 것이다. 좌절을 참아내지 못한다는 것은 기대대로 되지 않는 일이 있을 때 '쉽게 열 받는' 것을 말한다. 좌절을 참아내지 못할 때 더 넓은 관점에서 사물을 보는 능력에 손상이 생기게 마련이다. 좌절을 잘 참아낼 수 있으면 직장에서 성마른 사람으로 보이기보다는 잘 참고 이해하는 사람이 된다. 모든 중독 행동은 어느 정도의 좌절이나 어려움을 참아내는 정서적 능력이 부족한데서 비롯된다. 많은 사람들이 불편한 감정에서 벗어나기 위해서 각성제를 사용하거나 약물(술, 대마초, 진통제)을 남용하곤 한다. 약물을 지나치게 사용하는 이유는 좌절감, 절망감, 괴로움을 둔화시키기 위한 것이다. 거의 매일 술을 마시거나 약물을 남용하는 사람들은 심리적인 성숙도를 볼 때 15세 수준이라고 할 수 있다. 술과 약물을 사용해서 자신의 분노나 스트레스 같은 감정을 회피하고 둔화시키면 사춘기의 사고방식에 머물게 되고, 인생의 도전에 사춘기 청소년처럼 반응하게 된다. 그런 경우 그는 직장에서 끊임없이 좌절을 경험하게 된다. 정서적으로 미성숙한 사람들은 도전이나 실패의 가능성이 있는 모든 상황을 피하려고 시도한다. 그래서 인생, 일, 인간관계에서 피할 수 없는 오르내림의 기복을 처리하거나 다루지 못하게 된다.

명료하게 사고하고 고요한 마음 상태를 유지하는 사람은 세상을 안전한 장소라고 보는 신념을 갖고 있다. 이런 신념이 일과 고객, 상사의 예측불가능한 면들을 견뎌낼 수 있는 정서적 힘을 발달시켜 주는 것이다. 불확실성과 위험, 심사숙고는 모두 아버지 요인을 구성하는 요소이며 정서적 성숙과 관련이 있다. 다음의 질문을 보면서 일에서 겪는 스트레스, 불안, 실망, 좌절을 다루는 능력을 잘 생각해 보라. 정서적 성숙은 자신의 일과 삶에서 앞으로 전진하게 하는 결정적인 능력이 된다. 이 모든 문제들이 일상생활에 작용하고 있는 아버지 요인과 관련이 있다.

### 정서적 미성숙 체크리스트

___ 좌절감을 동료에게 표현하는 것이 어려운가?
___ 직장에서 사소한 침해에도 발끈 화를 내는 경향이 있는가?
___ 동료나 상사, 고객이 나를 보고 '화난 사람' 또는 '성마른 사람'이라고 말한 것을 들은 적이 있는가?
___ 나의 반응 때문에 직장에서 사람들이 내게 직접 대놓고 얘기하는 것을 겁내거나, 마음 내켜 하지 않거나, 주저하는가?
___ 업무에 관련된 스트레스 상황에서 경험하는 화, 좌절감, 불안, 우울 같은 감정을 어떻게 처리해야 할지 몰라 걱정하거나 술로 풀어버릴 때가 자주 있는가?
___ 직장에서 어떤 변화 때문에 정서적으로 혹은 정신적으로 힘이 드는가?
___ 직장에서 벌어지는 일로 인한 좌절을 잘 참지 못하는 사람이라

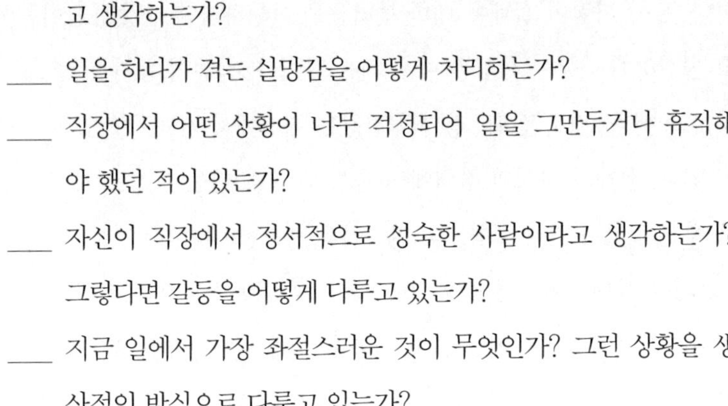

고 생각하는가?

___ 일을 하다가 겪는 실망감을 어떻게 처리하는가?

___ 직장에서 어떤 상황이 너무 걱정되어 일을 그만두거나 휴직해야 했던 적이 있는가?

___ 자신이 직장에서 정서적으로 성숙한 사람이라고 생각하는가? 그렇다면 갈등을 어떻게 다루고 있는가?

___ 지금 일에서 가장 좌절스러운 것이 무엇인가? 그런 상황을 생산적인 방식으로 다루고 있는가?

이 질문들을 자신의 건강과 행복에 관한 심리적, 정서적 상태에 대한 질문으로 생각하도록 하라. 좌절, 실망, 의기소침을 경험하지 않는 사람은 없다. 문제는 이처럼 끝없어 보이는 상황들에 어떻게 대처하느냐 하는 것이다. 자신의 직업적 성장은 일에서 발생하는 이런 상황들에 어떻게 반응하느냐에 달려있다. 정서적 성숙의 비결은 아버지와의 관계와 상호작용이 현재의 직장생활에 정서적인 기반이 되고 있다는 것을 이해하는 것에서부터 시작한다.

### 실패에 대한 두려움

지금까지 논의한 6가지 문제를 모두 합쳐 놓은 것이 곧 '실패하지 않을까' 하는 두려움을 느끼는 것이다. 대부분의 직장인들이 실패에 대한 두려움을 경험하고 있다. 그런데 어떤 사람들은 실패에 대한 두려움을 극복하려고 어떤 행동을 하고, 어떤 사람들은 이 두려움을 무시한다. 모든 사람이 실패에 대한 두려움을 이해하지만 그것을 받아들이고 솔직하게 다루는 사람은 매우 적은 편이다. 직업적 동기, 위험을 감수하는 행동, 진로 선택, 정서적 건강은 직장에서 겪는 두려움과 관련이 있다. 실패가 자신의 경력에 도움이 될 수 있다는 관점을 가진 사람은 자신의 삶과 일에서 최고의 만족감을 경험할 수 있다.

실패는 상대적이라는 점을 명심하라. 실패를 규정하는 절대적인 지침이나 기준은 없다. 예를 들어 어떤 사람에게는 성공인 것이 다른 사람에게는 실패로 받아들여지기도 한다. 이런 차이가 있는 것은 각 사람의 발달 과정과 경험이 다르기 때문이다. 성공과 실패의 메시지는 아버지 요인의 핵심 문제 중 하나이다. 모든 부녀지간 혹은 부자지간에는 무엇이 성공이고 무엇이 실패인지를 정하는 독특한 기준이 있다.

삶에서 무엇이 성공이고 무엇이 실패인지를 배우는 것은 아버지와의 관계에서 시작한다. 자신을 성공한 사람으로 보는지 아니면 실패자로 보는지에 반영되어 있는 성공과 실패에 관한 메시지를 이해하고 해독하는 것이 매우 중요하다. 실패에 대한 두려움으로 인해 마비되는 사람들은 불행하게도 문제의 증상만을 다루고 있는 셈이다. 실패에 대한 두려움은 우울, 불안, 수치심, 버려짐, 사랑의 상실 같은 더 깊은 문제가 있음을 알려주는 신호일 뿐이라는 사실을 잊지 말라. 실패한다는 것은 절대적인 것이 아니라 오직 자기 자신만이 이해할 수 있는 개인적 문제이다. 사람들이 흔히 범하는 실수는 자신의 경력 발달을 다른 사람의 성장과 비교해서 판단하는 것이다. 성공의 규칙, 신념, 그리고 목표는 매우 개인적인 것이다. 또한 이런 신념들은 모두, 자라면서 아버지와 함께 혹은 아버지 없이 학습한 것이다. 그리고 우리들은 이런 신념들의 대부분을 알지 못하고 있다. 이 말은 이런 신념들이 직장에서 우리의 통제를 받지 않고 제 마음대로 영향을 끼치고 있다는 것이다. 실패와 성공에 관한 이런 주제들을 의식하는 만큼 자신의 진로에 더 많은 선택권과 힘을 가질 수 있다.

실패에 대한 두려움, 사업상 위험의 감수, 이상을 추구하는 것 등이 모두 아버지와의 관계에서부터 시작되었다는 것을 더 많이 알수록 직업과 개인 생활에서 더 많은 자유를 누리게 된다. 아버지 요인이 주는 장애물이 해소될 수 있고, 그래서 직업적 만족에 다가갈 수 있다는 것을 알기 시작하는 것은 매우 시급한 일이다. 학습된 두려운 감정이 자신의 직업과 일을 지배하도록 내버려둔다는 것은 비극이 아닐 수 없다. 다시 말하지만, 실패에 대한 두려움은 상대적인 것이고, 오직 아버지와의 관계라는 맥락 안에서만 이해될 수 있다. 다음의 질문들은 아버지를 보고 아버지의 말을 듣고 알면서 배우게 된 두려움, 실패, 성공에 관한 것이다. 그런 과거의 경험이 현재 직장에서 맞닥뜨리는 도전에 주는 영향력을 과소평가하지는 말라. 아버지를 본 적도 없고 아버지와 아무런 관계가 없었다고 해도 아버지를 둘러싼 가족의 신화를 통해 중요한 것들을 많이 배우게 된다. 어머니, 친척, 가족의 친구들이 모두 아버지를 알고 있고, 그들이 우리에게 아버지에 관한 정보를 전해주기 때문이다.

## 실패에 대한 두려움 체크리스트

___ 뭔가를 시도했는데 기대한 대로 되지 않은 사람들에 대해서 아버지는 어떤 견해를 갖고 있었는가?

___ 아버지가 개인적으로 혹은 직업적으로 감수한 위험이 있었는가?

___ 아버지로부터 실패와 성공에 대해 무엇을 배웠는가?

___ 가족 안에 자리잡고 있는 실패와 성공에 대한 아버지의 규칙은 무엇인가?

___ 일과 관련한 성공이 자신을 어떤 사람으로 보는지에 큰 영향을 주는가?

___ 직장인 혹은 전문가로서 성공과 실패를 정의할 때 돈이 어떤 역할을 하는가?

___ 아버지는 실패를 어떻게 다루었는가?

___ 아버지는 성공을 어떻게 다루었는가?

___ 일과 관련해서 자신이 가장 두렵게 생각하는 혹은 가장 걱정하는 한가지를 든다면 무엇인가?

___ 성공과 실패를 어떻게 정의하고 있는가?

___ 실패에 대한 두려움을 어떻게 처리하는가?

___ 개인적인 또는 직업적 성공에 대한 두려움을 어떻게 처리하는가?

___ 자신이 한 것 중에서 성공이라고 느끼는 것을 하나 든다면 무엇인가?

이 질문에 대한 답은 과거의 진로 선택에 영향을 미쳤던, 자신도 의식하지 못하는 내용을 알려줄 것이다. 일과 성공, 실패, 사업상의 위험 감수 행동에 관한 아버지의 관점을 이해하는 만큼 자신의 경력에서 성공으로 나가는 선택을 하기가 쉬워진다. 이 질문은 아버지 요인의 핵심 역학관계를 건드리고 있다. 아버지가 우리를 어떻게 키웠는가 하는 것이 한 차원이며, 다른 차원은 아버지로부터 자신의 일에 대해 그리고 일의 세계라는 복잡한 미로에서 방향을 잡는 방법에 대해 무엇을 배웠는가 하는 것이다. 우리는 지금 우리 안에 내재화되어 있는 아버지 요인의 말단에서부터 중심부로 작업해 들어가고 있는 중이다. 실패에 대한 두려움은 대부분의 사람들에게 있어 결정적인 순간에 자신을 얽어매는 강력한 족쇄 중 하나이다. 그래서 핵심은 이 족쇄를 푸는 것이며, 이를 위해서는 성공과 실패라는 문제에 직면하는 것이 필요하다.

## 요약

자신의 일과 경력에서 지금 일곱 가지 아버지 요인 문제 중에 어떤 것이 작동하고 있는지 심사숙고하기 바란다. 지금 자신의 일에서 비생산적인 행동 패턴이 나타나고 있는 것을 깨달았다고 해서 실망하거나 낙심하지는 말라. 이 장의 목적은 우리에게 감춰져 있는 주제, 걱정거리 그리고 문제를 소개하는 것일 뿐이다. 지금까지 다룬 많은 주제들은 오랫동안 우리 마음 안에 있었고, 따라서 반드시 평가하고 확인해야만 하는 것들이다. 직업에 관련해서 어느 순간엔가 우리를 힘들게 했던 경력상 장애물들을 최선을 다해 완전히 그리고 충분히 이해할 때만이 일과 직업에 의미있는 변화를 가져올 수 있기 때문이다.

다음에 이어지는 2부의 다섯 장에서는 우리가 성장하면서 경험한 아버지 유형에 대해서 알아볼 것이다. 각 유형은 서로 관련이 있다. 각 유형에 대해 먼저 일곱 가지 중요한 아버지 요인 문제들이 어떻게 형성되었는지부터 설명할 것이다. 이 책의 3부에서는 자신이 바라는 직업적 성장을 달성하기 위한 힘을 얻을 수 있도록 문제를 평가하고, 수정하고, 변화시키는 방법에 초점을 맞출 것이다.

# 2부
# 5가지 아버지 유형

## 4 성취지상주의형 아버지

자녀들은 본인의 일에 무관심하거나 남을 배려하는 마음을 갖지 못한다

## 5 시한폭탄형 아버지

자녀들은 정서적 불안감을 느끼며 혼란과 두려움으로 믿음을 갖지 못한다

## 6 수동형 아버지

자녀들은 인간관계에 소극적이며 정서적 유대감을 갖기 어렵다

## 7 부재형 아버지

자녀들은 버림받고 거부당한 경험으로 깊은 정서적 상실감을 가진다

## 8 배려하는 멘토형 아버지

자녀들은 정서적 안정감을 바탕으로 자긍심, 공감, 일관성을 가진다

# 성취지상주의형 **아버지**

**자녀들은 본인의 일에 무관심하거나 남을 배려하는 마음을 갖지 못한다**

4

나는 재주꾼이었지만 한 번도 정말로 성공했다고 느끼거나 잘했다고 생각한 적이 없다. 아버지는 내가 한 모든 일에 대해서 매우 비판적이었고, 지금도 그렇다. 불행하게도 나도 직원이나 가족들에게 똑같이 행동하고 있다. 마음에 들 정도로 충분히 좋은 것은 결코 있을 수 없다.

:: 조엘, 29세

나는 오랫동안 여자 '터미네이터' 라고 불렸다. 난 정말 여자다운 여성이었음에도 불구하고 일 처리는 남자 같았다. 일을 처리할 때 퉁명스러운 나의 태도는 도움이 되지 못했다. 사람들은 나에게 민감하고 자비롭기를 기대하지만 그런 따뜻한 속성은 다른 관리자한테서나 찾아 볼 수 있는 것이다.

:: 도로시, 32세

father

factor

## 아버지 유형을 소개하면서

다음의 다섯 장에서는 아이들이 자라면서 흔히 경험하는 가장 전형적인 아버지 유형들을 상세하게 기술하고 있다. 각 아버지 유형을 떼어서 따로따로 설명했지만, 실제로는 다른 네 가지 유형과 중복되어 나타날 수 있다. 자신의 아버지가 여러가지 유형을 조합한 분이라는 것을 발견하는 것은 드문 일이 아니다. 다섯 가지 유형은 각기 고유한 특질과 행동 패턴, 규칙, 삶에 대한 태도를 갖고 있다. 자녀들은 이런 것들을 반복해서 경험하면서 일과 생활, 더 크게는 세상을 살아가는데 영향을 주는 아버지 요인의 핵심적 본질을 형성한다.

예를 들면 우리가 어떤 직업을 선택하고 거기서 얼마나 많은 수입을 올리는가는 아버지 요인과 직결되어 있다. 자기 자신이나 아버지가 처해있던 상황(이혼, 사망, 행복한 결혼 생활, 재혼, 학대 등)에 관계없이, 어린 시절 아버지와의 관계에서 경험한 것이 마치 벽돌을 쌓듯 한장한장 쌓여 우리의 경력과 직업의 기초를 형성하는 것이다. 연애에도 아버지와의 관계가 영향을 미치는데, 사람들은 흔히 자기 아버지와 비슷한 특징을 가진 사람을 이상적인 애인으로 삼곤 한다. 다른 사람들과의 정서적 관계, 숨겨진 정서적 결합, 행동 패턴, 직업상 장애물, 경력 단계들을 깊이 이해하다 보면 이들이 모두 아버지와의 관계로 거슬러 올라가는 것을 보게 될 것이다.

각 유형을 면밀히 살펴보도록 하라. 자신과 아버지가 시간을 초월해 연결되어 있다는 사실이 보이기 시작할 것이다. 잊어버렸던 기억, 감춰져 있던 정서적 연결, 의미 있는 애착이 다시 생각날 것이며, 자신의 잠재력을 십분 발휘하게 해주는 열쇠가 아버지에게 있다는 사실을 발견하게 될 것이다. 2부에서 아버지에 관련된 기억과 감정, 생각을 회상하는 것이 어려울 수도 있다. 하지만 그것을 기억하려고 시도하는 일은 정말 가치 있는 것이다. 왜냐하면 "아버지 요인은 자신의 일과 직업에서 어떤 일은 왜 일어나고 어떤 일은 왜 일어나지 않는가"하는 질문에 많은 답을 갖고 있기 때문이다. 각각의 아버지 유형을 읽어나가다 보면 각 유형이 자신의 경력에 바람직한 영향을 줄 수 있다는 것도 깨닫게 될 것이다.

각각의 아버지 유형이 자신의 경력에 어떤 장애를 만들어 왔는지 알아내는 것은 결코 쉽지 않은 작업이다. 각 장의 끝과 3부에서, 좌절스럽지만 이제는 예측할 수 있는 이런 장애물을 피하거나 뛰어넘을 수 있는 방법을 제안하고 전향적인 도구의 사용법을 알려줄 것이다. 아버지 유형을 이해하지 못한 채, 이런 방법만 알게 되면 이는 우리의 개인적 삶과 경력을 발전시킬 수 있는 정보의 반만을 아는 셈이다. 더 이상 필요없는 정서적 고통을 느끼지 않고, 좌절과 고생을 겪지 않고 성인의 생활과 일을 성공적으로 해나가기 위해서는 이 소중한 정보들이 필요하다.

아버지가 우리를 어떻게 키웠는지 얘기하기 시작하면 사람들은 갑자기 조용해지곤 한다. 어떤 직업이나 지위에 있건 간에 아버지라는 주제는 모든 사람을 평등하게 만든다. 아무도 이 주제에 대해 중립적일 수 없으며, 각기 나름대로 아버지에 관한 의견을 갖고 있다. 어떤 세미나에서 한 여성이 나에게 이렇게 말했다. "아버지가 아주 거친 분이셔서, 저는 남자에 대해 나쁜 감정을 갖게 되었습니다. 그 영향을 결코 극복할 수가 없어요." 나는 그녀에게 아버지가 어떤 분이었는지 물어보았다. 그녀는 지체하지 않고 이렇게 대답했다. "제 아버지는 성취에 목숨을 거는 분이셨습니다. A 유형*이었지요. 완벽하지 않은 것은 결코 받아들이지 않았습니다. 저는 열심히 일했고, 그래서 지금은 늙다리 열등품 같이 되어 버렸어요." 그녀는 그 세미나의 진행자였고 매우 온순해 보였기 때문에 나는 뭐라 말할 수가 없었다. 아버지 유형에 대한 그녀의 반응은, 직업분야와 개인적인 분야 모두에서 자신의 아버지에 대해 해결되지 않은 감정과 사건들을 갖고 있다는 것을 보여주었다.

---

* A 유형은 공격적이고 성취를 지향하는 사람으로, 매우 도전적인 목표를 설정하고, 불가능해 보이는 시간 안에 이를 달성하려고 최대한의 노력을 기울인다. 이들은 예기치 않은 상황에 직면했을 때 극도의 긴장과 불안감을 느끼며, 그렇지 않은 사람들에 비해 심장병에 걸릴 확률이 약 2배 정도 높다고 한다.

## 성취지상주의형 아버지 유형 – 외모*와 성공

외모와 성취라는 두 특성이 이 아버지 유형의 근본이며, 흔히 '성취지상주의형 아버지' 라고 부른다. 사람들과 관계를 맺는 양식이나 동기는 외모와 성취, 성공하고자 하는 추진력에 기반을 두고 있다. 하지만 진짜 저 밑바닥에 깔려있는 정서적 색채는 부족한 자기가치감이라 할 수 있다. 이런 집안의 아이들은 늘 '좋게 보이고', '이미지에 신경 써야 하고', '이기는' 것이 매우 중요하다고 배우고 보면서 자란다. 대중매체를 보면 이런 유형의 아버지 예가 참 많다.

팻 콘로이의 소설 「위대한 산티니(The Great Santini)」를 보면, 아버지는 아들이 어떤 면에서라도 자신을 뛰어넘는 것을 받아들이지 못한다. 아들에게 뛰어나야 하고 어떤 대가를 치루더라도 성취해야 하며, 그러지 못하면 쓸모없는 인간이라는 언어적 메시지를 끊임없이 보내고 있다. 문제는 이와 동시에 '넌 나보다 나아서는 안된다' 라는 비언어적 메시지를 강력하게 보내고 있다는 점이다. 이런 갈등으로 인해 아버지와 자식 간에 힘겨루기가 멈추질 않는다. 이런 아버지 유형의 결과로 아들은 영혼이 파괴되고 경력 발달에 나쁜 영향을 받게 된다. 만일 콘로이가 속편을 썼다면 그 자녀가 직장에서 권위를 가진 인물이나 동료, 혹은 자신에게 도전하는 모든 사람들과 끊임없는 전쟁을 벌이는 그런 직장인이 되어 있는 모습을 그리지 않았을까?

이런 유형의 아버지는 아들이나 딸에게 외모의 중요성을 강조한다.

---

* 여기서 외모(appearance)는 신체적인 외모뿐만 아니라 재산, 지위, 성적 등 겉으로 보이는 것을 포괄하는 개념으로 사용하고 있다.

외모와 성취가 모든 것을 말해준다고 생각한다. 성취지상주의형 아버지는 자녀가 평균 이상의 성적을 받을 때에만 정서적 반응을 보이곤 한다. 아이의 생후 십년 동안 승리에 대해 지나치게 강조할 때 자녀는 성장하면서 점점 넓어지는 세계를 탐색하고자 하는 욕구가 줄어들고 성취감을 느끼기가 힘들어진다. 성취를 통해 남들에게 좋게 보이고 자녀를 통제하고자 하는 아버지의 욕구는 발달하고 있는 자녀의 자아상에 깊은 자취를 남기게 된다. 아버지가 외모(세상의 눈에서 볼 때 좋게 보이는 것)와 성취를 가장 중요하게 여긴다는 것을 아이가 인식하면 곧 그것이 자녀의 삶을 지배하는 힘이 되어 버린다. 자신이 무슨 생각을 하고 무엇을 느끼는가 하는 것보다 남들이 자신을 어떻게 생각하는가가 더 중요해진다. 나이가 들어도 외적인 속성보다 내적인 속성(정직, 사랑, 희망, 배려, 공감 등)을 더 중요하게 여기는 관점으로 변하는 것은 어렵다.

예를 들면, 고등학교 졸업반 파티가 있던 날 저녁에 매기는 머리를 묶어 올리고 등이 깊이 파인 검정색 고급 드레스를 입고 향수 냄새를 풍기며 방에서 나왔다. 아버지는 걱정스런 표정으로 딸을 바라보고는 "사랑하는 우리 딸, 그 드레스를 입으니까 살쪄 보이는구나. 살쪄 보여서 싫다."라고 불쑥 내뱉는다. 아버지의 이 무심한 말에 매기는 마음속 깊이 상처를 받는다. 자신의 외모를 보고 아버지가 그렇게 심하게 마음에 안들어 하는데 어떻게 자신을 좋게 느낄 수 있겠는가? 25년 후로 가보자. 매기는 어린 시절부터 자신의 외모와 업무 성취에 의해 자기의 가치가 전적으로 결정된다고 배웠다. 그런 매기가 자신의 업무 수행에 대해서 그리 뛰어나지 않다는 피드백을 받을 때 이를 어떻게 받아들이겠는가?

만일 아버지가 신체적 매력과 성취를 강조하고 늘 멋있어 보이는 방식으로 행동했다면, 내면에서 무엇을 느끼는가 하는 것보다 외적으로 어떻게 보이는가가 더 중요하다는 메시지를 받은 셈이다. 그러면 자신의 감정과 생각을 무시하는 정서적 패턴을 발달시키기 시작하게 된다. 특히 매력적인 것과 내적인 것이 갈등을 일으킬 때 그러하다. 이런 식으로 자신과 관계를 맺는 것이 이후에 직장에서 다른 사람들과 관계를 맺는 방식의 기본틀을 형성한다. 무엇을 하든 좋게 보여야 한다는 아버지의 행위와 언급, 기대에 대해 느끼는 감정에 의해 이 패턴이 계속해서 강화되면서 아버지 요인이 자신의 경력 발달에 한 부분으로 자리잡게 되는 것이다.

이 유형의 아버지는 자녀들에게 자신의 의견보다 다른 사람의 의견이 더 중요하다고 강조한다. 성취냐 아니냐를 다른 사람들이 인정해주는가 아닌가에, 즉 외부에 의해 결정하는 것이다. 따라서 자신이 실제로 성취했는지의 여부를 파악하기가 쉽지 않다. 그 결과 성취지상주의형 아버지 밑에서 자란 아이들은 어른이 되면 자신이 누구이며 무엇을 할 수 있는지에 대해 깊은 불안감을 느끼게 된다. 자기 내면에 있는 감정, 생각, 욕구를 보살피지 못하고, 많은 경우 직업 세계에서 방황하게 된다. 이런 아버지와 자녀 간에는 자녀의 행동, 행위, 성적, 성취, 직업, 혹은 외모에 대해서 주위 사람들이 어떻게 생각할 지를 놓고 열띤 논쟁을 벌이거나 의견에 불일치가 생기는 경우가 많이 있다. 소위 말하는 이웃 혹은 아버지의 동년배 집단이 자녀가 어떻게 살고 어떻게 보여야 하는지에 엄청난 영향을 준다. 이런 유형의 갈등은 아주 어릴 때부터 시작되어 어른이 되어서 직장생활을 할 때까지 지속될 수 있다.

세 살짜리 꼬마가 공원에 갈 때 무슨 옷을 입어야 하는지를 놓고 말다툼을 벌이는 것에서부터 시작해서, 머리 모양은 어떻게 해야 하는지, 어떤 대학을 다녀야 할 것인지, 어떤 직업을 선택해야 하는지, 직장에서 승진의 문제에 이르기까지 이 모든 갈등을 겪으면서 성취지상주의형 아버지의 아버지 요인이 마음에 자리잡게 되는 것이다. 이런 아버지들은 자신과 자녀의 외모와 성취 수준을 유지하는 것에 거의 모든 것을 건다고 볼 수 있다. 심리적으로 보면 내면 깊은 곳에서는 자신이 괜찮은 사람이 아니라고 느끼는 고통이 있어서 이를 피하고자 이런 노력을 기울이는 것이다. 즉, 성취를 통해서 자신의 수치심을 조절하려고 애쓰는 것이다. 모든 것이 멋있어 보이고 외적인 성공과 성취를 제대로 이루어낸다면 아버지 요인이 빚어내는 갈등에서 잠시 벗어나는 느낌을 가질 수 있다. 하지만 편안한 상태가 오래 지속되지 않는다는 것이 문제다.

## 외모-성취 테스트 — 21개의 질문

다음의 외모-성취 테스트는 아버지 요인을 더 잘 이해할 수 있도록 도와준다. 지금 자신의 직업과 삶에서 외모와 성취를 얼마나 강조하고 있는지, 자가 테스트를 통해 쉽게 알아볼 수 있다. 질문을 읽자마자 마음속에 처음 떠오르는 대로 답을 해주기 바란다. 답을 수정하려 하지 말라. 여기에는 틀린 답이 없다. 이 검사를 통해서 얻고자 하는 것은 통찰이며, 다른 목적은 없다. 이 검사는 본질보다는 외모와 성취가 우리의 삶과 직업 기능, 인간관계에 얼마나 많은 영향을 주고 있는지를 알아보기 위한 것이다.

- 동료들이 나를 어떻게 생각하는지 신경 쓸 때가 자주 있는가?
- 나에 대한 동료나 고객의 의견이 정서적 안정에 얼마나 많은 영향을 주는가?(그들의 의견이 하루를 엉망으로 만들거나 기분 좋게 만드는가?)
- 다른 사람들이 나를 어떻게 생각하는지 걱정하느라고 정신 에너지나 시간을 많이 소비하는가?
- 나 자신에 대해서 어떻게 생각하는지 보다는 다른 사람들이 나를 어떻게 보는지를 먼저 생각하고 있는 자신을 발견할 때가 있는가?
- 직장에 출근하기 전에 외모에 신경쓰는데 얼마나 많은 시간과 에너지를 사용하고 있는가? (약간, 적당히, 많이)
- 좋게 보이는 것의 중요성에 대해서 아버지는 내게 주로 어떤 메시지를 보냈는가?
- 외모와 성취가 나의 어린 시절에 어떤 역할을 했는가?
- 십대일 때 어떻게 해서 아버지의 관심을 받았는가?
- 지금 직장에서 어떻게 해서 다른 사람의 관심을 받는가?
- 주어진 상황에서 나는 무엇부터 관심을 갖는가? 특정한 주제에 대한 내면의 감정과 생각부터 알려고 하는가? 아니면 외모나 기타 외적인 것부터 신경을 쓰는가?
- 나의 일에서 무슨 희생을 치루더라도 성취해내려는 태도가 발휘되는가?
- 다른 사람들을 대상이나 목표 달성을 위한 수단으로 보는 경향이 있는가?

- 지금 내 일에서 외모와 성취가 얼마나 중요한가?
- 자신의 경력을 발전시키는데 외모와 성취가 어떤 심리적 영향을 주었다고 생각하는가?
- 직장에서 나의 성취와 외모에 관해 자주 수치심을 느끼는가?
- 직업과 관련해서 다른 사람 앞에서 실패하거나 좋지 않게 보이는 것에 대해 얼마나 수치심을 느끼는가?
- 직장에서 중요한 문제나 선택에 대해 자주 자기 의심을 경험하는가?
- 겉으로는 완벽한 모습으로 보임에도 불구하고 진정 자신이 누구인지 궁금해 할 때가 종종 있는가?
- 개인적인 삶이나 인간관계에 있어서 '성취와 외모'가 어떤 역할을 하고 있는가?
- 성장하면서 내가 다른 사람이나 가족들에게 어떻게 보이는지에 대해 아버지로부터 받은 가장 중요한 메시지는 무엇인가?
- 지금의 직업에서 스스로 외모와 성취에 대해 어떻게 느끼는가?

얼마나 많은 아버지의 신념을 자신이 받아들였는지 예를 들기 위해 위의 질문을 만들었지만, 실은 성취지상주의형 아버지가 자녀들에게 미치는 영향의 겉껍질만 살짝 훑었을 뿐이다. 성장 과정에서 아버지는 항상 좋게 보여야 하는 것과 더불어 모든 것을 희생하고서라도 성공하고 성취해야만 한다고 강조한다. 환경이 어떠하든 상관없이 항상 좋게 보이려는 욕구가 이런 태도를 강화하는 것이다. 사실은 이처럼 끊임없이 성취와 외모를 강조하고 압박을 가하는 것은 해소되지 않은 깊은 내면의 정서적 문제를 가리기 위한 것이라 할 수 있다. 즉, '괜찮은 사람' 이라는 느낌을 가져본 적이 없었기 때문에 외모와 성취에 집착하는 것이다. 이런 아버지 유형은, 어떤 일을 해도 결코 '마음에 들 정도로 충분히 좋다' 는 느낌이나 보이지 않는 기준을 넘어섰다는 기분을 경험할 수 없다는 점에서 잔인하다. 이는 직장에서 문제가 되는데, 왜냐하면 성공하고 유능하게 보이려는 욕구가 실은 아버지의 기준에 결코 도달할 수 없다는 끊임없는 자기 의심에서 비롯되기 때문이다.

## 아버지가 지워준 성취의 짐 — 왜 이리도 무거운가?

아버지가 끊임없이 성취와 완벽을 강조하는 것은 아버지 자신의 어린 시절 경험에 그 뿌리를 두고 있다. 장담하건데, 아버지가 할아버지로부터 보살핌이나 사랑, 인정, 지지를 받은 것은 오직 성취를 해냈을 때뿐이었을 것이다. 할아버지를 뵌 적이 없더라도, 할아버지에 대해 아는 것이 없다고 하더라도 할아버지가 자신의 어린 시절에 엄청난 영향을 주었다는 사실을 깨닫는 것은 중요하다. 1920년대에서부터 1950년대에 어린 시절을 보낸 대부분의 남자들은 경제적으로 궁핍했던 일제시대, 제2차 세계대전, 그리고 한국전쟁을 겪으면서 살아남아야 했다. 이들은 살아남기 위해서 뭔가 뛰어나고 성취해야 하며 돈을 많이 벌어야만 한다는 기대를 받았다.

이 힘든 시기를 겪으면서 세계의 많은 남성들은 건강하고 유능한 자식을 키우는 유일하고도 최고로 좋은 방법은 좋은 직업을 갖고 멋진 사람이 되는 것뿐이라는 생각을 갖게 되었다. 이런 신념이 잘못이라거나 심리적으로 현명치 못한 것은 아니다. 오히려 현명하고 매우 유용한 생각이었다. 하지만 자녀의 삶에는 다른 요소들도 필요한데, 이 유형의 아버지처럼 자녀의 다른 욕구를 무시할 때 문제가 생기는 것뿐이다.

예를 들면, 자녀와 유대감을 갖는 것은 전통적으로 어머니에게 맡겨져 왔다. 이 말은 조금만 달리 생각하면 어린 아이들의 정서적 욕구가 기껏해야 50%만 충족된다는 의미이다. 이런 아버지 유형은 매우 균형을 잃은 관계를 만들게 된다. 성취에 목숨을 거는 아버지는 돈, 지위, 권력, 이 세 가지만으로 삶과 일에서 성공을 재곤 한다. 그래서 아버지는 직업 세계에서 성공하는 것만이 자녀를 잘 키우는 유일한 기준이라고 생각한다. 따라서 오직 경제적 성공에만 초점을 맞추며 어떻게 하면 사다리의 꼭대기까지 올라갈 수 있는지에 관심을 쏟게 된다. 자녀의 인생에 있어 다른 부분들은 아버지가 보기에 부차적인 것에 불과하다.

아버지의 기대는 자녀가 학교와 사업에서 성공하는 것에만 집중되어 있었다. 그 자녀들은 1950년대에서 1970년대 사이에 결혼하고 자녀를 낳았다. 그들은 경제적으로 궁핍했던 시대를 겪은 아버지와 할아버지에게서 위와 같은 생존을 위한 강력한 메시지를 받았다. 이런 사회적, 경제적 환경의 영향으로 인해 언제든 자기 자신을 부양하고 버틸 수 있어야만 한다는 욕구가 아버지들에게 가장 우선시 되는 욕구가 되었던 것이다.

50년이 지난 지금, 자녀들은 이런 성공의 공식이 왜 그리도 많은 고통과 직업적인 좌절, 그리고 인간관계에서의 실패를 낳았는지 의아해하고 있다. 이런 아버지 유형의 자녀들은 어른이 되어 직업과 삶의 장애물에 부딪치고 있다. 성공은 돈, 지위, 권력 이상의 것이다. 보살핌,

유대감, 안전한 애착, 의사소통, 지지, 인정, 그리고 공감을 느끼고 표현할 수 있을 때 진정으로 만족스러운 성공을 했다고 할 수 있다. 30년 전만 해도 대부분의 아버지들에게 이런 것은 관심의 대상조차 되지 못하는 사치스러운 것에 불과했다. 오늘날에는 이런 인간적인 요소에 관심을 기울일 필요가 있으며, 그렇지 못하면 자신의 일과 개인적 생활에서 계속해서 좌절하고 장애에 부닥치는 시대가 되었다.

돈같은 표면적인 것에 전적으로 매달리면서 자연스럽게 발달하고, 유능하다고 느끼고, 안정감을 느끼기란 불가능하다. 성취에 목숨 거는 아버지들의 좁은 시야가 오히려 자녀들의 성공에 역효과를 내는 것이라고 볼 수 있다. 동료들과 함께하는 직장에서 강하고 유능하다고 느끼기보다는 끊임없는 자기 의심과 불안감에 시달리게 된다. 인간이란 신용, 자산 가치, 혹은 직위 보다 훨씬 복잡한 존재이다. 보살핌, 인정, 공감, 정신적 지지의 욕구를 이해하고 통찰하지 못한 채 성공하는 삶, 직업, 인간관계에 다가가기란 어렵다. 이런 요소들은 직업과 개인적 삶에 균형을 잡아주고 아버지의 가치 체계를 넘어서 가치를 확장하는 바탕이 되며, 그를 통해 만족감을 느낄 수 있게 해준다.

성취에 목숨 거는 아버지의 자녀에게 정서적 면들을 제공해서 균형을 잡아줄 때 그동안 늘 원해왔던 뛰어난 존재가 될 수 있다. 아버지의 유산과 동기는 유능한 자녀를 키우는 것이었다. 이제 당신의 직업에서 이 아버지 유형을 한 단계 더 높은 수준으로 끌어올려 유능한 존재가 되고 자신을 치유하고자 하고 있다. 할아버지와 아버지는 안정감과 안전함이 보장되지 않는 시대에 살았다. 하지만 세상은 변했고 가정에서의 의무도 증가했다(부부가 둘 다 일을 하고, 같이 자녀를 양육하고, 직업, 가족, 인간관계가 요동을 치는 세상이다). 이런 점에서 볼 때 이제는 인간 전체를 이해해야만 하는 시대가 되었다. 마음을 무시하고 머리만 갖고 인생을 살아가기는 이제 힘들다고 할 수 있다. 어떤 직업을 가졌든 간에 개개인의 감정을 이해하고 공감할 수 있어야만 성장이 가능하다. 사업과 인간관계에서 인간적인 면을 배제한 접근은 이제 시대에 뒤떨어지는 것이다.

## 성취와 외모의 균형잡기

성취에 목숨을 거는 아버지 밑에서 자란 자녀들은 아버지의 소망과 요구에 맞추어 행동하고, 외모에 신경쓰고, 성취할 때 어느 정도의 보살핌을 받을 수 있었을 것이다. 하지만 이들이 자라서 어른이 되면 안정감과 안전함을 느끼지 못하고 자기를 받아들이기가 힘들어 진다. 이런 사람들은 직업 세계에서 자기의 위치에 항상 불안을 느끼고 마음이 텅 비거나 '구멍' 이 휑하니 뚫린 것 같은 느낌을 자주 받는다.

겉으로 어떻게 보이든지 상관없이, 현시대는 내면의 감정과 깊숙한 비밀과 소망들을 돌보고, 인정하고, 공감하고자 하는 욕구로 가득 차 있다. 성취지상주의형 아버지 요인은 우리가 이런 요소들을 이해하는 능력을 제약하고 있다. 어른이 된 많은 자녀들이 자신의 직업이나 생활에서 둘 중 한 방향으로 나가는 경향이 있다. 한 방향은 아버지의 조언을 받아들여 자신의 진정한 꿈이나 소망을 포기하는 길을 택하는 것이다. 하지만 그렇게 한다고 해도 아버지의 인정을 받고자 하는 간절한 욕구는 여전히 충족될 수 없다. 왜냐하면 자신도 모르게 아버지와 같아지기 때문이다. 불행하게도 세상은 이런 사람들을 두 팔 벌려 환영하지 않는다. 실제로 보면 다른 사람을 거부하고 전투를 치르듯이 일과 사람을 대하는 성취만 추구하는 성인들은 자신도 모르는 사이에 많은 기회들을 놓치게 된다.

다른 방향은 아버지의 가치를 완전히 거부하는 삶을 택하는 것이다. 이것도 실은 아버지의 유형에 반응하는 셈이다. 그래서 그들은 까다로운 직원, 동료, 혹은 상사가 되어 버린다. 낮은 성과를 내는 고의적이면서 저항하는 행동과 부정적인 태도는 자신의 경력에 중요한 걸림돌로 작용한다. 하지만 자신에게 장애가 되는 것이지 아버지에게 장애가 되는 것은 아니다. 그럼에도 불구하고 어린 시절에 했던 아버지에 대한 반항이 중단되지 않고 있다. 자기 내면에서 벌어지는 아버지와의 힘겨루기가 직업 상황에서도 계속해서 자신을 괴롭히고 있다. 나이가 들었음에도 불구하고 아버지와 벌이는 전투에 고착되어 있는 것이며, 자신의 직업 생활은 이런 내적인 긴장감을 반영하고 있다. 권위를 가진 인물과의 갈등, 반항, 분노가 이런 자녀들이 직장에서 보여주는 또 다른 형태의 행동들이다.

모든 아이들이 성장하기는 하지만, 이들이 남녀를 불문하고 자신의 사업 파트너나 배우자, 상사, 혹은 직장에서 권위를 가진 인물에게 인정을 구걸하여 왔다는 것을 완전히 깨닫지 못할 수 있다. 자기 자신을 살펴보라. 인정받지 못할 때, 혹은 무시당할 때 수치심이 넘쳐흐르는 것을 느낄 수 있는가? '적당한' 외모를 지녔거나 혹은 가지지 못했던 까닭에, 또는 항상 성취하거나 늘 저항했던 까닭에, 장기간 자신의 내면세계를 무시하면서 지낸 결과로 수용되고 인정받고자 하는 결코 충족될 수 없는 욕구가 생겼다. 어른이 되면 자신에게 뭔가 '흠'이 있다고 느끼거나 뭔가가 잘못되고 손상되었다고 느끼게 된다. 제대로 되지 않은 일이나 사건, 놓쳐버린 기회로 인해 내면의 두려움은 더욱 심해진다. 아버지로부터 보살핌과 정서적 지지를 받지 못해서 자신의 능력과 재능, 직업적 목표에 대해 마음속으로 큰 의심을 품게 되는 것이다.

아무리 제대로 된 성공의 공식을 알고 있다고 해도 자신이 성공할 만한 능력이 있고 가치가 있다고 생각하지 않고, 느끼지 않고, 믿지 못한다면 앞으로 나아가기란 매우 어렵다. 아마도 우리는 태어나는 순간부터 머리와 가슴 속에 성공의 중요성을 깊이 새겨 넣었을 것이다. 돈, 권력, 지위라는 중요한 사업 요인들에 대해서도 모든 것을 알고 있을 지도 모른다. 하지만 내적이고 개인적인 성공을 가져다주는 제대로 된 공식은 알지 못하고 있다. 우리의 내적인 성격 부분들은 결코 외모나 성취 같은 외적인 것에 의해 발달하거나 탐색될 수가 없다. 우리는 엑셀로 서류를 작성하는 법을 잘 알고, 파워포인트를 활용해서 멋지게 프리젠테이션을 하고, 자신이 근무하는 회사를 뉴욕의 증권 거래소에 상장시킬 수도 있다. 이렇게 대단한 성취를 했는데도 왜 여전히 자신의 마음이 공허한지 궁금해 한다. 우리가 순응하는 사람이건 반항하는 사람이건 상관없이 이처럼 강한 공허감은 같은 문제에 뿌리를 두고 있다. 그것은 바로 수치심이다.

성취지상주의형 아버지 영향의 주된 부작용은 바로 수치심이다. 수치심은 직장에서 자주 경험한다. 그 결과 동료나 직원들은 우리를 '추진력이 강한' 여성이나 '불도저 같은' 남성으로 보게 될 것이다. 일과 인간관계에 관해 시대에 뒤떨어진 관점을 가진 결과 그렇게 불리게 된 것이다. 그것은 아버지에게서 물려받은 것이다. 사람들은 우리와의 갈등을 피하려고 한다. 왜냐하면 어떤 문제나 주제에 대해서 우리가 직설적이고 비인간적으로 반응하기 때문이다. 아무도 우리가 마음속 깊은 곳에서 실패에 대한 두려움을 무거운 짐으로 지니고 살고 있다는 것을, 수치감으로 인해 때때로 마비된다는 것을 알지 못한다. 우리 자신도 그런 내적인 딜레마를 어떻게 해결해야 하는지 모르며, 이 문제를 갖고 어떻게 살아가야 할지 혼란스러워 할 것이다. 직업이나 배우자를 바꿔보거나 이사 가는 것을 고려할지도 모른다. 하지만 그렇게 한다고 해서 문제가 해결되는 것은 아니다.

이런 직업상의 고통과 인간적인 투쟁은 오히려 우리 자신에게는 최상의 상황이 될 수 있다. 사람들은 고통이 참을 수 없는 수준이 되어야만 비로소 자신의 삶과 목적을 변화시키곤 하기 때문이다. 우리들은 유전적으로 고통이 더 이상 통제할 수 없는 수준이 되었을 때에야 비로소 큰 변화를 하도록 만들어져 있다. 지속되는 좌절과 고통이 가장 강력하고 최고로 좋은 변화의 동기가 된다는 사실을 명심하라.

### 짐의 이야기

47세 된 짐은 18년간 함께 살아온 아내가 가출해서 이혼 서류를 보내왔을 때 나를 찾아왔다. 첫 인상은 세상에 아무런 문제도 없는 사람처럼 보였다. 짐은 말을 잘하고 교육을 받은 직장인이었다. 그는 쉰이 되기 전에 직업을 바꾸려고 계획하고 있었다. 그는 자신의 결혼 생활과 삶에서 느끼는 스트레스 등에 관한 정보를 나에게 알려주었다. 짐은 캐시와 결혼했지만 아이를 원한 적은 없었는데, 아이를 키우는 책임을 지고 헌신한다는 것이 불편하게 느껴졌다고 했다. 캐시는 아이를 원했고, 짐이 이를 싫어하자 화를 냈다. 그는 25년 전 대학을 졸업한 이후로 1년 반 혹은 2년 마다 꼭 직업을 바꿨다. 짐이 자신의 경력과 그가 부닥쳤던 수많은 장애에 대해서 얘기하기 시작할 때 그의 목소리는 긴장되어 있었다. 그의 아버지는 성취를 강조한 사람이었고 함께 지내기가 매우 힘든 분이셨다. 아버지는 짐이 하는 모든 것에 대해 비판했다고 한다. 초등학교 일학년 때 그린 손가락 그림에서부터 시작해서 지난 수십 년간 바꾸었던 일련의 직업에 이르기까지……. 짐은 다음과 같이 말했다.

저는 모든 일을 해봤습니다. 목수, 영화감독, 요리사, 은행의 컴퓨터 프로그래머로도 근무했습니다. 지금은 요가를 지도하고 있습니다. 지난 15년간 12가지 다른 직업을 가졌지요. 초등학교 5학년 이후로는 어떤 일에도 많은 것을 투자하지 않았습니다. 5학년 때 전 과목에서 A를 받았지요. 아버지는 한 번 웃음 짓고는 그만이었습니다. 늘 그러셨지요. 11살 때 나 자신에게 이렇게 말했습니다. "그만 둬. 여기서 벗어나!" 그리고는 그만두었습니다. 그 후로 학교는 그저 시간이나 때우러 다녔습니다. 아버지는 계속해서 화를 냈지만, 나는 그걸 즐겼습니다. 고등학교 때 서핑과 대마초라는 약물을 발견하고 그것에 빠져들었습니다. 5학년 때 빛나가기 시작해서 이제 거의 쉰이 다 되어 가는군요. 나는 변해야 한다는 사실을 알고 있습니다. 거의 늘 패배자처럼 느껴졌으니까요. 내가 자랄 때 아버지는 제게 너무 거칠게 대했습니다. 아버지는 내가 더 똑똑하다는 것을 알고 있었고, 아버지는 그 사실을 받아들이기 어려웠기 때문이지요. 이제 아버지는 82세가 되었습니다. 엄청난 갑부이고 지금도 여전히 제 위에 군림하고 있습니다. 전처는 내가 괴짜라고 생각하지만, 사실은 그렇지 않습니다. 난 그저 아버지처럼 되기 싫었던 것뿐입니다. 그런 더러운 일이 제게 벌어지는 것이 두려웠기 때문에 아이를 원하지 않았고 직장생활도 진지하게 하기 싫었던 것이지요.

짐은 대마초 중독, 실패한 결혼 생활에서 시작된 우울, 그리고 계속해서 직업을 바꾸는 문제를 상의하기 위해 나에게 왔다. 그런데 아버지가 끊임없이 비난하고 끝없이 성취를 요구하는 것에 대한 반작용으로 책임을 회피하는데 인생의 대부분을 허비했다는 사실을 깨닫기 시작했다. 만일 그가 안정된 직업, 안정된 수입, 그리고 자녀를 갖고자 한다면 자신이 갖고 있는 부정적인 아버지 요인을 넘어서야만 한다는 것을 알게 되었다. 이제 그는 돈과 외모에 집착한 아버지를 이해하고, 공감하고, 보살피는 일이 가치 있다는 것을 알기 시작했다. 짐은 아버지 요인으로 인해 전형적인 부진아, 저항아 역할을 했던 것에서 이제는 집중력 있고 배려하는 어른으로 변하기 시작했다. (그가 어떤 과정을 거쳤는지는 이 장의 뒷부분에 서술했다)

### 팜의 이야기

팜의 아버지는 팜의 어린 시절 내내 한 달에 3주를 여행으로 보냈다고 한다. 팜의 아버지 폴은 남부 출신의 매우 추진력 있고 성취를 지향하는 사업가였다. 폴은 고객을 기쁘게 하는 것을 최고의 가치라고 믿고 있던 정말 괜찮은 사람이었다. 가족과 자신의 기쁨은 그 다음이었고, 고객이나 상사, 직원들에게 한 번도 거절을 한 적이 없었다고 한다. 그는 힘든 일은 희생이 필요하다고 생각하고 있었다. 서른두 살이 된 팜은 인테리어 디자이너로서, 아버지와 같은 직업윤리와 야망, 그리고 추진력을 갖고 있었다. 그러나 아버지와는 달리 쉽게 친해지는 성격은 아니었다. 그녀는 냉정했고 말을 할 때면 거리감이 느껴졌다. 팜의 두 남자 형제는 지금도 아버지 집 근처에 살면서 아버지에게 경제적인 도움을 받고 있다. 따라서 아버지에게 팜은 항상 밝은 빛이었고 희망이었다. 일과 고객을 대하는 자신의 태도를 보면서 팜은 자신이 여성의 몸을 입은 남자처럼 느껴질 때가 종종 있다고 말했다. 팜은 만성적인 공황 발작이 있어서 나를 찾아왔는데, 일을 끝냈지만 대금을 지불하지 않은 고객을 만나야 할 때면 공황 발작이 일어나곤 했다. 팜은 자신이 손을 대는 일이면 언제든지 사람들을 기쁘게 하고, 아름다움을 창조하고, 최고의 작품을 창조하면서 경력을 쌓아왔다. 그런데 한 달 사이에 가장 큰 고객 셋을 잃었다. 팜은 이렇게 말했다.

한 달 사이에 큰 고객을 셋이나 잃었는데, 그 이유는 제가 프로젝트에만 너무 초점을 맞추고 관련된 사람들에게 신경을 쓰지 않았기 때문이었어요. 두 명의 고객으로부터 제가 어려운 리모델링 프로젝트를 수행하고 있는 하청업자들에게 말할 때 불도저 같다는 소리를 들었습니다. 세 번째 고객은 제가 너무 요구가 많고 으스댄다고 느꼈는지 저와 말하는 것을 아예 거부했습니다. 저는 항상 고객에게 최선을 다했고 일을 잘 해냈다고 생각했기 때문에 매우 놀랐습니다. 전 결혼도 하지 않았고, 제 일에 110 퍼센트의 노력을 기울여 왔습니다. 최선을 다해서 일하는 아버지가 저의 모델이었는데, 이제 그것이 아무 것도 아닌 것처럼 느껴집니다. 제가 한 일이라고는 일하고, 전화하고, 잠을 잔 것뿐이죠. 사람을 사귈 시간도 없었기 때문에 친교라고는 전혀 한 적이 없어요. 3명의 고객이 다른 디자이너에게 리모델링 작업을 맡기기로 결정했기 때문에 저는 올 해 수입의 60%를 잃어버렸습니다. 엉망이 되었죠. 지금까지 제 일에서 이처럼 실패를 해본 적이 없었어요. 예전에 이보다 작은 프로젝트를 놓친 일은 있지만 이처럼 재정적으로 큰 손실을 입은 적은 없었습니다. 그들이 나의 일과 태도를 더 이상 맘에 들어 하지 않는다는 것은 알지만 그 외에 뭐가 잘못되었는지 모르겠어요.

치료를 받으면서 팜은 그녀의 아버지 요인이 균형 잡히지 않았고 그래서 중요한 장애를 만들었다는 점을 깨닫기 시작했다. 팜은 자신의 일에서 사람, 배려, 감정을 전혀 고려해 본 적이 없었다. 이런 위기가 벌어지기 전까지 그녀에게 있어서 일이란 디자인을 제대로 하고 가구를 배치하고 집을 짓는 것이 전부였다. 하지만 이제 팜은 자신의 경력에서 빠져있던 공감하고, 보살피고, 지지하는 태도를 가치 있게 보기 시작했다. 또한 일주일에 반나절은 쉬면서 사업과는 무관한 친구를 만나서 함께 점심 식사를 하기 시작했다. 오후 내내 함께 하는 점심 식사는 오직 즐기기 위한 것이지 결코 인적 네트워크를 넓히기 위한 것이 아니다. 팜은 자기가 너무 돈에 집착하고 있다는 사실을 깨닫고는 충격을 받았다. 외장을 거칠게 처리하는 그녀의 디자인 스타일로 인해 이전에도 여러 차례 갑작스런 해약 사태가 있었지만 한 번도 재정적인 충격을 경험한 일은 없었다. 그녀는 동료들과 유대감이나 애착 관계를 발전시키기 보다는 돈을 모으는 데에만 자신의 직업적 에너지를 지나치게 집중했다는 것을 인정했다. 아이러니컬하게도, 돈에만 초점을 맞췄기 때문에 돈을 잃어버렸던 것이다. 사업에만 전념하던 것에서 벗어나 모든 감정과 우정을 아우를 수 있도록 관심의 범위를 넓히자 팜은 오히려 기쁨과 편안함을 느낄 수 있게 되었다.

## 성취 일변도에서 균형 잡힌 성취가로 변하기

성취에 목숨 거는 증후군에서 벗어나는 방법은 바닥에 깔려있는 수치심이라는 주제를 파악하는 데서부터 시작한다. 지금까지 설명한 것을 종합해보면 외모와 수행에 대한 걱정과 충분히 좋아야 하고, 똑똑해야 하고, 힘이 있어야 하고, 부자여야 하고, 성공해야 하고, 많은 일을 성취해야만 한다는 집착이 자녀를 절망과 수치심의 깊은 함정에 빠뜨릴 수 있다는 사실을 알 수 있다. 수치심의 힘이 어느 정도냐 하면 10차선의 고속도로를 휩쓸고 지나가는 강력한 폭풍우에 비유할 수 있다. 폭풍우가 지나가면 거기에는 도로의 흔적이 남아 있지 않다. 성인의 생활에서 수치심도 이런 식으로 작용한다고 볼 수 있다. 희생자에게 앞으로 나갈 길을 남겨두지 않는다. 많은 경우 일터에서 수치심이 한바탕 쓸고 지나가면 여기에서 회복하는데 몇 시간, 며칠, 몇 주, 몇 달이 걸리기도 한다. 그뿐 아니라 주저하고, 반항하고, 두려워하고, 심리적 충격을 반복해서 경험하는 후유증에 시달리게 된다. 시간이 흘러도 그런 일을 피하기 위해서라면 매일, 매주, 혹은 매년 뭔가를 하려고 한다. 이런 회피가 경력 발달에 또 하나의 큰 장애물이 되어간다. 이렇게 되면 자신의 수치심에 근거한 행동에 의해 진로를 선택하는 일이 벌어지게 된다.

성취지상주의형 아버지 유형은 수치심에 기반한 성격을 발달시키는 정서적 기초가 된다. 수치심이 발달하는 이유 중 하나는 겉으로 드러나는 성공과 성취를 끊임없이 강조하기 때문이다. 뛰어나야 하고 멋있어 보여야만 한다는 지시가 끊임없이 오기 때문에 자신의 성격, 자긍심, 정서적 독립성 발달을 무시해서 제대로 발달되지 않게 된다. 어른이 되어 경영자, 중간 관리자, 고문, 사업가, 점원, 사무원으로 일을 하면서 사무실에서 문제가 발생했을 때 수치스러운 감정이 홍수처럼 밀려들어서 갑자기 마비되어 버린다. 수치심은 자기가 가치 없고, 좋지 않고, 껍질뿐이고, 속이고 있는 것 같다는 느낌이나 자신이 끔찍한 사람이라는 믿음, 일을 빨리 그만두어야 한다는 생각으로 경험된다. 이러한 감정들은 성취지상주의형 아버지에 의해 오래 전에 강제로 설정된 보이지 않는 기준에 맞춰 살려고 하는 노력에 깊이 뿌리를 박고 있다. 이런 경험을 이해하고, 치유하고, 적극적으로 제거하지 않는 한 수치심을 극복한다는 것은 불가능하다.

## 수치심의 '실용적인' 정의

수치심은 개인의 삶과 직업의 어려움을 치유하려 할 때 다뤄야 하는 가장 골치 아픈 정서적 주제 중 하나이다. 일터에서 보다 생산적이고 유능한 사람이 되기 위해서 수치심과 부적절감을 해결하는 것보다 더 빠른 방법은 없다. 정신건강 분야의 많은 전문가들(심리학자, 정신과 의사, 사회복지사, 인사관리 담당자)은 수치심이 어린 시절에 형성되어 성인기까지 계속 영향을 주는, 정서적인 면에서 가장 큰 암적 존재라고 보고 있다. 다음에 제시한 목록은 수치심이 우리의 일과 개인적 인간관계에 작용할 때 나타나는 증상들로서, 수치심을 파악할 수 있도록 도와줄 것이다. 수치심은 드러나서 치유될 때까지 우리의 직업과 일에 계속해서 부정적인 영향을 준다. 하지만 중요한 점은 수치심을 치유하여 자신의 직업이 바람직한 방향으로 나아가게 하는 것이 언제든 가능하다는 것이다. 자신의 비생산적이고 자기 패배적인 행동을 변화시키는 데에는 너무 이른 것도 너무 늦은 것도 없다. 지금이 가장 적절한 때이다.

수치심이 일을 하는데 어떻게 작용하는가?

- 뚜렷한 이유도 없는데 가끔씩 지나치게 열등감이나 죄책감을 느낀다. 이런 감정은 자신의 대외적인 이미지나 외모로 인해 스트레스를 받거나 걱정을 할 때 주로 느껴진다.
- 자신이 '결함 있는 상품' 같다고 생각한다. 하지만 아무도 이런 '진실'을 알지 못한다. 다른 사람들이 우리의 직업적 능력, 지능, 역량 전반에 걸친 약점이 있다는 것을 알지 못하도록 많은 시간과 에너지를 소비한다.
- 우리를 매우 좋게 보는 주위 사람들을 '속이고 있는' '사기꾼' 같다고 생각한다. 사실은 일터나 개인적 삶에서 다른 사람들이 생각하는 그런 사람이 아니라고 생각한다.

- 일이나 생활에서 자신이 많은 것을 할 능력이 없다고 생각한다. 이는 동료들이 주는 피드백이나 지지와는 대조된다. 게다가 자신이 무슨 일을 해내든 여전히 '실패자' 같이 여전히 부족하다고 느낀다. 어느 것도 내면에서 들리는 비판하는 목소리를 잠재우기에 충분하지 않다.
- 무슨 일을 시도하든 자신의 능력이나 노력과 무관하게 그것이 잘 되지 않을 것이라고 느낀다. 삶이 우울하고, 혼란스럽고, 목표가 없다.
- 마음 속 깊은 곳에서 '실패자' 처럼 느껴진다. 아무리 성취를 해내고 성공을 거두어도 어린 시절에 형성된 실패자라는 생각이 지워지지 않는다.
- 사람들이 나의 본 모습을 알게 될까봐 두렵다.
- 직장 동료들은 내가 '별로' 라는 것을 알고 있다. 단지 직업상 이유나 그들이 점잖기 때문에 잘 대해주고 존중해준다.
- 가장 친한 친구도 나의 비밀스런 실패와 두려움, 또는 직업상의 약점을 알지 못한다. 아무리 가까운 사람이라도 나의 불안감과 약점을 나눈다는 것은 끔찍하다.
- 사람들이 나의 직업상 '결함' 을 보지 못하도록 애쓰고 있다.
- 아무에게도 나의 흠을 보여주고 싶지 않기 때문에 친한 관계라도 두려움을 느낀다.
- 술을 마시거나, 약물이나 섹스를 하거나, 돈을 벌어도 수치심을 머리와 마음속에서 지워버릴 수 없다는 것을 안다.

지금까지 열거한 열두 가지 경우는 수치심이 있을 때 삶에서 경험하게 되는 끔찍한 정서적 폭력의 예들에 불과하다. 결코 괜찮은 사람이 아니라는 느낌에서 비롯되는 이런 반응들을 중단시킬 수 있는 열쇠는 무엇이 이런 생각과 감정을 촉발시키는지 아는 것이다. 우리의 마음과 머리에 불을 질러대는 상황은 무엇인가? 이러한 감정, 생각, 이미지들을 감당하기란 힘들 테지만, 이를 해결하기 위해서는 수치심 반응을 일관되게 불러일으키는 자극이 무엇인지 알아야 한다. 불행하게도 어쩌면 우리는 오랫동안 이런 감정을 반복해서 경험해왔기 때문에 그것이 자신의 성격 혹은 삶의 일부이며 해결할 수 없다고 생각할지도 모른다. 바로 이것이 수치심이 우리에게 가르친 가장 큰 속임수이다. 삶의 질을 향상시키려면 이 반응 패턴을 바꾸어야만 하며, 우리는 이를 바꿀 수 있다.

자신의 경력에 있어 지뢰 역할을 하는 수치심을 발견하는 또 다른 방법은 내면에서 비판하는 목소리를 듣는 것이다. 어떤 순간이 되면 소리를 질러대는 내면의 비판적인 목소리가 바로 수치심이다. 우리가 마음속에서 이런 소리를 들을 때 비효과적인 행동 패턴이 시작될 것이다. 갑자기 결정을 내릴 수가 없다든지, 명료하게 생각하기 어렵다든지, 문제에 초점을 맞추기 힘들다든지, 까다로운 고객을 다루기 어렵다든지, 일상적이진 않지만 꼭 필요한 결정을 내리지 못한다든지, 고객이나 직원을 대면하기 힘들다든지 하는 일이 벌어지게 된다. 수치심에 기반을 둔 이런 감정, 생각, 느낌이 일어나면 내면에서 힘, 자신감, 책임감이 갑자기 싹 사라지고 수치심에 휘둘리게 된다.

바로 이런 결정적인 순간에 잠재되어 있는 직업적 성장의 기회를 못 보고 지나치기 때문에 발전이 지체될 수 있다. 반면 이 순간은 자신의 경력을 발전시킬 수 있는 기회가 되기도 한다. 대개는 100 퍼센트 가까운 효율성을 발휘해서 유능하게 일을 하지만 가끔씩 수치심에 기반을 둔 행동 패턴을 촉발하는 심란한 경험을 하게 될 것이다. 바로 그 순간이 아버지 요인의 균형을 맞춰 줘야 하는 때이다.

절망의 미로에서 빠져나오려면 수치심이 아버지가 자신을 무시하는 데에서 비롯되었다는 것을 알아야 한다. 그리고 일이나 사생활에서 수치심으로 인한 행동 패턴이 시작될 때 보살핌이 이를 치유하는 힘이라는 것을 볼 수 있어야만 한다. 무슨 일을 하고 있건, 우리는 항상 사람들을 만나고 사람을 다루어야만 한다. 동료, 고객, 상사와의 교류가 수치심을 자극하고 이로 인한 행동 패턴을 촉발할 수 있다. 이 때 자기 자신을 수치심에서 떼어 놓아서 수치심이란 무능력한 느낌을 경험하지 않게 할 수 있는 사람은 아주 소수에 불과하다. 두려움으로 인해 성장의 가도에서 벗어나도록 내버려 두지 말라.

## 수치심의 유산을 치유하기

수치심과 의심을 치유하고 지금 하고 있는 일에 힘을 불어넣는 것은 우리 자신이 시작하고 중단할 수 있다. 이는 반가운 소식이고 이 책의 주요 전제 중 하나이다. 자기 자신만이 자신의 미래를 여는 열쇠를 갖고 있다. 명심하라. 이 변화 과정에는 좋지 않은 점이 없다. 오직 좋은 일만 기다리고 있다! 내면에서 들리는 비판하는 목소리, 부정적 생각, 오래된 어린 시절의 신념들, 무가치감을 바꾸는 것은 이것들이 일과 직업에 어떤 역할을 하고 어떤 영향을 주는지 아는 것에서부터 시작해야 한다.

첫 번째 단계, 너무도 당연하다고 생각하겠지만 자세히 살펴보라. 앞으로 2주 동안 떠오르는 자신을 비판하는 생각을 매일 기록하라. 종이를 반으로 접어 한 쪽 면에 부정적인 생각을 적는다. 그런 뒤 다른 면에 시대에 뒤떨어진 그 신념에 잘못된 점과 대안이 될 수 있는 생각을 적어 본다. 이렇게 하는 것이 뭔가 억지스러운 것 같아 보일 수도 있지만, 이것이 자신의 생각을 바꾸는 시초가 된다. 거의 모든 수치스러운 느낌과 행동 패턴은 자기 자신과 어린 시절 아버지의 관계에 대한 우리의 신념 체계에서 비롯된다. 수치심에 근거를 둔 신념들을 변화시키는 방법 중 가장 강력하고 오래 효과가 지속되는 방법은 자기 자신에 대한 핵심 신념을 바꾸는 것이다. 핵심은 자기 자신을 좋아하고 받아들이는 것이다. 수치심과 완벽하고자 하는 욕심은 강한 자기혐오에 바탕을 두고 있다. 이런 신념들을 종이에 적어서 잘못된 핵심 신념이 드러나게 해야 한다. 일단 종이에 적게 되면 그 신념은 힘이 줄어들고 정서적 자원을 소모하지 않게 된다. 이 신념의 잘못을 지적하고 새롭게 바꾸는 것은 새로운 내적 대화를 시작하는데 필요하다.

두 번째 단계, 직업적으로 성장하고자 한다면 직장에서 자기 자신을 끊임없이 재창조하고자 도전하라. 여기서도 행동만 바꾸려고 하지 말고 자신에 대한 생각과 느낌을 교정하는 것이 핵심이다. 자기 자신과 자신의 입장에 대해 느끼는 핵심적인 느낌보다 강한 힘은 세상에 없다. 어린 시절의 신념을 바꾸는 사람은 자신의 직업적 포부를 충족시키고 진정한 의미에서 성공을 즐길 수 있다. 자신의 생각과 부정적인 생각의 모순된 점을 지적하는 글을 계속 적는 것은 꼭 필요하다. 자신의 생각이 느낌에 선행하고 영향을 준다는 사실을 명심하라. 우리의 신념은 그 생각에 선행하고 있다. 따라서 자신의 신념을 아는 것이 필수이다. 이런 내적인 작업을 하는 직장인은 거의 없다. 하지만 아버지의 영향을 바꾸고자 한다면 반드시 필요한 일이다.

세 번째 단계, 새로운 핵심 감정, 사고, 행동을 상기시켜주는 구호, 선언문, 기도문을 만들라. 어떤 것이든 좋다. 예를 든다면, '나는 이 일을 할 수 있다!', '나는 괜찮은 사람이다', '오늘 모든 것이 좋고, 모든 일이 제대로 돌아갈 것이다', '두려움이 느껴진다 할지라도 나에게 잘못된 것은 아무 것도 없다.' 창의적으로 자신의 구호를 만들어라. 왜냐하면 이를 통해서 아버지의 영향을 변화시켜 자기 자신을 보다 균형 잡힌 시각으로 보도록 무의식적으로 상기시켜 주기 때문이다. 이 구호를 적어서 복사한 후 지갑이나 주머니, 차에 지니고 다니도록 하라. 하루에도 여러 차례, 몇 주간 동안 이 내용을 보라. 부정적인 생각이 들 때 얼마나 빨리 자신의 마음을 추스릴 수 있는지 아마 놀라게 될 것이다.

네 번째 단계, 자기 자신을 돌보는 일을 소중하게 여기도록 하라. 즉, 자신의 능력, 재능, 꿈을 수용하고 배려하고 지지하라는 뜻이다. 돌본다는 단어는 잘못 이해되어온 말이다. 자신을 돌본다는 것이 내면의 평화를 찾기 위해 산에 들어가 바위나 폭포 밑에 몇 년씩 앉아 있어야 한다는 그런 의미는 아니다. 돌봄은 자기 자신에 대한 새로운 핵심 신념을 만드는데 본질적인 역할을 한다. 자신을 수용하고 좋아하고 참아낼 수 있다고 믿기 시작하면 머리속에서 들려오는 비판하는 목소리도 변하기 시작할 것이다. 성취지상주의형 아버지 유형에서 빠진 요소 중 하나가 자녀를 돌보는 것이라는 점을 명심하라. 자기 자신을 돌볼 때 자신이 무엇을 좋아하는지, 자신이 진정으로 어떤 생각을 하고 어떤 감정을 느끼는지, 자신의 일과 삶에서 무엇을 해야 하는지를 발견하게 될 것이다.

어떻게 하면 자신을 돌볼 수 있을까? 정말 하고 싶고, 가고 싶고, 생각하고 싶은 것들을 20가지 적어 보라. 만나고 싶은 사람, 가고 싶은 장소, 하고 싶은 활동(운전, 여행, 운동) 그리고 참여하고 싶은 행사가 포함될 수 있다. 우리에게 힘을 주거나 자신의 관점과 에너지를 회복시켜 주는 것들을 생각해 보라. 이런 상태가 되기 위해서 인도나 하와이까지 갈 필요는 없다. 일상에서 할 수 있는 일들을 생각해 보도록 하라. 돌본다는 것은 자기 자신을 좋게 느끼도록 해주는 일을 경험하는 기회를 자신에게 허용하는 것이다. 즐길 수 있는 일을 더 많이 발견할수록 자기 자신을 더 호의적으로 생각할 수 있게 된다. 우리가 자신을 돌보는 것이 적절한지 혹은 옳은지에 대해 어느 누구에게도 동의를 구하거나 괜찮으냐고 물어볼 필요는 없다. 지금까지 적절한 관심을 기울이지 못하고 돌봐준 적이 없던 자신의 내적인 부분들을 알고 이해하고 수용하는 것이기 때문이다.

어느 정도 시간이 지나면 우리는 자신에게 호의적이지 않거나 자신을 돌보지 않을 때 이를 깨달을 수 있게 될 것이다. 자기를 돌보는 것은 자기 이익만 찾거나 이기적인 사람이 되는 것과 다르다. 이를 오해하지 말라. 오히려 그 반대다. 욕망이나 피상적인 것에 휘둘리지 않고 자신의 마음 속 깊은 곳에서 진정으로 바라는 것을 자신에게 해 줄 수 있을 때 비로소 다른 사람들이 원하는 것이 무엇인지 제대로 이해할 수 있는 능력이 생긴다. 자신을 진정으로 좋게 느낄 때 주위에 있는 사람들에게 더 관대해지고, 그들을 더 이해하고, 더 힘을 북돋워줄 수 있게 된다. 자기만 생각하는 사람들은 이런 능력과 도구가 부족하기 때문에 직장에서 생산적인 방식으로 자신의 욕구를 돌보지 못한다. 자기만 생각하는 태도는 바로 약점으로 작용하게 된다. 돌보는 행동은 자신이 누구이고 무엇을 원하는지 이해하고 통찰하는 것에 기반을 두고 있기 때문에 장점이 된다. 내적인 아버지 요인에 돌봄의 측면이 보강될 때 진정한 성공과 만족을 향해 나갈 수 있다. 돌봄의 특질이 가진 적극적인 요소가 없이는 아무도 성장할 수 없다. 연구에 의하면 갓 태어난 아기들은 매일 일정한 수준 이상의 돌봄을 받지 못하면 죽는다고 한다. 직장에서 일하는 우리 어른들은 과연 얼마나 다를까? 어른이라고 해서 다르지는 않다. 이것이 바로 돌봄이 일에서 아버지의 영향을 바람직한 힘으로 변화시키는 열쇠가 되는 이유이다.

## 요약

지금까지 우리는 성취지상주의형 아버지 유형의 긍정적인 측면과 부정적인 영향을 살펴보았다. 우리의 목표는 야망과 돌봄의 균형을 찾는 것이다. 성취지상주의형 아버지 유형은 우리의 경력 발달에 강점과 약점을 모두 갖고 있다. 강점은 자신이 원하는 바를 달성하기 위한 계획을 세우는 능력이다. 우리가 달성해야 할 목표는 성공과 성취를 향하는 과정에서 자신을 잃어버리지 않는 것이다. 팜과 짐의 사례를 보면 이 둘은 아버지로부터 물려받은 수치심에 근거한 인간관계를 치유하는 것과 돌봄의 가치를 배웠다. 이전까지 그들이 한 번도 생각해보지 않았던 아버지의 영향을 돌아보면서 자신의 아버지가 직업 선택과 직업 환경에 어떤 영향을 주는지 새롭게 이해하기 시작했다. 그들은 아버지의 부정적인 유산을 해소하는 처음 다섯 단계를 이행했고, 결국 아버지 요인을 바람직한 힘으로 바꾸었다.

마음속에 자리 잡은 성취지상주의형 아버지 요인을 긍정적인 것으로 바꾸어 놓는 다섯 단계는 일과 개인적 삶에 도움이 될 것이다. 인내심을 갖고 일과 가정에서 정서와 사고의 과정과 기능을 인식하고, 이를 변화시키기 시작하라. 계속되는 변화, 해결, 그리고 새로운 자기 발견은 우리의 수치심을 인식하고 해소하는 일부터 시작한다. 완벽과 성취만을 끊임없이 추구하는 것은 단순하지만 근시안적이며 공허함만을 남길 뿐이다. 우리의 삶과 일은 복잡하며, 우리의 아버지 요인까지 깨달음을 확장할 때 이해될 수 있다.

이 길의 첫 단계는 자신의 생각을 종이와 마음에 기록하는 것부터 시작된다. 결함과 직업적 한계에 대해 우리가 갖고 있는 부정확한 신념을 발견하는 것은 우리 내면에 숨겨져 있는 보물을 발견하고 잠재력을 깨우는 길을 향해 큰 발자국을 내딛는 것이다. 이제 자신의 가능성에 초점을 맞추는 것이 중요하다. 자신의 잘못된 한계를 받아들이거나 옹호하지 말라. 멋진 작업을 지속하도록 하라!

# 시한폭탄형 **아버지**

**자녀들은 정서적 불안감을 느끼며, 혼란과 두려움으로 믿음을 갖지 못한다**

저는 아버지의 성질에 겁먹은 채 성장했죠.
그래서 항상 갈등이 생기는 걸 피해왔습니다.
화내는 사람에 대한 두려움 때문에 제대로 직장생활 하기가 쉽지 않아요.
상사가 화가 나서 저를 짓밟아도 그냥 참고 맙니다. 어쨌든 평화를 유지할 수 있으니까요.
저는 갈등과 직면하는 게 싫습니다. 싸우는 건 질색이거든요.

**:: 베티 루, 38세**

나는 모든 사람이 나처럼 성장한다고 생각했었다.
아버지는 술 취한 채 집에 돌아와 화를 내면서 항상 나를 때리곤 했다.
다른 가정이 우리 집 만큼 공격적이거나 두려운 곳이 아닐 수 있다는 생각을
해본 적이 없었다. 일을 하다가 가끔 나는 아버지처럼 성질을 부릴 때가 있다.
난 단지 사람들에게 소리를 치는 것 뿐이고, 물론 그리 좋은 장면은 아닐 것이다.

**:: 마이클, 29세**

father
factor

시한폭탄형 아버지는 문제가 매우 많다. 물론 자녀에게 도움이 되는 부분도 있기 마련이다. 주된 문제는 이 유형이 두려움, 위협, 정서적 불안정에 기반을 두고 있다는 것이다. 이런 아버지는 주저하지 않고 자신의 분노를 자녀와 아내, 동료, 그리고 세상을 향해 내지르곤 한다. 이런 아버지를 '소리지르는 사람'이라 할 수 있다. 언제 화를 터뜨릴지 예측할 수 없는 경향이 있어서, 만성적인 감정 폭발에 끊임없이 노출되는 아이들은 두려움을 느끼게 된다. 이런 유형의 아버지가 자녀를 통제하고 질서를 유지하는 방식은 소리를 지르거나 벌주겠다는 위협, 혹은 학대이다. 학대는 때로 알콜 중독이나 약물 남용같이 아버지 자신에게 가해지는 것일 수도 있다. 그리고 넓은 범위의 정서적 정신적 신체적 학대, 배우자 학대, 성적인 학대를 하기도 한다. 이런 아버지는 마치 러시아의 탈주 기차를 연상케 하지만, 자녀에게 우연하게 강력하고 긍정적인 특질을 만들어 주기도 한다.

시한폭탄형 아버지 밑에서 자란 자녀들 중 많은 수가 어릴 때부터 다른 사람의 마음을 읽는 능력을 발달시킨다. 어린 시절에 아버지의 분노 폭발을 피하고 생존하기 위해서 그들은 재빨리 타인의 기분과 행동을 판단하는 법을 배우게 된다. 이는 순전히 생존을 위한 행동이라고 할 수 있다. 아버지의 상태를 빨리 읽고 성공적으로 진정시키는 능력은 하와이에 주둔한 태평양 함대의 레이더 시스템에 비유할 수 있을 것이다. 이 레이더 시스템은 매우 정교해서 진주만 반경 5천마일 내에 있는 태평양 상의 모든 움직임을 탐지할 수 있다고 한다. 이 아이들 중 일부는 집안 내에서 벌어지는 모든 상황을 읽고 이해하고 파악하는 정서적 레이더 시스템과 재능을 발달시킨다. 학대를 당하며 성장한 아이들이 커서 뛰어난 협상가, 기업 컨설턴트, 의사, 인적 자원 담당자, 사회복지사, 정신 건강 분야의 전문가, 교사나 교수가 되는 경우가 자주 있다. 이런 미친 것 같은 환경에서 정서적으로 생존한 사람 중 일부는 뛰어난 사교 기술과 대인관계 기술을 갖추게 된다. 또한 이들은 주변의 특정한 인물이나 상황에 관련된 문제를 직관적으로 파악하는 뛰어난 능력을 갖고 있다. 어떠한 직장 상황이나 개인적 접촉에서도 겉으로 드러나지 않는 긴장의 냄새를 맡을 수 있는 능력이 있다.

시한폭탄형 아버지 밑에서 자라는 자녀들은 평화를 유지하고 아버지의 마음을 읽으려는 노력을 한다. 평화를 유지하려는 행동을 하는 자녀는 성장 과정에서 정상적이고 자연스러운 발달 단계를 건너뛰게 된다. 이런 아이들 중 대다수는 흔히 말하는 '애어른'이 되곤 한다. 애어른이란 말은 어린 아이가 가정에서 정서적, 정신적으로 책임감 있는 어른 역할을 한다는 것이며, 이것은 아이로서 자연스럽지 않은 역할이라고 할 수 있다. 애어른은 전형적인 아동기나 청소년기를 거치지 않는다. 이들은 학교를 빼먹거나 반항하거나 선생님에게 무례하게 행동하는 일이 없다. 이 아이들은 바람직하고 책임감 있는 존재가 되는데 집착하고 걱정을 해서, 정상적으로 발달하는 십대나 청년들이 보이는 행동에 빠져들지 않는다. 만일 이 아이가 학교에 5분 지각을 했다거나 한 학기에 한 번 숙제를 안 해갔다고 하면 스스로 엄청난 스트레스를 느낄 것이다.

이처럼 극단적으로 반응을 하는 이유는 이 아이들이 일상에서 늘 경험하는 강력한 두려움 때문이다. 이들이 어른이 되면 자신이 자라면서 겪은 두려움, 공포, 무서움이 얼마나 심했는지 분명하게 기억해 내기가 쉽지 않다. 이런 사람들은 직장에서 모든 수준에, 모든 지위에 퍼져 있다. 이들은 갈등을 회피하고 소리 지르는 것을 피하곤 한다. 분노나 좌절을 표현하지 않고 긴장감이나 해결되지 않은 갈등을 다루려고 하지 않는다. 이들의 경력은 강렬한 감정을 경험해야 하는 대인관계 상황을 회피하려는 욕구에 의해 지배되는 경향이 있다. 많은 이들이 직장이나 개인 사업에서 매우 유능하게 일하고는 있지만, 불행하게도 이들은 다른 사람들에게 거절을 표현해야 할 때나 다른 사람들을 기쁘게 해주지 못할 때 죄책감이라는 매우 무거운 족쇄를 느낀다.

## 안전이 최고

시한폭탄형 아버지 밑에서 자라는 자녀들이 가진 가장 중요한 특징은 평화를 유지하고 정서적인 안전을 달성하고자 하는 것이다. 아이들이 성장하면서 경험하는 정서적 안정과 일관성은 정신 건강과 적절한 정서 발달에 기초가 된다. 아무런 이유도 없이 소리를 지르고 야단치고 자신을 때리거나 서로에게 폭력을 휘두르는 어른들이 있을 때, 아이들은 어려서부터 자신의 삶이 안전하지 않다고 생각하게 될 수밖에 없다. 이렇게 통제가 불가능한 상황이 일어나지 않게 하려면 '평화를 유지하는' 행동이 필요하다는 것을 배우게 된다.

만일 우리가 이런 아이라면 아버지를 행복하게 만드는 것이 어린 시절의 가장 중요한 테마였을 것이다. 아버지의 기분 변화와 자신의 분노 조절 기술에 의해 자기의 삶이 결정된다. 아버지와 관련되는 모든 것들을 평화롭게 유지하려는 자연스런 욕구를 충족시키기 위해, 우리는 통제에 대한 집착을 발달시켰을 수 있다. 다른 사람들이 우리의 그런 행동을 보고 '주변 일에 일일이 간섭하는 사람'처럼 행동한다고 말하곤 하는지도 모른다. 직장에서 우리의 문제 중 하나는 통제, 신뢰, 회피라는 주제와의 투쟁일 수 있다. 이런 업무 행동이 생기는 것은 아이적에 느꼈던 감당할 수 없는 불안 때문이다. 어른이 되어서도 이런 끔찍한 감정을 피하려고 무슨 일이든 하려고 할 수 있다.

이 문제의 뿌리는 아버지의 예측할 수 없는 정서에 있다. 미래에 대한 불확실성은, 예를 들면, 아버지가 집에 돌아올 때나 성적표가 우편으로 집에 도착했을 때 일어날 수 있다. 이런 사건은 우리의 마음과 가슴에 끔찍한 공포 상태를 지속시킨다. 오랜 기간에 걸쳐 이러한 공포는 우리의 마음과 감정에 서서히 뿌리내린다. 그래서 불안 장애가 생기게 되는 것이다. 미래에 대한 이런 공포 반응의 심각성은 성장하면서 경험한 아버지에 기초를 두고 있다.

우리의 불안은 거의 불안하지 않은 수준과 매우 불안한 수준 사이의 어딘가에 있을 것이다. 모든 사람은 생물학적으로 불확실성에 대해 약간의 불안을 느끼도록 만들어져 있다. 하지만 여기서 말하는 것은 이런 정상적이고 적절한 불안을 언급하는 것이 아니다. 여기서 말하는 불안이란, 일을 하는데 있어서 일상적인 기능을 심각할 정도로 손상시키고 소모시키는 것을 일컫는다. 우리의 불안, 통제에 대한 집착, 회피하는 행동은 모두 아버지의 행동과 관련이 있다.

## 시한폭탄형 아버지들은 어떻게 보이고 행동하는가? : 다섯 개의 짧은 얘기들

다음의 가상적인 다섯 편의 시나리오는 시한폭탄형 아버지 요인이 가정과 직장에서 어떻게 영향을 주는지 이해하는데 도움을 줄 것이다. 우리에게 어떤 영향을 미치고 있는지 볼 수 있도록 노력하기 바란다. 그동안 아버지가 우리 삶에 주는 영향력에 직면하지 않기 위해 얼마나 부인을 많이 했었는지 놀라지 말라. 우리의 목표가 통찰하고 이해하는 것이라는 점을 기억하기 바란다. 통찰과 이해를 통해 우리의 직업적 능력과 미래의 선택에 필요한 힘을 직접 얻게 된다. 이러한 아버지와의 경험이 현재 우리의 직업적 능력과 기능을 형성했다는 점을 생각하라.

**첫번째 시나리오** 아버지가 퇴근하여 집으로 돌아오자마자 마당이 엉망이라고 내게 소리를 지르기 시작한다. 아버지 곁을 지나가는데, 아버지는 화를 참지 못하고 내 머리를 쥐어박는다. 울지 말라고 하면서 울면 벌을 더 받을 것이라고 말한다. 마당에 있는 것은? 나의 자전거뿐이다. 아버지는 어머니나 다른 자녀들과 싸우고 으르렁대면서 그날 저녁 시간을 보낸다. 나는 집밖으로 나가거나 방에 숨어서 아버지를 피한다. 다음날, 아버지는 일하러 일찍 나가시고, 전날 밤에 있었던 싸움이나 폭력에 대해 얘기하는 사람은 아무도 없다. 학교에서 하루 종일 오늘 밤 아버지가 귀가하면 또 어떤 일이 벌어질까 걱정한다. 학교 친구들은 아무도 내가 아버지의 변덕스러운 감정과 공격적인 행동 때문에 끔찍한 공포를 느끼고 있다는 것을 알지 못한다.

이런 아버지 유형의 더 심각한 경우는 알콜이나 약물(대마초, 처방된 약, 비합법적인 자극제 등)을 사용하거나 남용할 때이다. 이런 약물은 집에서 위험을 증가시킬 뿐이다. 아버지가 집에 있을 때는 안전하다는 느낌이 전혀 들지 않는다. 어린 시절은 아버지와 아버지의 분노 폭발을 피하는 것으로 점철되어 있다. 어린 시절 아버지에 대한 두려움에 사로잡히는 것이, 성인이 되어 직업상의 또는 사적인 인간관계에서 심한 불안을 느끼는 기초이다.

**두번째 시나리오** 아버지는 술에 취해 귀가하신다. 어머니는 진저리치면서 아버지에게 집에서 나가라고 소리친다. 아버지는 나를 보고는 뺨을 때린다. 너무 세게 때려서 나는 바닥에 쓰러진다. 아버지는 내게 무례하다고 말하는데, 그런 행동을 한 기억이 없다. 한 일이라고는 그저 부모님의 싸움을 쳐다본 것밖에 없다. 아버지의 계속되는 화와 공격에 너무나 놀라 어쩔 줄을 모른다. 거의 매일 밤 부모님이 싸우는 것을 보아왔다. 다음날이 되자, 아버지는 전날 밤에 가족을 부양하느라 얼마나 힘든지 아느냐고 하면서 한 시간 동안이나 소리치고 때린 일을 전혀 기억하지 못한다. 불행하게도 나는 모든 일을 온전히 기억하고 있다. 실제로 매일 밤마다 아버지로 인해 겪었던 끔찍한 사건들을 모두 기억한다. 그런데도 가족 중 어느 누구도 매일 밤 벌어지는 비극을 기억하지 못하는 것 같아 보인다.

또 다른 싸움이 있었던 밤이 지나고 아침이 되었을 때 아버지는 나를 데리고 나가서 옷을 사주고 멋지고 평화로운 점심 식사를 한다. 아버지와 함께 학교생활과 친구 관계에 대해 얘기를 나눈다. 어젯밤과는 전혀 다른 아버지의 행동이 나를 정서적으로나 정신적으로 혼란스럽게 만든다. 이전의 경험에 의해서 아버지의 조용하고 진지한 면을 믿으면 안 된다는 것을 알고 있다. 언제 다시 주먹이 날아오는가 하는 것은 단지 시간문제일 뿐이다. 가족 중 누구도 아버지의 정서적 폭발, 신체적 폭력, 그리고 약물 남용에 대해 얘기하지 않는다. 가족들은 의도적으로 아버지의 기질이나 양육 방식에 대한 언급을 회피하고 있다. 가족 전체의 목표는 평화와 현 상태를 유지하는 것이다. 어머니는 아버지가 좋은 직업을 갖고 있고 집에서만 그렇게 행동한다고 말하신다. 아버지는 직장에서 스트레스를 많이 받기 때문에 일이 끝나면 긴장을 풀기 위해서 술을 마신다고 한다.

다음의 시나리오 세 편은 아버지가 현재 우리의 일, 가정, 개인적 생활에 주는 영향력에 관한 것이다. 이 얘기들은 내면의 아버지 요인을 변화시키려고 투쟁하고 있는 자녀들이 현재 경험하고 있는 실제 생활 상황들이다. 현재 자신의 생활에 부정적 영향을 주고 있는 아버지 유형을 깨닫지 못하고 있을 때 일과 직업이 어떻게 영향을 받고 있는지 살펴보기 바란다.

**세번째 시나리오** 현재 일어나는 일이다. 일을 마치고 집에 돌아왔다. 아이들과 아내가 정신없게 만든다. 아이들이 싸우는 소리가 들리고 아내는 도와달라고 외친다. 갑자기 아이들과 아내를 향해 집안이 엉망이라고 소리 지른다. 오전에는 이사회에서 누군가 나에게 모욕적인 언사를 한 것 때문에 엄청 화가 났었다. 동료의 '무례'에 화가 났던 것이 오후에 폭발했다. 우편물을 담당하는 직원에게 우편물을 가져다 주지 않았다고 화를 낸 것이다. 집으로 차를 몰고 오면서 러시아워에 차를 몰고 나와 교통 체증을 유발한 멍청이들에게 '짜증'을 느끼기 시작했다. 다른 사람들이 듣지 못하게 창유리를 올린 채 차 안에서 다른 운전사들에게 소리를 지르기 시작했다. 집안으로 걸어 들어오면서 엄청난 긴장과 분노를 느꼈다. 내 아버지처럼 가족들에게 소리 지르기 시작했다. 불행하게도 아이들은 나를 무서워하지만, 나는 이를 감지하지 못하기 때문에 계속해서 야단친다. 저녁 내내 컴퓨터 앞에 앉아서 e-메일을 체크하고 회사 일을 처리하는데, 그럴수록 화와 분노만 더할 뿐이다.

**네번째 시나리오** 현재 직장에서 벌어지는 일이다. 금요일 오후 퇴근하려고 준비하고 있는데 엄하고 권위를 내세우는 상사가 부른다. 그는 월요일까지 중요한 프로젝트를 마무리하라고 지시하는데, 그 일은 일주일은 해야만 마칠 수 있는 분량이다. 상사는 다정한 어투로 주말을 이용해서 일을 끝마치라고 요구한다. 이번 주말에는 친구들과 여행을 가기로 약속했고 벌써 호텔비와 항공료를 지불했다. 하지만 이 사실을 말하지 못한다. 상사가 화내고 싫어할까봐 두려워 어쩔 수 없이 복종하면서 여행을 취소한다. 상사를 기쁘게 해주기 위해 내가 희생한 것을 그는 알지 못한다. 이런 상황에 자주 처하는 자신을 발견한다. 나는 아무도 실망시키고 싶지 않다. 내 삶은 내 생각이나 감정에 관계없이 항상 동료나 고객이 나를 어떻게 생각하는가에 달려있다. 일에서나 사생활에서 다른 사람의 부탁을 거절하는 경우가 거의 없다. 일에서 명확한 한계를 긋지 못하기 때문에 동료나 상사에게 이용당하는 것 같고 제대로 인정도 받지 못한다고 느낀다.

**마지막 다섯번째 시나리오** 이 시나리오는 고객, 동료, 상사에게 성질을 부리는 것이다. 나는 직원들에게 생색을 내거나 비판적으로 대할 의도가 없다. 그런데 실은 그렇게 한다. 동료들을 대하는 태도가 거칠고 공격적이라는 불평이 상사의 귀에 끊임없이 들어온다. 나는 열심히 일하는 사람이며, 무능력하거나 게으른 것을 보면 이해가 되지 않는다. 오늘도 직장에서 한 직원 때문에 성질이 폭발했는데, 부사장은 상황을 더 악화시키고 싶지 않으니 집에 가라고 지시했다. 직장에서 공격적이고 적대적인 감정을 표현해서 견책을 당한 것이 이번이 처음은 아니다. 실제로 인사 위원회에서 동료들에게 심하게 공격하는 말을 하는 점을 염려해서 나를 승진에서 누락시킨 적이 여러 차례 있었다. 나는 이런 일들이 현대적 관리 스타일 때문이라고 해명한다. 내 아버지 요인 유형은 전투에서 좋은 결과를 낸다. 과감하고, 공격적이고, 두려움이 없으며, 어떤 희생을 감수하고서라도 승리하고자 한다. 이런 태도의 문제점은 직장이 전쟁터가 아니라는 점이며, 아무도 나와 거래하고 싶어하지 않는다는 데 있다. 회사는 나의 뛰어난 직업윤리와 생산성을 좋아한다. 그럼에도 불구하고 동료나 고객들을 대할 때 종종 열 받는 일들이 생겨 내가 직업적으로 성장하는 것을 가로막고 있다. 내가 '화를 잘 낸다'는 것을 알지만, 막상 그런 상황이 되면 조절하기가 어렵다.

처음의 두 시나리오는 정상적인 것처럼 보이고 어린 시절 우리 가정에서 일어났던 일처럼 보일 것이다. 아무도 우리의 아버지가 정상이 아니라든지 문제가 많다고 생각하거나 의심하지 않았다. 사실 가족 중 아무도 문제로 생각하지 않는데 자신만 밤에 벌어지는 비극들을 기억하고 있다는 것 때문에 자기가 미친 게 아닌가하는 생각을 했을 수도 있다. 1990년대 중반까지만 해도 성적인 학대를 제외하고는 언어적 학대를 포함한 다른 모든 학대를 정상적인 아버지의 행동으로 간주했었다. 하지만 이제 우리는 자신의 감정을 긍정적으로 다루는 방법을 궁금해 하고, 그래서 가정이나 회사에서 아버지처럼 행동하지 않으려고 한다. 우리는 어떤 상황이 되면 직장에서 겪는 스트레스로 인해 아버지같이 행동하지는 않을까 하는 두려움을 갖고 있다. 우리는 아버지의 행동을 바람직한 방향으로 바꾸고자 하지만 여전히 '불끈 화내는 일'이 지속되고 있으며, 그로 인해 직장이나 가정에서 고생이 계속되고 있다.

현재 벌어지고 있는 세 편의 시나리오 역시 시한폭탄형 아버지 밑에서 자란 자녀들이 보이는 전형적인 행동 반응이다. 대개 이런 아이들은 자라서 수동적이고 복종하는 사람이 되거나, 가정이나 직장에서 분노, 긴장, 정서적 폭발을 보여주곤 한다. 분노 조절, 불안, 강박 행동(예, 알콜 중독이나 일중독)의 문제로 끊임없이 투쟁하고 있다. 이런 아버지 유형의 자녀들은 두 가지 전형적인 반응을 한다. 한 유형은 사람을 완전히 피하고, 사람들과 직면하거나 그들을 실망시키는 것을 두려워하고, 새롭거나 잠재적으로 스트레스가 될 만한 것을 피하는 것이다. 다른 유형은 아버지보다 더 학대하고 공격하고 강박적으로 행동하는 것이다. 이 아버지 유형은 중립적이거나 수동적이지 않다. 이런 유형의 환경에서 자란 아이는 모두 정서적 충격을 참아내는데 서툴다. 그럼에도 불구하고 시한폭탄형 아버지 밑에서 자란 대부분의 아이들이 성인이 되었을 때 자신의 어린 시절을 기억해내거나 얘기하려고 하지 않는다. 하지만 변화하기 위해선 어린 시절의 경험이 충분히 다뤄지고 이해되어야 한다. 그래야만 비로소 개인적인 변화와 업무상의 바람직한 변화가 시작될 수 있다.

## 업무에 영향을 주는 시한폭탄 요인들

시한폭탄형 아버지 밑에서 자란 자녀들은 폭발적이고 불안정한 가정에서 자란 결과로 생긴 특성을 공통적으로 갖고 있다. 계속되는 위협과 실제 학대를 경험한 아이는 특정한 행동 특질을 발달시킨다. 이처럼 겁나는 환경에서 성장한 사람들은 자신의 경험과 행동 패턴으로 무장한 채 직업의 세계로 진입하게 된다. 시한폭탄에 반응하는 행동, 신념, 감정을 꿰뚫는 공통분모는 이 아이들이 수년간 심하게 변덕스러운 환경에 노출되어 살았다는 점이다. 만약 부모가 이혼해서 아버지를 몇 주에 한 번씩만 봤다고 하더라도 여전히 큰 영향을 주고 있다는 사실이 중요하다. 아버지를 매일 보지 않았다거나 함께 살지 않았다고 해서 아버지 유형이 현재 자기 자신에 대한 지각, 행동, 그리고 직업에 영향을 주지 않았다고 생각하지는 말라. 아무리 부인해도 자신이 시한폭탄형 아버지 유형에 노출되었고, 그것이 현재의 삶에도 영향을 주고 있다는 사실에는 변함이 없다.

다음은 시한폭탄형 아버지 밑에서 자란 자녀들이 성인이 되어 직장에서 흔히 보이는 행동을 담은 목록이다. 직장에서 자신이 때때로 보이는 행동이 있다면 그 항목에 체크하도록 하라.

## 시한폭탄형 리스트

___ 직장에서 사람이나 권위를 가진 인물에 대한 두려움 때문에 자기 스스로를 고립시킨다.

___ 갈등을 피하기 위해 정서적으로 거리를 둔다(집, 사무실, 작은 사업체, 여행 등에 관련없이). 될 수 있으면 동료, 고객, 상사와 감정을 나누지 않는다.

___ 어떤 지위에 있든 간에 항상 타인의 인정을 구한다. 이로 인해 개인적으로나 직업적으로 정체감 문제가 생긴다. 모든 사람의 인정을 받아야만 한다.

___ 모든 갈등을 회피한다. 화를 내는 사람이나 비판이 두렵다. 언

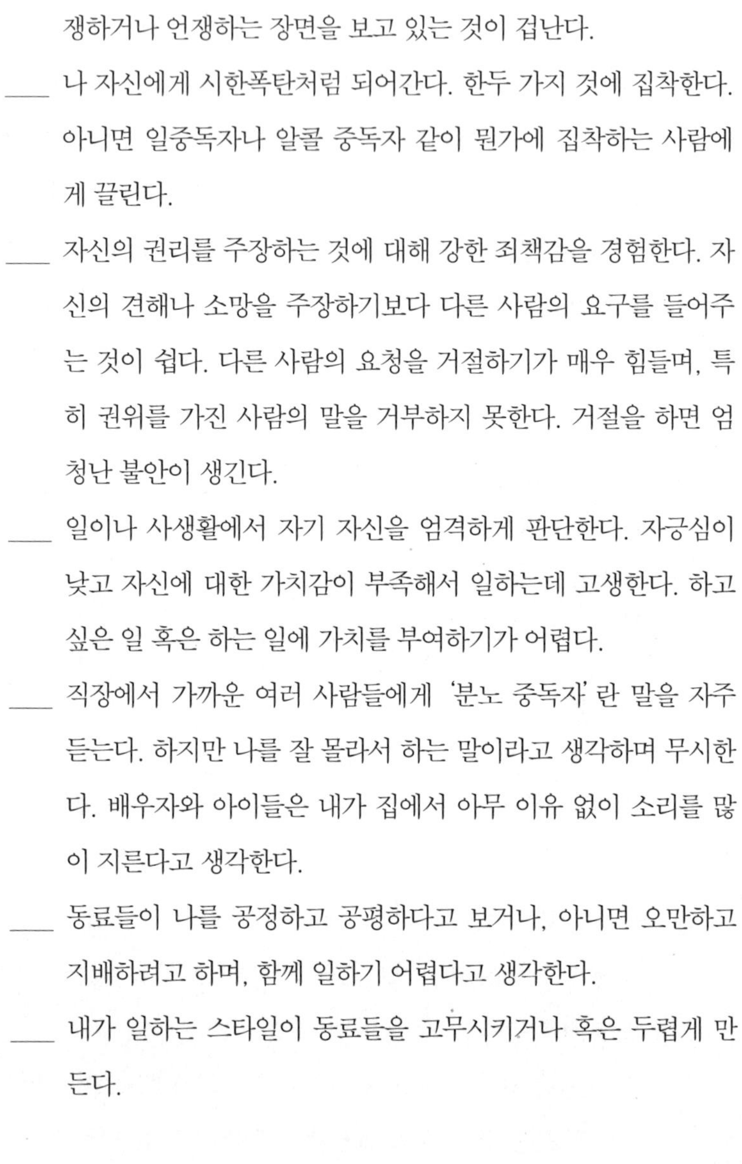

쟁하거나 언쟁하는 장면을 보고 있는 것이 겁난다.

___ 나 자신에게 시한폭탄처럼 되어간다. 한두 가지 것에 집착한다. 아니면 일중독자나 알콜 중독자 같이 뭔가에 집착하는 사람에게 끌린다.

___ 자신의 권리를 주장하는 것에 대해 강한 죄책감을 경험한다. 자신의 견해나 소망을 주장하기보다 다른 사람의 요구를 들어주는 것이 쉽다. 다른 사람의 요청을 거절하기가 매우 힘들며, 특히 권위를 가진 사람의 말을 거부하지 못한다. 거절을 하면 엄청난 불안이 생긴다.

___ 일이나 사생활에서 자기 자신을 엄격하게 판단한다. 자긍심이 낮고 자신에 대한 가치감이 부족해서 일하는데 고생한다. 하고 싶은 일 혹은 하는 일에 가치를 부여하기가 어렵다.

___ 직장에서 가까운 여러 사람들에게 '분노 중독자'란 말을 자주 듣는다. 하지만 나를 잘 몰라서 하는 말이라고 생각하며 무시한다. 배우자와 아이들은 내가 집에서 아무 이유 없이 소리를 많이 지른다고 생각한다.

___ 동료들이 나를 공정하고 공평하다고 보거나, 아니면 오만하고 지배하려고 하며, 함께 일하기 어렵다고 생각한다.

___ 내가 일하는 스타일이 동료들을 고무시키거나 혹은 두렵게 만든다.

시한폭탄형 아버지 밑에서 자란 사람들에게서 공통적으로 나타나는 행동과 특질을 기술한 이 열 개의 항목을 이해하는 것이 변화 과정을 시작하는데 중요하다. 사람들을 기쁘게 해주고, 갈등을 피하고, 충동적으로 행동하고, 자긍심이 낮고, 개인적 한계를 정할 때면 지나치게 죄책감을 느끼는 것이 직업상 성장을 위한 변화와 이해에 결정적으로 작용한다. 이런 시한폭탄형 특징을 가진 사람은 결코 기업에서 꼭대기까지 올라갈 수가 없다. 그걸 떠나서 이런 행동들은 우리의 삶과 건강을 해칠 수도 있다. 이런 문제들은 시간이 흐를수록 점점 더 무거워지고 위기에 부닥칠 때마다 심해지기 때문에 반드시 변화해야 한다. 위에 있는 항목 중에서 자신의 개인적 삶이나 직장에서의 행동과 성격에 관련해 마음을 찌르는 것이 있는가?

시한폭탄형 아버지가 우리를 두렵게 만들었듯이, 그 두려움은 지금도 여러가지 방식으로 매우 활동적으로 유지되고 있을 것이다. 예를 들면, 다양한 형태의 학대에서 오는 공포는 우리의 자아상을 손상시킨다. 손상된 자아상은 수동적일 수도 있고 공격적일 수도 있는데, 이상적으로는 보다 균형 잡혀야 한다. 이 책의 목적 중 하나는 내면의 자아상과 우리의 신념을 변화시키는 것인데, 그렇게 되면 아버지와의 관계에서 학습된 정서적, 정신적, 신체적 촉발 요인에 더 이상 반응하지 않게 될 것이다. 모든 아버지 유형은 나름대로 무거운 짐을 지고 있다. 이 유형은 파악하기 어렵고 정서적으로 비밀스러운 불안이라는 짐을 안고 있다. 우리는 상당한 수준의 모호한 불안을 지고 다니고 있다. 직장에서 자신의 힘을 포기하거나 혹은 분노를 폭발시켜 동료들의 마음에 상처를 입히는 것도, 알고 보면 숨겨지고 처리되지 않은 불안에 의해 생기는 것이다.

## 큰 불안에 숨어있는 비밀

앞의 네 장에서 아버지의 행동으로 인해 발생하는 주요한 심리적 장애물을 논의했다. 이 문제들은 처리하지 않고 놔두면 자신의 직업적 성장, 개인적 만족, 업무 능력을 방해한다. 3장에서, 성공하기 위해 멋진 경력을 형성하는데 방해가 되는 일곱가지 주요 장애물(수치심, 자기 의심, 집중력 부족, 동기 저하, 책임감 결여, 정서적 미성숙과 분노, 실패에 대한 공포)을 설명했다. 자기 의심과 집중력 부족은 이 장애물 중 두 가지이며, 깊은 불안이 심리적으로 표현된 것이라고 할 수 있다. 불안은 이 시한폭탄형 아버지 맥락에서 이해되어야 한다. 불안에 대해 자세히 설명하고 이를 자신의 문제와 연결하기에 앞서, 이런 유형의 아버지 밑에서 성장하면서 경험한 공포를 무시하지 않는 것이 중요하다.

혼자 살고 있는 스물여섯 살인 크리스틴은 시한폭탄형 아버지의 딸이다. 크리스틴은 직업과 사생활에서 경험하는 불안, 끊임없는 자기 의심, 집중력 부족 때문에 나를 만나러 왔다. 뭔가 잘못되었다는 것을 알고 왜 그런지 알고 싶었던 것이었다. 중학교 1학년 때부터 크리스틴은 항상 사람들을 기쁘게 해주려는 행동 패턴을 보였다. 모든 사람의 문제를 해결해주려 하고, 다른 사람이 자신에 대해 어떻게 생각할까 너무 많이 걱정했다. 나를 찾아왔던 해에는 그 해의 명절을 준비하는 모든 활동에 참여하여 어찌할 바를 모르는 자신을 발견했다. 미용실의 주인으로서 일주일에 최소한 50시간 이상 일했고 다른 미용사들의 '어머니' 역할을 했다. 스물여섯 살 밖에 안 되었음에도 불구하고 크리스틴은 자신의 동료, 주요 남성 단골들, 그리고 친구들을 돌보는 것에서 엄청난 개인적 즐거움을 얻었다. 하지만 상황이 변하기 시작했다. 사람들을 기쁘게 해주는 크리스틴의 오래된 행동 패턴이 더 이상 효과를 발휘하지 못하고 엄청난 문제를 일으켰던 것이다.

크리스틴의 미용사중 빌이 있었는데, 크리스틴은 그가 자신의 돈을 훔치는 것이 아닌가 하고 의심하고 있었다. 빌에게 이 얘기를 했는데, 빌은 부인했다. 빌은 그 미용실에 유일한 남자였기 때문에 오히려 그녀가 자신을 '성적으로 차별한다'는 뉘앙스로 반응했다. 크리스틴에 의하면, "지금까지 어느 누구도 내가 솔직하지 않다고 말한 사람은 없었죠. 빌이 저를 향해 소리치기 시작하자, 저는 바로 어린 소녀같이 느껴졌어요. 그를 의심한 것에 대해서도 사과하고 싶어 하는 제 자신을 발견했습니다. 빌이 자신의 결백을 주장하자마자 저는 즉각 제 생각과 의견에 의심을 품게 되었죠. 그는 예전에 우리 아버지가 어머니와 저에게 했던 방식대로 저를 모욕했습니다. 제가 그처럼 힘이 없다는 것이 너무 속상해서 빌을 해고하지 못했죠. 더 끔찍한 것은 빌에게 제가 실수한 것이 틀림없다고 말해 버린 것입니다. 다행히도 빌은 몇 주 전에 미용실을 그만두었어요. 사람들이 제게 화를 내면 무기력해지는 것이 정말 걱정됩니다. 제가 다음 손님을 십 분 이상 기다리게 했다면, 전 돈을 받지 않아요."

나는 크리스틴에게 그녀 아버지의 양육 방식을 얘기해달라고 요청했다. 크리스틴은 이렇게 대답했다. "아버지는 끔찍한 분이었어요. 귀가할 때면 술에 취해 있거나 기분이 몹시 나빴지요. 집에 들어와서는 어머니와 싸움을 벌이곤 했습니다. 부모님이 싸우실 때면 저는 항상 겁나고 걱정을 했어요. 제가 열세 살 때 부모님이 이혼하셨고, 어머니는 정서적으로 파탄났습니다. 그후로 제가 어머니를 돌봐야 했고, 지금도 그러고 있지요. 제가 집안일을 하고, 수표를 쓰고, 영수증 처리를 했어요. 제 친구 중 누구도 제가 집에서 얼마나 많은 일을 하는지 알지 못해요. 어머니는 일 년 동안 당신의 침실 밖으로 나오질 않으셨어요. 주말마다 아버지를 뵈러 갔는데, 아버지는 제가 당신을 돌보지 않는다고 야단치셨죠. 아버지는 정말 화가 나면 저에게 끔찍한 욕설을 퍼붓죠. 아버지는 제게, 그리고 제가 한 어떤 것에도 결코 만족하지 못하셨지요. 지금은 제가 미장원을 운영하는 방식에 대해서 비난합니다. 전 항상 부모님을 행복하게 해드리려고 애를 쓰는데 한 번도 제대로 된 적이 없어요." 크리스틴은 자신의 아버지 유형과 가족을 위해 짊어왔던 마음의 짐을 설명한 후에 현재 자신의 행동 양상과 그 과거를 연결해서 보기 시작했다.

그 뒤로 크리스틴은 자신의 집중력 부족, 자기 의심, 그리고 자기 의견을 주장하지 못하는 것들을 내면의 불안으로 인해 생겨난 증상으로 보기 시작했다. 몇 달 동안 그녀는 아버지와의 관계를 적극적으로 탐색했다. 가장 중요한 발전은 직장에서의 행동이 자신의 시한폭탄형 아버지에 대한 반응 패턴이라는 점을 자각하기 시작했다는 것이다. 자신의 인생에서 처음으로 크리스틴은 직장과 삶에서의 많은 활동과 선택들이 다루어지지 않았던 불안 때문이었다는 사실을 이해했던 것이다. 갈등을 회피하고, 항상 평화를 만들려고 하고, 자기 의견을 무시하고, 자긍심이 낮고, 다른 사람의 인정을 받으려고 하는 것이 모두 자신의 아버지 요인과 연결되어 있다는 것을 깨닫게 되었다. 이렇게 연결할 수 있게 되자 크리스틴은 미용실과 부모, 그리고 가장 중요한 자기 자신에 대해 더 좋게 느낄 수 있었다.

크리스틴과 같은 행동은 시한폭탄형 아버지 밑에서 성장한 아이들에게 흔히 나타난다. 많은 사람들이 자신의 불안을 과잉보상하려고 열심히 일하곤 한다. 그 불안은 어린 시절에 뿌리를 내리고 있는 것이다. 다음에 있는 불안 행동을 기술한 글들을 보고 자신이 짊어지고 살고 있는 불안의 정도를 평가해보도록 하라.

### 왜 불안해 하는가?
### : 불안 그리고 불안한 생각의 사이클

불안이 실제 위험에 의해 생겨나고, 위험이 사라지면 불안도 사라질 때는 정상적인 반응이다. 위험이나 손상의 가능성에 비해서 지나치게 불안이 심하다거나 더 이상 위험이 존재하지 않는데도 불구하고 불안이 지속된다면, 이때의 불안 반응은 정상이 아니라고 간주된다. 이런 점을 살펴보면서 불안의 뿌리를 추적하면 시한폭탄형 아버지와의 경험에 도달한다는 것을 알 수 있다.

다음의 질문과 설명은 자신의 경력과 생활에서 불안이 어떻게 작용하고 있는지 보여주기 위한 것이다. 불안이 우리의 선택에 어떤 영향을 주고 있는지 확인해 보기를 바란다.

- **최소화** 직장, 가정, 그리고 개인생활에서 자신의 능력을 낮춰보는 사고 과정을 말한다. 자신의 자원과 재능, 직업적 잠재 능력을

낮춰 보는 것이다. 자기 스스로 능력이 없다거나, 똑똑하지 못하다거나, 일을 처리하거나 상황을 다룰만한 만한 지식이나 경험이 없다고 확신한다. 문제가 무엇이든 늘 부족하다고 느낀다. 바탕에 깔려있는 불안으로 인해 자신의 경력을 오랫동안 정체시키고, 스스로를 좌절스럽게 만드는 부적절감을 경험하게 된다.

- **선택적 추상화** 자신의 직업적 약점을 과장해서 지각하는 과정을 말한다. 새로운 직업 상황에서 불편함을 느끼는 것은 정상이다. 하지만 자신의 재능이나 능력을 심각할 정도로 잘못 알고 있어서 새로운 도전, 새로운 일, 혹은 승진을 늘 회피하는 것은 문제가 된다. 자신의 장점보다 단점에 더 많은 가치와 에너지, 힘을 부여한다. 자기가 할 수 있는 것보다 할 수 없는 것에 더 초점을 맞추곤 한다. 자신의 직업적 능력보다 한계를 얘기하는 것이 더 편하게 느껴진다. 그러면서도 이렇게 생각하는 것이 마치 숨을 쉬듯 자연스럽다. 이런 비합리적인 추론에 대해 궁금해 하지도 않는다.

- **과장** '침소봉대' 하는 것이다. 선택적 추상화는 자신의 단점에 집중하는 것인데 비해, 과장은 자신의 단점이나 문제의 중요성과 가치를 지나치게 크게 보는 것이다. 동료가 자신의 약점을 실패나 윤리적 결점으로 보지는 않을까 하고 항상 걱정한다. 예를 들어, 많은 사람 앞에서 말하는 것이 두렵게 느껴지는가? 여러 사람 앞에서 말을 해야 하는 상황이나 입장을 피하려고 하는가? 사람들이 자신을 우둔하다거나 별 볼일 없는 관리자라고 생각할까봐 연설

의 중요성을 과장하고 있는 것일 수 있다. 타고난 대중 연설가가 아니라고 해서 동료들이 자신을 하찮게 보거나 존경하지 않는 것은 아니다. 이런 제약이 자기의 경력에 방해가 된다고 확신하면서도, 도움을 받아 더 연설을 잘 하려는 생각은 하지 않는다. 진짜 문제는 그것을 지나치게 중요시하는 자신의 사고방식에 있으며 자신의 정신적, 정서적 장애물을 극복하지 못하는데 있는 것이다.

- **재앙화** 이것은 과장에서 한 단계 더 나아간 것이다. 특정한 행위, 문제, 상황, 개인적 갈등의 중요성을 과장하려는 통제할 수 없는 충동으로 인해, 생겨날 수 있는 최악의 결과를 즉각 상상하는 것이다. 이런 반응을 하게 되면 모든 스트레스 사건들이 '위기' 가 된다. 매일매일의 직장생활은 임박한 재난이 꼬리를 무는 미니시리즈가 되는 셈이다. 사건을 정확한 시각으로 보는 능력이 존재하지 않는다. 일과 개인생활이 항상 실제든 상상한 것이든 임박한 '드라마' 로 가득 차 있다. 우리의 반응 양상으로 인해 자신이나 주변 사람들이 정서적으로나 정신적으로 매우 지치게 된다. 장기적인 문제 중 하나는 동료들이 자신을 '고장난 경보기' 라고 보는 것이다. 항상 스트레스나 업무 문제에 과도하게 반응했던 전력이 있기 때문에, 여러 차례 오보를 발한 후에는 실제로 위기가 임박했을 때에도 주위 사람들이 자신의 말을 심각하게 받아들이지 않게 된다.

다음의 도식은 자신의 경력에서 아버지 요인이 만드는 내적인 반응 사이클을 더 자세히 설명하기 위한 것이다. 인지 행동 치료(CBT)를 창

시한 앨버트 엘리스는 반응의 네단계를 다음과 같이 정리했다. 앞에서 설명한 4가지 생각의 패턴이 우리의 일과 직업에서 어떻게 자연스런 반응으로 자리잡게 되었는지 생각해 보도록 하라. 이 사고 과정이 불안으로 고생하거나 과민반응하는 사람들에게 문제를 발생시키는 것이다.

사건 ———→ 생각 ———→ 느낌 ———→ 행동

우리가 삶에서 경험하는 모든 것이 사건이라 할 수 있다. 우리의 일과는 이부자리에서 일어나는 사건으로부터 시작된다. 어떤 사건이 발생하면 우리는 그 사건에 대해 어떤 생각을 하게 된다. 불행하게도 시한폭탄형 아버지의 특징 중 하나가 이때 부정적으로 생각하는 것이다. 그러면 부정적이고 자기 패배적인 감정을 느끼게 된다. 전에 언젠가 불안에 대한 통렬한 비유를 들은 적이 있다. 새끼 오리가 어미를 따르듯 감정은 생각을 따른다. 그런다고 해서 어미가 어디로 가고 있는지 아는 것은 아니다. 우리는 항상 생각하고 있기 때문에 우리의 감정과 행동은 사건에 대한 반응으로 생겨나는 사고에서 비롯된다. 이 네단계 사고 연쇄는 보편적이며 직장에서 매일 작동하고 있다. 불안한 사람들은 부정적으로 사고하는 경향이 있고 다른 대안이나 다른 결과를 고려하지 않는다. 이런 사고방식의 결과가 바로 우리의 행동이다. 이것이 진로 선택, 매일매일의 사업적 결정, 직업적 기능에 큰 영향을 끼친다.

결론을 말한다면 불안한 감정, 행동, 그리고 반응들은 부정적 사고에서 비롯되며, 자신의 직업적 잠재력, 세상과 자신의 입장 등에 대한 부정적 사고는 어린 시절에 발달한다. 자신이 어떤 부정적인 사고를 해서 부정적인 감정과 행동을 하게 되는지 파악하려면 아버지와 함께 했던 어린 시절의 정서 경험을 이해하는 것이 매우 가치가 있다. 다시 말하지만 우리가 아버지에 대해 얘기하는 것은 아버지를 비난하거나 책임을 떠넘기려고 하는 것이 아니다. 우리의 목표는 통찰과 지혜를 얻는 것이다. 그럴 때 일터에서 우리 안에 내재화되어 있는 아버지 요인을 변화시키려는 용기를 얻을 수 있다. 아버지를 비난하고 싶은 유혹이 생길지도 모른다. 하지만 그 길은 막다른 길이며, 그 길로 들어섰다가는 빠져나오기가 무척 힘들다. 자신의 부모, 특히 아버지가 인간관계가 좋지 않았다느니, 직업 선택을 잘못 했다느니, 경제적으로 무능했다느니 하면서 비난하는 사람들을 얼마나 많이 보아왔는가?

우리 스스로가 자신의 직업, 자기 자신, 그리고 자신의 삶에 대한 생각을 변화시키고, 새로운 생각을 만들어내고, 확장할 수 있다는 것을 이해하는 것이 불안이나 반사적인 삶에서 벗어나는 길이다. 어른들이 하루아침에 끊임없이 부정적으로 생각하고 세상을 불안한 눈으로 바라보게 되는 것이 아니다. 분노의 폭발, 약물 중독, 다른 사람을 기쁘게 해주려는 것, 갈등의 회피가 모두 이 단순한 불안 사고 사이클에서 비롯되는 것이다. 경력, 경제적 수입, 책임감 있는 지위로의 상승, 그리고 자기 가치감의 변화를 이끌어낼 행동의 변화는 모두 자신의 생각을 바꾸는 데서부터 시작한다. 지지하거나 인정해주지 않았고 참을성이 없었던 시한폭탄형 아버지와 오랫동안 살았던 경험이 자기 자신에 대한 잘못된 불안한 신념을 만들었으며, 그것이 직장과 개인생활에서의 자신의 역할에 배어 있는 것이다. 우리의 생각은 우리 삶에서 엔진 역할을 한다. 감정은 항상 그 생각을 따른다. 생각이 감정을 따르는 것이 아니다. 때로 우리의 생각은 너무나 빠르게 지나가고 의식되지 않기 때문에 인식하지 못한다. 인식하지 못한 채 그것에 단지 반응하고 느낄 뿐이다. 이런 생각을 멈추고 방향을 바꾸는 것은 결코 쉬운 일이 아닌 것은 분명하다.

## 생각을 멈추고 방향을 바꾸기 : 마라와 가쓰

오랫동안 조건화된 생각을 멈추고 방향을 바꾼다는 강력한 개념을 쉽게 설명하기 위해 마라와 가쓰의 사례를 들어 보겠다. 마라는 주기적으로 자기 자신에게 시한폭탄처럼 행동하는 경향이 있었다. 가쓰는 매일 하루종일 '걱정하는' 관리자였다. 이 두 사람 모두 자신의 사고 패턴을 변화시키고 내재화된 아버지 요인이 직업에서 바람직한 방향으로 작용하도록 재창조하는 방법을 발견하는데 성공했다.

**마라 이야기** 마라는 캘리포니아의 로스앤젤레스에서 일하는 서른네 살 된 사회복지사이다. UCLA를 졸업했고 이 지역사회에서 십년이 넘게 일을 해왔다. 마라는 일에 대한 부담이 컸기 때문에 또 다른 책임을 더 추가하고 싶지 않아서 결혼을 하지 않았다. 그녀는 동료와 내담자, 상사에게 성마르게 대하는 것으로 명성이 높아서 직장에서 더 이상 승진하지 못했다. 최근에 그녀는 자신의 업무 수행에 관한 연례 보고서를 받았는데, 거기에는 여성 '터미네이터' 라고 적혀 있었다. 그녀의 상관이 그처럼 가혹하게 비난한 것은 마라가 일과 내담자, 동료를 대하는 태도가 장난을 허용하지 않고 너무 진지했던 까닭이었다. 마라는 자신이 부딪치는 문제에서 좌절을 참아내는 인내심이 매우 부족했기 때문에 주위 사람들이 그녀를 따듯하다거나 다른 사람의 심정을 이해하는 사람이라고 보지 않았던 것이다. 수년 동안 그녀는 계속해서 '공격적으로 말한다, 요구가 많다, 융통성이 없다, 직업상의 불화를 참지 못한다, 성격이 강하다' 는 말을 들어왔다. 마라는 상사의 권유로 나를 보러 왔다.

나는 마라에게 아버지와의 관계에 대해 물어보았고, 그녀는 다음과 같이 대답했다.

> 아버지는 제가 성장하는 동안 내내 화가 나 있었습니다. 직장에서는 모든 것이 위기였고, 집안에서는 모든 것이 엉망진창이라고 생각하셨지요. 어느 하나도 좋거나 괜찮은 것이 없었습니다. 아버지는 화가 나면 소리를 질러댔고 어머니와 저를 언어적으로 학대했습니다. 때로 아버지는 정말 미친 듯이 화를 내면서 어머니를 때렸습니다. 16살 때 아버지가 돌아가실 때까지 우리 집에는 항상 긴장이 감돌았습니다. 아버지가 돌아가셨을 무렵에는 이미 우리 가족은 엉망이었지요. 어머니와 저는 그 동안의 공격과 학대에 큰 충격을 받았습니다. 20년이 지난 지금도 제가 뭔가를 잘못할 때면 뒷통수에서 아버지의 목소리가 들려옵니다. 아버지가 했던 것처럼 제 자신이 내담자나 동료들에게 소리를 지를 때면 저는 정말 제정신이 아닙니다.

아버지가 돌아가신지 20년이 지났지만 현재 그녀의 삶과 직업적 상황이 아버지와의 관계와 어떤 관련성이 있는 것 같으냐고 마라에게 물어보았다. "저는 항상 그때 매일 밤 아버지가 소리를 지르고 야단치며 싸우는 것이 제 영혼에 어떤 충격을 주었을까 궁금해 했습니다. 어머니는 지금도 우울하시고 아버지의 죽음과 학대에서 회복되지 못하고 계십니다. 저는 남성 세계에 사는 여자이기 때문에 아버지처럼 공격적으로 행동하게 되었어요. 여자로서, 저를 비판하는 남성들과 함께 일한다는 것은 결코 쉽지 않습니다. 그 덕분에 저는 직장에서 빨리 진급을 할 수가 있었고 내담자들을 이끌 수가 있었지요." 마라는 이렇게 대답했다.

일관성 있게 나타나는 불안 사고의 사이클을 논의한 후에, 마라는 시한폭탄형 아버지 밑에서 성장한 결과와 그것이 자신의 일에 어떤 영향을 주고 있는지 깨닫기 시작했다. 자신의 시한폭탄형 태도가 삶에 도움이 되는 긍정적인 힘이 아니었다는 것을 보기 시작한 것이다. 사실 직장에서 형편없는 수행 보고서를 받았을 때 경험했던 거부의 고통과 느낌은 자신의 태도를 다시금 생각하게 하는 촉매 역할을 한 셈이다. 그녀는 자신의 끊임없는 분노, 좌절에 대한 참을성 부족, 자기 의심, 그리고 집중력 부족도 다루기 시작했다. 이런 문제가 발생한 까닭은 상황을 너무 지나치게 걱정했기 때문이었다. 그녀의 불안은 그녀가 살아남아야 했던 학대당하고 폭발적이었던 배경에 근거하고 있다. 그녀는 직장에서 자신이 하는 행동들이 어린 시절의 경험에 뿌리를 두고 있다는 생각을 이전에는 한 번도 해본 적이 없었다. 그 어린 시절의 경험들이 자신이 알고 있던 것보다 더 많이 직업적 관계와 업무 수행 태도를 형성하는데 영향을 주었던 것이다.

그 후 몇 달간 마라는 동료와 내담자들에게 더 협조하고, 공감하고, 참을성 있는 태도로 대하려고 노력했다. 그러자 이전보다 불안이 줄어들고 보다 효과적이고 생산적으로 행동하고 있음을 발견하게 되었다.

또한 그녀가 매력을 느꼈던 남자들 중 일부가 그녀와 데이트를 하고 싶어 한다는 것을 발견했다. 그녀의 불안은 상당히 감소했고, 사람들을 공격하는 태도는 크게 줄어들었다.

**가쓰 이야기** 가쓰는 현재 42세로, 시카고에 있는 법률 회사에서 근무하는 사무 변호사이다. 고등학교를 다닐 때부터 심한 불안, 공황 발작(심장 박동이 빨라지고, 호흡이 곤란해지고, 시야가 흐려지며, 죽을 것 같은 두려움을 동반하는 증상), 대인 공포(다른 사람과 대화를 나누거나 사람이 많은 장소에 대한 두려움), 심한 수줍음, 거부에 대한 만성적 두려움으로 고생하여 왔다. 이런 증상은 법정 서류 마감 시, 조서를 받을 때, 동료와 대화를 나눌 때, 상대편 변호사와 함께 있을 때 심해지곤 했다.

가쓰는 캘리포니아 북부의 조그만 바닷가 마을에서 3형제 중 맏이로 성장했다. 그의 아버지 데이빗은 1950년부터 1980년대까지 항공 엔지니어로 일을 했었고 1988년에 은퇴했다. 데이빗은 전형적인 시한폭탄형 아버지로서, 항상 큰 소리로 야단치며 아들들을 훈육했다고 한다. 밤마다 아버지는 가쓰의 어머니와 자식들에게 폭발하듯이 욕을 퍼부었는데, 가쓰는 늘 이를 두려워하면서 컸다. 가쓰에 따르면, 자기가 맏이였기 때문에 아버지에게 가장 호되게 야단맞았다고 한다. 가쓰의 사례에서 가장 특이한 점은 가쓰 자신은 시한폭탄형 아버지와는 정반대인 어른이 되었다는 것이다. 마라는 공격적이고 강한 성격의 사람이 되었던 반면, 가쓰는 수동적이고 복종하는 성격의 사람이 되었다. 이런 차이만 보면 서로 다른 아버지 유형의 결과일 것 같지만 사실은 그렇지 않다는 것이 흥미로운 점이다. 마라와 가쓰는 같은 유형의 아버지에 대한 두려움에 서로 다르게 반응한 것이다.

가쓰는 매우 지적이고, 말을 잘하고 글을 잘 썼으며, 협상에도 능했다. 그는 최근에 회사에서 다른 사람들을 기쁘게 해주려는 성격(갈등을 피하고, 거절을 못하고, 수동적이고, 다른 사람의 인정을 구하는) 때문에 파트너십 심사에서 떨어졌다. 가쓰는 지난 15년간 파트너가 되기 위해 쉬지 않고 일했다. 그가 의뢰인을 만나는 시간은 일 년에 평균 2,500시간 내지 2,600시간이나 된다. 이렇게 하려면 무려 일주일에 50시간 이상 고객을 만나야 한다. 그리고 모든 사건에서 믿기 어려울 정도로 뛰어난 업적을 보였다. 파트너가 되는데 실패한 후 고객과 일을 하러 가는 길에 심한 공황 발작이 시작되었다. 가쓰는 자기에게 무슨 일이 일어난 것인지 발견하고 이해하기 위해 LA까지 나를 찾아왔던 것이다.

가쓰에게 2달 전에 파트너 자리에 떨어진 뒤 무엇이 그렇게 겁이 났는지 물어보았다. 가쓰는 이렇게 대답했다.

> 저는 성공하지 못할까봐 늘 걱정해왔습니다. 제게 가장 중요한 것은 변호사라는 직업이고, 변호사 일이 제 모든 것입니다. 아버지는 제가 파트너가 되지 못했다는 소식을 듣고 큰 소리로 웃으면서 나에게 결코 법정 변호사가 되지 못할 것이라고 말하더군요. 아내 역시 매우 비판적으로 내년에 다시 떨어지지 않으려면 자기주장 훈련을 받아야 할 필요가 있다고 말했습니다. 이것이 끔찍한 실망감을 안겨주었습니다. 전 승진하기 위해 일주일에 평균 6일을 일했죠. 그런데 이제 파트너가 될 수 없다는 두려움이 날 움켜쥔거죠. 시카고에 있는 수석 경영 파트너는 다른 사람을 기쁘게 해주려는 저의 성격과 행동 때문에 반대표가 2표 있었다고 말해주었습니다. 저를 반

대한 두 파트너는 제가 국제 로펌에서 파트너가 받는 압박감을 견뎌 낼 수 있을 만큼 강하지 않다고 생각한 거죠. 사실입니다. 저는 아주 예민하죠. 그 덕분에 지금까지 살아올 수 있었지요. 저는 직장에서, 아버지와 함께 사는 집에서 평화를 유지했습니다.

나는 가쓰에게 그의 만성적인 불안, 부정적 감정, 재앙적 사고가 새로운 행동이냐고 물어 보았다. 그가 대답하길, "절대 아닙니다! 오랫동안 그렇게 느꼈죠. 하지만 파트너로 승진하겠다는 소망 때문에 이런 감정들을 통제할 수 있었습니다. 이제 제 동료, 의뢰인, 그리고 파트너들이 나를 더 이상 존경하지 않거나 저를 유능한 변호가가 아니라고 생각할까봐 걱정이 됩니다. 변호사 일을 그만두고 몬타나에서 플라잉 낚시 강사나 해볼까 하는 생각이 들어요. 뚱딴지같은 소리로 들리겠지만, 사람들에 대해서, 사람들이 나를 어떻게 생각할지에 대해서, 그리고 성공하는 것에 대해서 걱정하고 염려하는 것에 이제는 지쳤습니다. 제가 소진되어 버릴 것 같이 느껴집니다. 그 투표 이후로 내 아내는 어릴 적 아버지가 제게 했던 식대로 저를 대합니다. 내가 어리석고 나를 반대한 파트너에게 대놓고 말도 못하는 겁쟁이라고 생각하죠. 나는 아내의 말에 동의하지 않습니다. 나를 늘 비판하는 아내와 아버지에게 화가 납니다."

그 후로 12개월 동안 가쓰는 업무상 로스엔젤레스에 올 때마다 나를 보러와서 자신의 불안한 생각들을 탐색했다. 처음으로 그는 자기가 일하는 방식이 자신을 붙잡고 있다는 것과 그것을 빨리 바꿀 필요가 있다는 것을 깨닫기 시작했다. 또한 아버지의 영향과 자신이 경험한 만성적 불안 간의 관련성을 처음으로 알게 되었다. 가쓰는 자기 의견을 보다 잘 표현하게 되었고 동료들이 자신을 어떻게 보는지에 대해 걱정을 덜 하게 되었다. 그리고 어린 시절의 경험에 의해 형성된 부정적 사고 사이클을 중단했다. 그러자 자기 자신, 자신의 일, 그리고 세상을 바라보는 시각이 변하기 시작했다. 가쓰의 아버지와 아내는 그의 변화를 보면서 입을 다물지 못했다. 다음 해 파트너십 투표에서 가쓰는 마침내 그 회사의 파트너로 선출되었다.

## 요약

아버지의 영향력을 변화시키는 첫 단계는 정상적인 반응 패턴을 인식하는 것부터 시작한다. 즉, 알버트 엘리스가 정리한 다음의 사이클이다.

사건 → 생각 → 느낌 → 행동

우리의 마음이 작동하는 방식에 대한 이 단순한 도식을 아는 것이 우리 삶의 질을 형성하거나 변화시키는데 큰 도움이 된다. 단순하게 들리지만 자신의 사고 사이클을 이해하고 변화시키는 것은 엄청나게 중요하다. 우리가 불안하거나 스트레스를 받았을 때 일어나는 생각은 너무 빨리 지나가기 때문에 통제하거나 변화시키기가 불가능해 보일 수 있다. 대개는 불편한 상황에서 생겨나는 자신의 오래된 부정적 사고를 인식하는데 초점을 맞추고 이를 거부하도록 하라. 이때 느껴지는 새로운 바람직한 신체적 정서적 느낌이 변화를 위한 정보와 도구가 될 것이다. 앞의 도식은 왜 우리가 어떤 행동이나 반응을 하는지를 설명해

준다. 이 인지 사고 모델을 활용해서 자신의 내적인 대화와 생각이 어떻게 작동하는지 이해하면 많은 미스테리를 풀 수 있다.

또 하나 중요한 열쇠는 자신의 생각과 신념을 이해하는 것이다. 종이를 펴놓고 자신의 행동을 지배하는 신념을 적어보도록 하라. 예를 들면, 우리가 점잖게 행동하지 않으면 사람들이 우리를 좋아하지 않을 것이라는 신념이 있을 수 있다. 또는 외부의 도움이나 지원없이 자신의 업무를 처리할 수 있는 능력을 가져야만 한다고 믿을 수도 있다. 이런 신념들이 자신의 직업상 선택과 유능함을 방해하는 장애물을 만든다. 자신의 개인적 신념을 적을 때 자신의 사고방식과 행동방식을 확인하는데 도움이 되도록 이 장의 초반에 소개한 용어들 — 최소화, 선택적 추상화, 과장, 재앙화 —을 사용할 수 있다.

자신의 아버지 유형을 더 이해했다면 그 정보를 현재 생활에 적용해보도록 하라. 우리의 사고방식이야말로 내재화된 아버지 요인을 변화시키고 우리의 경력에 변화를 가져다 줄 티켓이다. 자신의 정신적 정서적 처리 과정의 기제를 발견할 때, 우리는 삶의 방향을 우리 마음대로 조절할 수 있다. 대부분의 사람들은 궁극적으로 이런 통제력과 힘을 갖길 원한다. 당신도 원하는가? 원한다면 이 책을 계속 읽도록 하라. 이 장의 개념들이 두렵게 느껴진다면, 이 장을 다시 읽으면서 어떤 정신적 정서적 장애가 있는지 살펴보기 바란다.

# 수동형 **아버지**

## 자녀들은 인간관계에 소극적이며 정서적 유대감을 갖기 어렵다

6

항상 아버지가 이상하다고 생각했습니다. 아버지가 흥분한 모습을 본 적도, 슬퍼하는 모습을 본 적도 없습니다. 아무런 감정도 보여주지 않았습니다. 아버지가 감정을 표현했었다면 제게 도움이 되었을 것입니다. 항상 변함없이 차분했습니다. 전 아버지가 단순하고 진솔하게 삶을 대하길 바랐습니다. 아버지는 우리 가족이나 오늘날 제 삶에 관련된 모든 요구들을 이해한 적이 없었습니다.

:: 데이비드, 37세

아버지는 귀가하시면 곧장 거실 소파로 가셨죠. 저녁 내내 소파에 앉아 신문이나 TV를 보면서 보냈어요. 우리는 항상 아버지가 소파에 앉아 죽었거나 자고 있을 거라고 농담했죠. 제가 기억하는 아버지는 이것입니다. 항상 아버지에게 더 많은 관심과 보호를 받고 싶었어요. 그랬다면 제 인생은 아마 많이 달라졌을 겁니다.

:: 브렌다, 54세

father

factor

수동적인 아버지 유형은 앞의 두 아버지 유형과 완전히 다르다. 이 유형의 아버지는 가족이나 직업, 개인적 문제에 대해 노골적으로 얘기하지 않으며 특히 공격적이지 않다. 대중 매체나 주류 문화는 이런 유형의 아버지를 유행시켰다. '1950년대 〈비버는 해결사, 아버지가 가장 잘 알아(Leave It to Beaver, Father Knows Best)〉라는 프로그램에서 감정을 자제하는 오지 넬슨'이 수동적인 아버지 유형이었다. 그는 안정되고, 일관성 있고, 열심히 일하고, 조용하고, 감정을 자제하는 아버지 역을 연기했다. 이 남자는 자녀나 동료, 친구에게 파괴적인 행동이나 학대하는 말을 일체 하거나 생각하지 않는다. 이 아버지는 삶의 관찰자이며, 가족의 주변을 맴도는 경향이 있다. 감정을 표현한다는 것 자체가 이들에게는 낯설고 자신들의 세계관이나 성격과 어울리지 않는다.

수동적인 아버지는 자녀에게 정서적으로 거리를 두었다. 그러다 마침내 1960년 말에 이르러, 그동안 억제되어 왔던 아버지와 자녀간의 정서적 유대감을 원하는 인간의 기본 욕구로 인해 사랑과 친밀함을 추구하는 문화가 불같이 번져나갔다. 하지만 모든 아버지가 그 길을 따라간 것은 아니다. 소원한 아버지를 둔 자녀들은 자신의 정서적 욕구를 아버지가 아닌 다른 사람으로부터 충족해야만 했다. 수동적인 아버지의 자녀들은 의사소통을 하거나 의미 있는 인간관계를 형성하는데 자신감이 없다. 수동적인 아버지의 아이들은 잘 할 줄 아는 것이 많다. 직업윤리가 뛰어나고 안정감 있고 가치에 헌신한다. 하지만 정서적으로 거리를 두는 유산은 꼭 알고 넘어가야 할 중요한 문제이다.

### 수동적인 아버지, 그들은 누구인가?

전형적인 수동적인 아버지의 예를 들어보겠다. 이들은 대개 입사한 후 은퇴할 때까지 수십 년 동안 오직 한 회사를 다닌다. 이들은 일에 대한 헌신, 정직, 그리고 책임감을 중시한다. 이런 핵심 가치는 우리에게도 전해졌다. 이 유형의 아버지는 직업을 평가할 때 안정성을 최고로 중요하게 여기고 이를 기준으로 직업의 가치를 따진다. 이들에게 자녀를 키운다는 것은 자녀를 지원할 수 있는 훌륭한 재정적 지원자가 되는 것을 의미한다. 가정에서 어머니는 정서적 중개인이 되고, 아버지는 어머니의 계획과 결정을 재정적으로 지원한다. 수동적인 아버지가 가정의 정서 생활에 개입하는 일은 드물다. 특히 자녀를 양육할 때 그렇다. 이런 가정에서는 여성이 자녀를 돌보고 남자는 집을 떠나 일을 하는 것에 대한 무언의 합의가 있다. 이것이 가정의 기준이고 노동의 역할 분담이다.

수동적인 아버지는 자녀의 치과 병원 진료에, 학부모와 교사 모임에, 생일 파티에 가는 일이 결코 없다. 사랑이나 관심이 부족해서 개입하지 않는 것이 아니다. 아버지가 정서적으로 개입하는 것이 자신 또는 자기 세대의 관점에서 보면 익숙하지 않은 것뿐이다. 이 시대의 남자들은 가족의 정신 건강에 자기가 중요한 부분을 차지하고 있다는 사실을 잘 모르고 있다. 그것은 분명히 어머니의 영역이고 어머니가 해야 할 일이라고 생각한다. 이런 아버지는 전형적으로 일과 가정을 분리한다. 마치 정치와 종교를 분리하는 것과 비슷하다. 각자의 영역이 있다. 비유하자면, 아버지는 회의실에 에너지를 투자하지 거실에 에너지를 쏟지 않는다.

이런 시기를 흔히 '베이비 붐' 세대(1946년부터 1964년까지•)라고 부른다. 이 시기에는 유례없는 경제 성장, 핵가족의 확대(가구당 2.2명의 자녀), 주택 건설 붐, 제2차 세계대전의 승리에 따른 세계적인 발전 등이 특징이었다. 1960년대와 1970년대 초반에 이르자 직장과 가정, 사회적 활동 무대에서 남성과 여성의 전통적인 역할에 서서히 반발이 일어나기 시작했다. 여성과 아이들은 수동적인 아버지를 답답하게 여기고, 건강한 정서 발달에 장애가 된다고 보았다. 이러한 아버지들은 대개 가정 내에서 자신의 행동이 왜 그런 정서적 고통과 갈등을 일으키는지 이해할 수 없었다. '좋은 지원자'가 되기 위해서는 자녀를 보살피고 신

• 한국에서는 6.25 전쟁이 끝난 1955년부터 1963년 사이를 베이비 붐 세대라고 하며, 여기서 기술된 베이비 붐 세대나 수동적인 아버지와 관련된 변화는 한국에서는 10년 정도 뒤에 일어났다고 보는 것이 타당하다.

체 활동을 함께 하고 신체 접촉을 자주 해야 한다는 사실을 대부분의 아버지들이 알지 못했다. 그러나 주의해야 한다! 아무도 이 수동적인 아버지 유형을 비난하면 안 된다. 수동적인 아버지 유형은 남성이나 여성 모두에게 오랫동안 받아들여졌고 존중받았던 유형이다. 자기 아버지나 가족의 과거를 되돌아 볼 때 아무에게도 손가락질하지 않는 것이 매우 중요하다. 다른 사람을 비난하는 것은 자신의 성장을 돕기는 커녕 오히려 분노만 키울 뿐이다.

## 베이비 붐 세대의 아버지 – 그는 누구인가?

가족 연구의 개척자이자 전문가이며 이론가인 머레이 보웬 박사에 의하면, 1945년부터 1980년에 이르는 기간 동안 전체 핵가족의 50 퍼센트 이상에서 수동적인 아버지가 발견된다고 한다. 최소한 4가지 아버지 유형(즉 성취지상주의 유형, 시한폭탄형, 부재형, 배려하는 멘토형)이 더 있는데도 불구하고 수동적인 아버지 유형이 절반이 넘는다는 것은 엄청난 비율이다. 나머지 4가지 유형은 약 40 퍼센트 정도가 된다. 역사를 보면, 이 시기 이전의 아버지들은 정서적으로 더 소원하고 경제적으로 더 힘들었다. 베이비 붐 시기에는 남자들에게 엄청난 취업 기회가 생겼고, 여성들에게는 마침내 경계를 넘어 남성이 장악하고 있던 직업(법률, 의학, 법 집행, 공공 서비스 등) 분야에 뛰어들기 시작하는 계기가 되었다. 비록 소수이기는 하지만 처음으로 여성들이 교사, 간호사, 사회 복지사 같은 전통적인 여성 역할을 벗어난 직업을 생각할 수 있었다. 이 시기의 직장인들은 대부분 근무 시간이 길었고, 출장을 많이 다녔고, 이혼하지 않고 한 가정을 형성하는 특징이 있었다. 직장과 일, 가정생활이 매우 안정되고 단순했던 시기였다.

어머니들은 가정의 정서적 짐을 떠맡았다. 소수의 여성들이 직업 세계에서 남다른 성공을 했음에도 불구하고, 아버지들은 여전히 가족을 부양하는 책임을 지고 있었다. 많은 여성들이 직업을 요구하고 더 이상 자녀의 정신 건강과 성장의 짐을 혼자 질 수 없다고 요구할 때까지 이런 질서를 의문시하는 사람은 없었다. 베이비 붐 세대의 부모들은 이제 일흔이 넘어 황혼에 접어들었지만, 여전히 전통적인 남녀의 역할이 그들 삶의 규범이며 가정의 패턴이다. 아직 자녀들이 집에 있다고 해도, 수동적인 아버지들은 대개 교회나 교구에 소속되어 주말이면 지역사회 활동에 적극적으로 참여한다.

수동적인 아버지의 모든 활동과 문화적 신념은 바람직하지 않게도 아버지와 자녀들 간의 관계를 단절시켰다. 오늘날의 환경에서 볼 때 오지는 해리엇•을 행복하게 해줄 수 없다. 헤리엇은 오지가 리키와 데이빗의 삶에 정서적으로 더 참여해줄 것을 기대한다. 수동적인 아버지의 특징은 말보다 행동을 통해 사랑을 보여준다는 점이다. 이런 행동 패턴은 이 세대의 직장인들이 직장과 가정에서 사람들을 대하고 행동하는 방식을 말해준다.

수동적인 아버지의 자녀들이 직장인, 부모, 배우자로서 자신의 역할에 아버지의 가치를 그대로 받아들일 때 위기에 처한다. 자신의 가치, 생각, 느낌을 정서를 담은 말로 표현하거나 옮겨놓지 못하는 것이 수

• 이 장의 처음에 언급했던 'Leave It to Beaver, Father Knows Best'라는 프로그램에서 오지의 부인 역. 리키와 데이빗은 그들의 자녀이다.

동적인 아버지 유형으로부터 학습되고 물려받은 유산이다. 모든 연령의 사람들에게 있어 정서를 차단하는 것은 자신의 삶과 경력에 상당히 큰 문제가 된다.

성공을 거두려면 다른 사람과 의사소통하는 능력과 더불어 프로젝트, 동료, 그리고 자신의 일과 정서적으로 접촉하는 능력이 필요하다. 수동적인 아버지 유형에게는 이런 자질이 부족하다. 정서적으로 거리를 두는 행동 패턴이 반복되는 것이 주요한 장애이다. 수동적인 아버지들은 오늘날 많은 직장인들이 직면하는 정서적 요구를 겪은 적이 없다.

이 시대는 직업상의 변화가 많고 결혼 생활도 과거와 달라졌으며, 부부가 가사의 의무를 분담하고 정서를 표현하고 친밀하게 사람들을 대하는 것이 필요하다. 이런 변화와 요구가 수동적인 아버지의 자식들에게는 두려운 일이 된다. 아버지의 직업윤리나 삶의 경험은 이런 요구에 '부응하고' 편안함을 주기에 부족하다. 깊은 절망감이 회의실, 사무실, 팀 활동, 그 밖의 직업 생활에서 느껴진다. '어떻게 다른 사람의 생각과 감정을 함께 느끼고 의사소통하고 이해할 것인가?' 하는 질문이 거대한 불안으로 다가온다.

이 자녀들이 아버지에게 물려받은 것은 참 많다. 하지만 결정적인 주요한 결함은 이들의 인간관계의 특성이라고 할 수 있는 정서적 거리감이다.

## 패트, 마크, 로라 : 3대의 아버지 요인

수동적인 아버지 밑에서 자란 결과를 온전히 이해하기 위해서 퇴직한 할아버지 패트(82세), 패트의 아들인 직장인 마크(56세), 그리고 막 대학을 졸업한 손녀 로라(23세)의 관계를 살펴보자. 패트는 전형적인 수동적 유형의 아버지로서 존경받을 만한 삶을 살았다. 55년간 행복하게 결혼 생활을 했고, 항공우주산업 분야에서 위성 개발에 참여하여 뛰어나고 만족할 만한 경력을 쌓았다. 세 자녀와도 좋은 관계를 유지했다. 사실, 마크는 아버지가 인생에 대해 불만을 토로하거나 가족에게 심하게 화내는 것을 본 기억이 없다. 마크는 성장하면서 아버지가 인생에서 중요한 모든 것을 다 가졌다고 확신했다. 그럼에도 불구하고 마크의 전반적인 인생 경험은 아버지의 인생과 매우 달랐고 그것이 그를 심히 괴롭혔다.

마크의 삶은 아버지의 인생에 비해 훨씬 힘들어 보였다. 투자 은행원인 마크는 최근에 자기가 좋아하는 회사에서 퇴출당했다. 그는 자신의 직업적 장애물로 인해 고생을 겪었고, 그 결과 항상 재정적인 손실을 입었다. 게다가 몇 년 전엔 로라의 엄마와 이혼을 했다. 재혼하긴 했지만 여전히 전형적인 이혼 뒤의 문제, 즉 전처를 부양해야 하는 것과 로라의 애정과 시간을 놓고 전처와 경쟁하는 문제로 시달리고 있다.

마크는 자신의 직업과 삶에서 더 앞으로 나아가려면 중대한 변화를 해야 할 필요가 있다는 것을 알았기 때문에 상담받으러 왔다. 마크는 자신이 실패자인 것 같고 우울하게 느낄 때가 자주 있다고 말했다. 자신의 인생과 아버지의 인생을 자주 비교하면서 자신이 부족하다고 여기고 있었다. 아버지와 비교하면 매우 우울해졌고 절망감을 느꼈다.

그의 딸과 전처는 마크에게 그가 거리감이 느껴지고 냉정하다고 여러 차례 얘기했다. 로라는 결코 아버지를 위해서는 일하지 않을 것이며, 그 이유는 그가 의사소통을 하지 않는 사람이기 때문이라고 여러 차례 아버지에게 말하곤 했다. 의사소통 양식에 대한 이런 식의 언급은 마크에게는 새로운 정보도 아니었고 놀랄 일도 아니었다. 사실 퇴출되기 전에 마크는 함께 일하는 동료로부터 직장 동료들이 마크를 친절하지 않다고 보고 있고 마크가 그들의 프로젝트에 관심을 갖지 않는 것 같이 느낀다는 충고를 들었다. 마크는 다른 사람들에게 진심으로 관심이 있다고 말했다. 그에 따르면, 마음속에서 느끼고 있는 긍정적인 생각, 지지, 타인을 인정하는 감정을 전달하지 못하는 것은 수치심 때문이었다.

마크는 이러한 의사소통 문제에 대해 아버지인 패트와 상의하려 했다. 하지만 마크가 진심어린 대화를 나누려고 시도했을 때, 패트는 늘 하던 대로 행동했다. 두통이라도 있는 듯이 앞이마를 문지르며 마크에게 "걱정하지 말아라. 모든 것이 잘 될 거니까." 하고 말했다. 바로 이런 감정의 차단을 경험하면서, 마크는 정서적인 색채가 있는 문제에 대한 자신의 감정과 생각을 다른 사람과 나누지 않는 것을 배웠다. 마크가 열 살 때 리틀 야구 올스타 팀에 선발되지 못해 크게 실망했던 적이 있었다. 울면서 집에 와서 아버지에게 달려갔는데, 패트는 아들을 다독거리거나 실망을 표현하도록 놔두거나 심지어는 울보라고 야단치지도 않았다. 패트는 눈물을 못 본 척하고 전혀 다른 주제를 얘기하기 시작했다. 이것이 감정을 다루어야 하는 상황에서 패트가 자녀, 아내,

동료들에게 반응하는 방식이었다.

삶과 사업에 대한 마크의 태도는 이런 초기의 실망과 좌절에 많은 영향을 받으면서 형성되었다. 마크는 딸 로라가 자신이나 할아버지 같은 사람이 될까봐 걱정을 많이 했다. 로라에게 이런 문제를 얘기했을 때, 로라는 공격적인 어투로 아버지가 형편없는 의사소통 역할 모델이라고 비난했다. 마크는 로라를 데리고 치료를 받으러 왔는데, 의사소통을 하지 못하고 타인의 정서를 인식하지 못하는 아버지 유산을 다루기 위해서였다. 그들은 이혼, 직업, 둘 간의 관계에 대한 자신들의 생각과 감정에 몰입하기 시작했다. 이들은 수동적인 아버지 유형이 많은 장점(즉, 강한 직업윤리와 안정감)이 있다는데 동의했다. 하지만 정서적인 거리감과 의사소통의 부족은 극복해야 할 부분이다.

치료를 받으면서 마크는 직업과 딸에 관련된 행동 방식을 변화시키기 시작했다. 마크는 다른 사람의 감정을 인식하고 공감하는 것이 중요하다는 것을 알게 되었다. 이제 그는 기업체의 뮤추얼펀드 계정 매니저로 취직했고, 새 직장에서 이전보다 더 만족해하고 있다. 그는 취업 면접 과정에서 동료들과 의사소통을 하고 감정을 공감할 수 있는 능력이 향상되었다는 것을 강하게 느꼈다고 말했다. 고용주는 그가 이런 점을 표현한 것을 소중한 장점으로 평가했다. 이러한 정서적 통찰이 그를 다른 후보자와 구분시켜 주었고, 그 결과 좋은 직장을 얻고 직업상의 도약을 이룩했다.

로라와 마크는 처음으로 주말에 식사를 함께 하면서 사적인 문제와 가족 문제를 얘기했다. 이전까지는 피상적이고 사소한 문제 외에는 결코 얘기를 나눈 적이 없었다. 로라는 동료와 상사를 대하는 태도가 좋아졌다고 보고했다. 그녀 역시 동료들뿐만 아니라 개인적인 관계나 연애 관계에서도 거리를 두고 있다는 사실을 깨닫기 시작했다. 로라는 청소년기와 20대 초반 내내 아버지와 거리감을 느끼면서 정서적으로 자신에게 아무런 도움이 되지 않았다고 아버지를 비난했다. 이제 마크는 로라와의 관계를 깊게 하려고 노력하고 있으며, 그녀는 정서적인 것에 대한 거부감과 형편없는 의사소통 방법을 개선해야만 한다. 마크와 로라는 모두 인간관계에 정서적으로 참여하는 것이 가치 있고 중요하다는 것을 깨닫기 시작하면서 변하고 있다.

## 유산을 변화시키기 - 무관심을 극복하기

수동적인 아버지의 자녀들은 자신의 생각과 감정을 어떻게 해소하고 이해하고 전달해야 하는지 궁금해 하면서 성장한다. 정서와 감정을 간과하고 회피하도록 학습된 행동으로 인해 사적인 영역과 직업에서 만나는 사람들을 무관심하게 대하며, 이런 문제는 오래 지속된다. 개인의 정신 건강 수준은 (1)자신의 감정과 생각을 명확히 알고 통찰하는 능력과 (2)이런 생각과 감정에 열정과 공감을 담아 표현하는 능력에 의해 정해진다. 5장에서 우리가 반응하는 방식에 대해 알버트 엘리스가 발표한 인지 사이클(사건 → 생각 → 느낌 → 행동)을 논의했다. 우리에게 실제로 일어나는 인지 사이클을 알려면 자신이 생각하고 느낀 것을 이해하고 처리하는 능력이 있어야 한다.

수동적인 아버지 유형의 유산을 극복하는 것이 대다수의 성인들에게 쉽지 않은 이유를 지금부터 자세히 살펴보자. 수동적인 아버지 유형은 고립되고 정서에 무관심하기 때문에 자동적으로 일곱가지 주요 장애물 중 두가지, 즉 동기의 저하와 실패에 대한 두려움을 만들어낸다.

어릴 때 욕구가 채워지지 않으면 자신의 욕구와 소망이 무시되는 느낌이 생긴다. 그러면 직장에서 동료를 대하거나 직업적 성장을 다루는 방식에 결함이 생기거나 그 중요성을 간과하게 된다. 무관심은 이해하거나 변화시키기가 매우 까다로운 심리적 현상이다. 표면상으로는 자기 인생이 멋있어 보일지 모르지만, 자신을 좋게 보지 않거나 정서 표현 능력이 매우 부족하다. 동기가 부족하고 실패를 두려워하는 것은 삶의 결정적인 순간이나 승진 기회 같은 고비에서 나타날 지도 모른다.

무관심의 개념은 마치 젤리와 같다. 젤리를 벽에 못질하여 걸어두기란 매우 어렵다. 정서적 무관심의 역학을 이해하는 것도 그만큼 어렵다. 정서적 무관심을 이해하는 다른 방법은 자신의 직업적인 혹은 개인적인 욕구나 소망에 대해 어떻게 느끼는지 생각해 보는 것이다. 자신이 품고 있는 생각, 꿈, 소망에 얼마나 많은 중요성을 부여하는지 면밀히 검토해보라. 여기에서부터 무관심의 사이클을 치유하는 과정이 시작된다. 많은 이들이, 성장하면서 경험한 무관심은 빼놓고 다른 것만 얘기한다.

내가 들었던 아버지의 무관심 중 가장 고전적인 사례는 내게 상담 받았던 지나(42세)였다. 그녀는 시카고 외곽에서 태어나 성장했다. 여섯 살부터 열세살까지 겨울이면 매주 수요일 오후마다 스케이트 수업을 받으러 가야 했다. 4번 중 2번 꼴로 아버지가 다른 형제들을 집에 데려다 놓고 마지막으로 지나를 데리러 왔는데, 수업이 끝나고 삼십 분에서 사십오 분쯤 지난 뒤에 왔다. 한 달에 한 번 정도는 지나를 데리러

오는 것조차 아예 잊어버렸다. 그럴 때면 지나는 수업이 끝나고 한 시간 쯤 지난 뒤에 집으로 전화를 걸어야 했다. 지나는 눈 내리는 어두운 거리에서 아버지가 데리러 오기를 기다리고 서 있어야 했다고 기억했다. 다른 아이들은 모두 수업이 끝나자마자 바로 부모들이 와서 데리고 갔기 때문에 부끄러움을 느꼈다. 어른이 되어, 지나는 동료나 친구들과 친밀한 관계를 형성하고 유지하는데 어려움을 느꼈다. 자기에게, 그리고 자신의 소망과 직업에 진정으로 관심을 가진 사람은 아무도 없다는 생각을 갖고 세상을 바라보고 있었다. 그녀는 이 장의 뒷부분에 있는 연습을 하면서 뿌리 깊게 박혀있던 무시당하는 느낌을 해결하기 시작했다. 지나는 지금도 여전히 눈 내리는 춥고 어두운 밤에 아버지를 기다리고 서있는 아홉 살짜리 소녀처럼 느껴질 때가 많다고 했다.

자기에게 무관심한 것은 수동적인 아버지 유형의 자연스러운 결과이다. 아이들은 같이 사는 어른들이 그들과 함께 있고 알아줄 때 사랑받고 보호받고 지지받는다고 느낀다. 지나는 아버지가 자신을 사랑하거나 돌봐준다고 느껴본 적이 없었다. 기본적인 욕구를 채워주긴 했지만 그 이상은 아무 것도 없었던 것이다. 무관심에서 생겨나는 정서적 문제 중 하나는 우울이다. 우울은 직업적 동기에 직접 영향을 끼치고 직업 세계에서의 실패에 대한 두려움에 불을 댕긴다. 무관심은 많은 경우 우울의 다른 표현이다. 정서적 무관심을 극복하기 위해서는 무관심과 우울의 감정을 파악할 필요가 있다. 성인의 우울과 연관된 다음의 사이클을 생각해보기 바란다.

무관심 ——→ 동기 부족 ——→ 실패에 대한 두려움 ——→ 우울

## 우울한 느낌을 인식하기

우울은 무관심에서 비롯된다. 우울로 고생하는 어른들은 사랑하는 사람들에게 무시당한다고 느낀다. 우울은 사랑받지 못했다거나 보호받지 못한다고 끊임없이 느끼는 감정 상태이자 사고 과정이다. 우울은 상실감을 느끼는 것이다. 이런 감정은 자신이 삶이나 직업에서 좋은 일이 생길 만한 것이 없다는 핵심 신념에 바탕을 두고 있다. 우울해지면 새로운 직업을 찾는 모험을 하거나 새로운 직장에 도전하거나 일에 창조적일 수 있는 용기나 희망을 갖기가 거의 불가능하다. 우울은 우울한 사람이나 그 주변 사람들의 에너지를 고갈시킨다. 우울에는 여러 수준이 있으며, 무엇보다 우울을 제대로 아는 것이 중요하다.

가족 중 누군가가 갑자기 사망했다거나 이혼이나 갑작스럽게 실직당한 사람이 우울하게 느끼는 것은 자연스러운 일이라는 점을 짚고 넘어가야겠다. 이런 상황은 일반적으로 그 기간이 제한되어 있고 성인을 괴롭히는 우울에서 나타나는 지속적인 슬픔이나 무기력의 느낌과는 다르다. 비통함은 외부의 사건이나 비극적 사건과 직접 연결되어 있는 우울의 또 다른 중요한 형태이다. 여기서 우리가 논의할 우울의 유형은 최근에 발생한 외부 사건과 직접 연결되어 있지 않고 직접적인 이유가 없는 우울이다.

미국 정신의학회가 펴낸 정신 장애의 진단과 통계 편람 4판(DSM-Ⅳ)을 보면, 우울이란 최소한 2년 동안 우울한 날이 그렇지 않은 날보다 더 많은 만성적 기분 장애라고 기술하고 있다. 우울한 기분에 젖어있는 사람들은 자신의 감정을 슬프다거나 '쓰레기 더미에 버려진' 느낌이라고 묘사한다. 이에 더해 이 기간 동안 최소한 다섯가지의 다른 증상들이 있어야 한다. 최근에 다음의 증상들을 경험했는지 체크해 보기 바란다.

___ 식욕 부진 혹은 과식 — 간편식(예 : 피자, 나쵸, 초콜렛, 모든 유형의 패스트푸드)을 갈망한다.

___ 불면 또는 수면 과다

___ 활력 저하 또는 만성 피로

___ 빠른 기분 전환 — 감정이 고양되다가 갑자기 슬프게 느껴진다. 갑자기 울음이 터져 나온다.

___ 낮은 자긍심 — 현재의 직업에서나 개인적으로 성공했음에도 불구하고

___ 집중력 저하 또는 우유부단

___ 절망감

___ 지나친 자기 비난

___ 직장에서 흥미가 저하되었거나 유능하지 못하다고 생각한다.

___ 알콜 사용의 증가나 남용, 합법적 혹은 비합법적 약물(예 : 진통제, 대마초, 각성제, 진정제)의 사용 증가

___ 신체 이미지 문제 — 체중의 증가나 체중 감소에 대한 지나친 염려

___ 직장, 취미 생활, 친구, 가족에 대한 흥미의 상실

___ 직장에서 동료나 고객을 피할 뿐만 아니라 친한 친구나 가족을 피한다.

___ 죽음에 대해 공상한다.

___ 멀리 떠나 삶을 혼자서 다시 시작하려는 공상을 하곤 한다.

___ 뚜렷하거나 합리적인 이유 없이 갑자기 일상생활을 바꾼다.

___ 직장, 직업, 돈 문제를 지나치게 강조하고 다른 개인적인 문제는 배제한다.

___ 가까운 사람들(부모나 가족, 동료, 자녀 등)이 자신의 기분 변화를 느낀다.

___ 직장에서의 에너지 저하 — 회신 전화를 하기 힘들거나 일상 업무를 하기 힘들다.

이 19가지 증상 중 몇가지나 갖고 있는가? 직장 동료들도 우리에 대해 우리와 똑같이 평가하고 있는가? 지난 2년간, 이들 가운데 5개 이상의 증상을 갖고 있을 때가 없었던 때보다 많다면 우리는 우울 사이클로 고생하고 있는 것이다. 우리의 직장생활과 개인 생활은 이 기분 사이클에 의해 직접 영향을 받는다. 주위의 누가, 자신이 이 우울 사이클을 겪고 있다는 것을 알고 있는가? 이 장을 읽고 난 뒤 주변에 있는 중요한 사람이나 가까운 친구에게 현재 자신의 정서 상태에 대해 꼭 얘기하라. 자신의 비밀(흔히 우울은 얘기하지 않는 문제이다)을 다른 사람에게 말하는 것은 절망의 계곡에서 빠져나오는데 실제로 도움을 주는 힘이 된다. 말하지 않고 정서적으로 위축되어 있으면 이 우울 사이클의 부정적 효과만 지속시킬 뿐이다.

수동적인 아버지 유형의 사람들은 우울을 약함의 신호 혹은 피해야 할 어떤 것으로 간주한다. 우울은 성격상 결함이나 인종적 단점, 혹은 약한 성격의 신호가 아니다. 우울을 이렇게 보는 것은 잘못된 것이며, 부인이라는 방어기제의 전형적인 형태이다. 우울 사이클은 삶의 경고 신호이다. 이 경고등은 변화해야 할 때가 되었다는, 이제는 다르게 행동해야 한다는 것을 알려준다. 많은 사람들이 아직도, 우울을 피해야 할 성질의 문제가 아니라 제대로 알아야만 하는 삶의 경험이라는 말에 저항한다. 1950년대의 아버지는 우울이 무관심의 신호이며 그로 인해 자연스럽게 발생한다는 생각을 한 번도 해본 적이 없다.

우울한 성격은 이런 증상이 심각하게 오래 지속될 때 형성된다. 때때로 기분이 '최고'가 될 때가 있듯이 때로는 기분이 '가라앉는' 것도 정상이다. 하지만 가라앉는 기간이 올라가는 기간과 같거나 그보다 길면 문제가 된다. 계속해서 경험하는 우울 증상이 오랫동안 지속되면 문제가 되는 것이다. 자기 자신에 대한 부정적이고도 무시하는 사고와 감정(앞에 든 증상들)이 자신의 처지에 대한 분노와 결합하면 항상 우울증이 생겨난다. 우울한 성인들은 일반적으로 자기 직업을 즐기지 못하고, 어떤 변화나 직업적 성공을 잘 참아내지 못한다. 이런 어른들은 자신의 경력 방향을 바꿀 힘이 자기에게 있다는 것을 깨닫지 못한다. 자신의 삶과 직업에서 가장 큰 비밀은 '변화할 수 있는 모든 힘을 갖고 있는 사람은 바로 나 자신이다!'는 것이다. 지금 어떤 감정을 경험하고 있든, 자신의 경력과 인생 과정을 바꿀 수 있는 잠재력과 힘은 바로 자기 자신 안에 있다는 것이 진실이다.

우리의 기분이 가라앉는 그 순간이 자기에 관해 그동안 몰랐던 정보가 풍부한 때이다. 우리의 인간관계와 업무 수행은 우리의 기분 변화에 의해 엄청난 영향을 받는다. 우울하게 느껴지는 때는 직업을 바꾸거나 직장을 그만두어야 하는 시간이 아니다. 오히려 자신의 우울한 사이클과 기분을 유발한 생각과 환경을 파악해야 하는 순간이다.

전문가로서의 경험에 근거해 볼 때, 동기가 부족하고 실패에 대한 두려움을 느끼는 것은 수동적인 아버지를 둔 자녀들 사이에서 표면적으로 나타나는 증상이다. 내면 깊숙이 있는 무관심이 고독감과 침울함을 유발하는 뿌리라는 점을 이해할 때 치유가 가능하다. 자기 패배적인 사고는 직장생활에서 동기를 발달시키고 위험을 감수하는데 있어서 장애가 된다.

## 자신의 기분과 인생 방향을 바꾸기

여기에서는 직업적으로 빠르게 성장하는데 필요한 변화 방법을 상세하게 다룰 것이다. 수동적인 아버지 유형의 우울하고 무관심한 특징을 제대로 파악하기 위해서는, 실패에 대한 두려움과 동기 부족이라는 두 장애물을 제거해야만 한다. 제설차가 시간당 60Km의 속도로 도로에 쌓인 눈을 치우는 장면을 본 적이 있다면, 어떻게 직업상의 장애물을 치워야 하는지 이해할 수 있을 것이다. 이 장애들은 주변에 잔재물을 남기지 말고 깨끗이 제거해야 한다.

지금까지 수동적인 아버지의 양상과 그 결과를 살펴보았다. 정서적 접촉이 부족하면 공허함이 생기고, 이는 많은 경우에, 직업에서의 열정 부족, 동기 부족, 그리고 내적 추진력 부족으로 나타난다. 나와 나 자신의 정서 상태가 변화할 때 내적인 추진력이 강해진다. 무관심과 우울이 자신의 업무와 경력에서 중요한 역할을 해왔다는 것을 인식하기 시작할 때 변화하기 위해 무엇이 필요한지 자연스럽게 알게 된다. 회사나 조직의 관리자나 CEO, 상사, 교사, 부모, 코치, 연구자들은, 왜 어떤 사람은 동기가 부여되어 있는데 왜 다른 사람은 그렇지 않은지, 어떤 직장인은 위험을 감수하는데 왜 다른 사람들은 위험을 마치 전염병 대하듯이 피하는지 궁금해 한다.

자기 자신의 기분을 변화시키는 여정을 시작하는 순간부터 많은 일들이 일어날 것이다. 그중 하나는 자신을 보다 긍정적인 시각으로 보게 되는 것이다. 자기를 의심하고 자신의 삶을 부정적으로 생각하는 것은 자신의 경력에 절망감을 느끼고 우울한 상태에 머무르게 하는 가장 빠른 방법이다. 성공을 향한 동기 부여는 자기 자신에 대해 어떻게 느끼는가 하는 것과 어떤 정서를 경험하는지에 직접 연결되어 있다. 사람들과 정서적으로 교류하지 않는다면 자기를 동기화시키고 자신의 경력과 삶에서 원하는 것을 추구하기가 매우 어려울 것이다. 행복하고 우울하지 않다고 보고하는 직장인들은 적절한 수준의 위험을 기꺼이 감수하고, 자신의 꿈을 좇으며, 열정을 갖고 성공을 지향한다. 정서적인 연결이 안 될 때 자신의 동기 향상을 방해하는 족쇄를 채우게 된다.

우리를 꼼짝 못하게 만드는 실패에 대한 두려움을 극복하고 동기를 향상시키는 것은 가능하다. 수동적인 아버지의 자녀로 성장한 성인이라면 의미 있는 변화가 자기 자신으로부터 시작된다는 것을 깨달아야만 한다. 자기를 발견하는데 필요한 가장 중요한 전제 조건은, 직업과 관련된 탐색을 할 때 다른 사람을 비난하거나 자신의 선택에 대해 낙담하지 않는 것이다. 그리고 어떤 판단이나 평가를 하지 않고 마음을 열고 호기심을 갖고 탐색하면서 통찰하는 것이다. 마크나 로라가 자신들이 경험한 모든 어려움을 아버지 탓으로 돌리는 것은 쉬울 수 있었다. 지나 역시 어린 시절에 자신의 정서적 욕구를 철저히 무시한 아버지를 원망하면서 평생을 보낼 수도 있었다. 하지만 마크와 지나는 남들에게 손가락질하려는 충동을 극복하고 자기 자신에 대해 깨달음을 얻음으로써 새로운 성장을 향해 나아갈 수 있었다.

## 직업상의 우울을 다루기

로라, 마크, 패트는 우울과 침울함으로 인해 고통을 받았다. 이들은 다음에 제시된 단계를 거치면서 감정의 문을 열고 자신들이 다른 사람들과 접촉할 능력이 있다는 것을 깨닫게 되었다. 마크와 지나는 통찰을 통해 더 넓은 시야를 갖게 되어, 직장에서의 실패에 대한 두려움과 동기 부족을 극복할 수 있었다. 지나와 마크는 사람과 기회로부터 도망치기보다는 그들에게 다가가게 되었다.

다음은 성공을 가로막는 우울과 자기 무관심을 제거하는 작업을 시작하기 위해, 우리 마음을 변화시키는데 도움이 되는 짧은 목록이다. 원하는 목록을 선택해서 복사한 후 앞으로 2주간 집중적으로 떠올리기 바란다.

- 모든 변화는 나로부터 시작된다. 나의 신념을 변화시킬 수 있는 사람은 나뿐이다. 크게 생각하자!
- 나의 과거, 현재, 미래에 대해 판단하고 평가하지 말자. 우울한 생각은 항상 과거를 바라보며, 미래를 긍정적으로 보지 않는다.

- (나이, 환경, 과거의 실패에 무관하게) 내 인생이 내 앞에 펼쳐져 있다는 것을 믿는다면, 나의 미래가 어떻게 되기를 바라는가?
- 이룰 수 없을 것이라고 항상 생각해왔던 성공과 출세의 가능성을 탐색해 보자.
- 남을 비난하는 행위를 중단하자. 이제 나는 성인이다.
- 나 자신을 다르게 바라보자. 남이 나에 대해 말한 것에 좌우되지 말고 내가 가진 가능성으로 나를 바라보자.
- 기회를 향해 나아가자! 기회를 피하지 말자. 성공의 과정에서 겪는 압박감을 참아내는 능력을 키우자.
- '침울하다' 고 느낄 때는 왜 그런 느낌이 생기는지 생각해 보자. 내 기분을 이해하는 것이 내가 선택한 진로에서 성공을 거두는데 매우 중요하다. 왜 그렇게 느끼는지 모르겠다는 생각을 받아들이지 말자. 그 문제와 해결책에 대한 단서와 방안은 항상 존재한다.

이 단계는 어려워 보일 수 있다. 왜냐하면 스스로 자신을 어떻게 생각하고 어떤 감정을 느끼는지 파악해야 하기 때문이다. 자기 자신을 좋게 생각하는 것은 무관심하고 우울하고 괴로움을 주었던 아버지 유형에서 벗어나는 것부터 시작된다. 그 다음의 중요한 단계는 자신의 삶에 대해 내적인 자신감을 갖는 것이다. 피드백을 별로 받지 못하는 수동적 환경에서 자랐기 때문에 자신감을 갖는다는 것이 어려워 보일 수 있다. 지금 하고 있는 일이 더 나은 성취를 향해 나아가는 단계라는 것을 깨닫는 것이 이 단계에서 가져야 할 가장 중요한 포인트이다. 앞으로 2년 뒤, 자신의 인생이 어떤 진로에 있기를 원하는가? 아버지의 유산을 지금의 직업과 미래에 도움이 될 수 있게 바람직한 에너지로 작용하게 하려면 어떻게 해야 할까? 어떤 정서와 행동을 피해야 할까? 이런 질문은 우리의 미래를 스스로 통제하도록 초점을 맞춰준다. 만일 우리의 삶과 경력을 우리 자신이 통제하지 않고 내면의 아버지 요인을 스스로 변화시키지 않는다면, 누가 그 일을 대신해 주겠는가?

예를 들면, 아버지가 자신에 대해 어떻게 생각하는지, 자신의 직업 선택에 대해 무슨 생각을 하는지 신경 쓰지 않는다고 말하는 사람들을 보는 것은 늘 흥미롭다. 대개는 그 반대가 진실이다. 이들은 아버지의 생각에 엄청 신경 쓴다. 다만 수동적인 아버지 앞에서 어찌할 바를 모르는 것뿐이다. 핵심은, 힘을 느끼고 갖는 것이 우리 외부에 있는 게 아니라 바로 자기 자신에게 달려있다는 것을 깨닫는 것이다. 아버지를 위시한 어느 누구의 견해보다 나의 견해가 가장 중요하고 가치 있다. 아버지와의 관계가 힘들지 않았었다 하더라도 내 삶은 내가 하는 선택의 연속이라는 점, 어느 누구도 내 삶을 선택해줄 수 없다는 점을 생각하라.

어떤 지위에 있든 간에 자신의 포부를 인식하기 시작하면 비밀스런 무관심과 우울 때문에 생겼던 동기 부족과 성공에 대한 두려움이 더 이상 문제가 되지 않는다. 자신의 과거, 현재, 미래를 상세하게 그려볼 수 있을 때 자신의 경력을 성장시키는 기초가 형성된다. 내면의 무관심과 우울 문제를 정면으로 다루는 것이 삶의 행로에서 느끼는 두려움과 동기 부족을 해결하는 유일한 길이다. 35세에서부터 60세 사이의 사람 중에 많은 이들이 우울로 인해 고통을 받고 있다는 사실은 흥미롭다. 이렇게 많은 사람들이 우울한 까닭은 이들 대부분이 1950년대에서부터 1970년대 사이에 수동적인 아버지 밑에서 성장한 것과 관련이 있다.

아버지의 유산이 우리의 발목을 잡을 이유는 없다. 만일 우리가 이미 선택한 직업과 삶에서 바람직한 방향으로 나아가고 있다면 아마도 이 책을 읽고 있지 않았을 것이다. 우리의 에너지를 자신의 가능성과 정서적 욕구에 초점을 맞추기 시작하면 성공과 실패에 대한 두려움은 흩어져 버린다. 이것이 동기 저하의 문제를 다루는 응급 조치법이다. 하지만 그 이면에 있는 우울한 감정, 생각, 아이디어를 없애주지는 못한다. 짐의 얘기는 동기의 부족과 실패에 대한 두려움이 어떻게 자신의 경력을 방해했는지 더 잘 보여줄 것이다.

## 짐의 변화

짐의 얘기는 고등학교 때부터 시작된다. 짐은 힘겨운 십대를 겪으면서 평균 성적 2.0을 받고 작은 사립학교를 졸업했다. 그런 뒤 주립대학을 다녔지만 첫 학기를 마치고 학교를 그만두었다. 짐의 아버지인 하비는 동기가 낮고 야망이 부족한 이유를 알아보기 위해 치료를 받으라고 내게 짐을 보냈다. 내가 짐을 만났을 때 그는 19살이었고, 대학 첫 학기의 평균 성적은 1.5점을 받았다. 학교를 그만두고 로스엔젤레스 시내에 있는 대형 슈퍼마켓에 냉동 음식을 취급하는 자리를 얻어 취직했다. 짐은 30세 미만의 직원들 중 감옥에 가거나 범죄 기록이 전혀 없는 유일한 직원이었다. 짐은 자기의 인생을 통제하지 않으면 이 골짜기에서 결코 헤어나올 수 없을 것이라는 사실을 깨달았다. 하비는 짐을 사랑하는 수동적인 아버지였다. 짐에게 거의 화를 내지는 않았지만 경제적인 도움을 중단하는 것 외에는 아들을 어떻게 도와주어야 할 지 몰랐다.

짐은 살고 있는 지역의 단과대학에 들어가서 야간 수업을 듣기 시작했다. 치료를 받으면서 짐은 성장기 동안 아버지와 정서적으로 매우 소원한 관계를 가졌다는 사실을 깨닫기 시작했다. 아버지의 관심을 받거나 함께 한 시간에 대한 기억이 없었다. 짐은 또한 우울과 불안을 줄이려고 대마초를 피우는 습관이 있었다. 짐은 성인으로서 성공적인 직업 경력을 획득하는 능력에 영향을 주고 있는 자신의 우울을 이해하고 해결하기 시작했다. 그리고 짐은 대마초에 중독된 것이 자신의 우울과 미래에 대한 두려움을 해소하기 위해 사용했기 때문이라는 점을 깨달았다. 비록 친구들에게는 대마초가 매우 인기 있었지만 그는 대마초를 끊었다. 짐은 '대마초 상용자' 라는 자신의 이미지를 성공을 추구하는 사람의 이미지로 변화시켰다. 이렇게 정신적인 변화를 가져온 것이 자신의 정서적 장애와 미래에 대한 동기 부족을 극복하는데 도움이 되었다.

짐이 취한 또 다른 중요한 단계는 그가 항상 원했고 희망했던 것, 즉 아버지가 자신의 정신적 지도자가 되어 주길 기대하는 것을 그만둔 것이었다. 짐은 자신의 삶에 책임을 지고 열정적으로 목표를 추구하기 시작했다. 그의 인생을 통틀어 뭔가에 열정을 갖고 흥분해서 해보기는 처음이었다. 그는 늘 영화 사업에 관련된 일을 하고 싶었지만 자신의 창조적 능력, 리더십 재능, 지적 능력에 대해 항상 회의를 품었었다. 2년 뒤 짐은 평균 성적 4.0을 받고 뉴욕대학교(NYU)의 영상학과에 58학점을 인정받고 편입했다. 그리고 2년 후, 짐은 이 학교에서 수석으로 졸업했다.

짐은 현재 할리우드에 있는 대형 영화 스튜디오에서 일하고 있으며 지난 2년간 여러 편의 대형 영화를 제작했다. 이제 29살인 그는 아버지의 유산을 긍정적인 힘으로 바꾸었다. 인생의 전환점에 대해 질문을 받으면 짐은 다음과 같이 말하곤 한다. "아버지가 나를 구할 수 없다는 것, 아버지가 나의 정서적 장애가 아니었다는 것을 진정으로 이해하기 위해 실패가 필요했습니다. 아무도 나를 구할 수 없었습니다. 어느 누구도 그런 일을 할 수 없기 때문에 내가 해야만 했습니다. 지금도 때로는 동기나 자신감 문제로 어려움을 겪습니다. 하지만 내가 나 자신의 운명과 행운을 만들어 낸다고 믿기 때문에 열심히 일합니다. 이제 아버지는 더 이상 내 인생의 장애물이나 내 직업의 수동적인 모델이 아니라, 앞으로 전진하고 있는 역할 모델입니다."

짐의 발전은 단순하고 쉬워 보일지 모르지만 사실은 그렇지 않다. 그는 스무 살의 나이에 자신이 아버지와는 다른 방식으로 삶을 대하고 있으며, 자신의 인생 경로를 바꾸기 위해서는 진지하게 생각해야만 한다는 것을 깨달았던 사람이다. 짐은 자신의 우울을 인식하고 자기 자신과 경력에 대해 생각하는 방식을 변화시켰다. 그가 더 이상 우울해하거나 자신의 미래와 과거에 대해 두려워하지 않게 되자, 자기 앞에 펼쳐진 하늘이 무한하다는 것을 알게 되었다.

우리의 경력에서 한계는 무엇인가? 우리 자신의 미래에 대해 더 이상 수동적이지 않고 두려워하지도 않는다면, 어떤 모험을 시도해 볼 것인가? 기억하라. 아버지의 유산과 나 자신의 인생 과정을 변화시키는 데는 너무 이르거나 늦은 때가 없다. 짐이 자신의 세계관을 바꾸고 더 나은 직업 생활과 개인적 생활을 선택해야 할 때라고 생각한 것은 스무 살 때였다.

무관심, 수동성, 거리감, 열정의 부족이라는 유산이 우리 성격의 일부가 될 필요는 없다. 동전의 뒷면을 발견해서 열정적으로 움직이고, 정서적 접촉을 추구하고, 동기를 높이고, 긍정적인 자아상과 세계관을 가질 수 있다.

# 부재형 **아버지**

## 자녀들은 버림받고 거부당한 경험으로 깊은 정서적 상실감을 가진다

7

나는 아버지와 나 자신에 대한 나쁜 감정 때문에 너무 힘들었다. 아이들은 성장하는 동안 아버지를 한 번도 보지 못하거나 차라리 아버지가 없는 것보다 더 나쁜 환경에 처하기도 한다. 내 삶에서 아버지가 부재했던 것은 아버지가 적극적인 존재인 것만큼이나 중요했다. 어느 쪽이었든 아버지는 내 인생에 정말 큰 영향을 미쳤다. 아버지를 본 적이 한 번도 없었고, 그것이 수치스러웠다.

:: 커티스, 49세

나는 부모님이 이혼하신 아홉 살 때까지 아버지와 함께 살았다. 아버지와 대화를 나누는 일이 드물었고, 이혼하시기 전이나 후에도 아버지에 대해 아는 것이 많지 않았다. 아버지는 이혼 후 동부 해안으로 이사 가셨다. 난 아버지가 곁에 없었던 것에 대해 매우 화가 난다. 아버지는 나에 대해 잘 모르셨고 집에 신경을 쓴 적도 없었다. 아버지는 재혼해서 다른 가정을 꾸렸다. 그 후로 몇 년 동안 아버지와 대화를 나누지 않았다. 이제 성인이 되었지만 지금도 아버지가 그립다.

:: 멜린다, 33세

father
factor

부재형 아버지의 자녀로 성장한 이라면 이미 자신의 경험이 삶과 직업에서 어떤 문제를 일으키는지를 고민해 보았을 것이다. 아버지가 부재한다는 것은 글자 그대로 부재한 것일 수도 있고 심리적으로 존재하지 않은 것을 비유하는 것일 수도 있다. 가장 약한 형태는 자녀에게 정서적으로 관여하지 않는 1950년대의 수동형 아버지와 비슷하다. 하지만 수동형 아버지와는 달리 부재형 아버지는 가족생활에서 벗어나 있고 그에 따른 책임감도 없다. 단지 정서적으로만 개입하지 않는 것이 아니라 가족생활에 참여하고자 하는 의지가 없거나 더 나쁠 수도 있다. 가장 기본적인 수준에서도 자녀와 교류하는데 관심이 없다. 이 아버지는 자녀의 삶에서 '떠났다.'

앞에서 다룬 세 유형의 아버지들(성취지상주의형, 시한폭탄형, 수동형)과는 달리 부재형 아버지는 자녀를 실제로 버린다. 혼란스러운 이혼, 어려운 자녀양육 상황, 혹은 긴장감이 감도는 결혼으로 인해 자녀가 거부되는 일이 있을 수 있지만 자녀를 완전히 버린다는 것은 대부분의 사람들에게는 믿기지 않는 일이다. 대부분의 이혼한 아버지들이 이혼 후에 오히려 자녀와 더 가까워지려고 노력하는데 비해 부재형 아버지 유형은 이혼 후에도 여전하다. 부재하는 아버지에게 거부당하는 경험과 그 경험의 인식을 통해서 자녀들은 정서와 정신이 와해되고 신체 건강도 손상을 입는다. 나이에 상관없이 아버지가 관심을 보이지 않고 자녀의 삶을 거부하는 것은 마치 건물 측면을 강타한 미사일처럼 지속해서 심각한 충격을 준다. 그 심리적 영향은 지대하며 자녀의 삶속에서 발달적 측면에서 볼 때 반드시 이해되어야만 한다. 이런 아버지를 둔 사람들이 아버지 문제를 이야기하지 않는 주된 이유 중 하나는 그들의 경험이 너무나 고통스럽고 정서적으로 압도당하기 때문이다.

부재형 아버지의 또 다른 극단적인 사례는 부모로서 의무를 완전히 저버리는 경우이다. 미연방 정부는 자녀가 18세가 될 때까지 자녀를 경제적으로 지원하는 의무를 부과하는 법률을 1990년대에 통과시켰다. 이는 부재형 아버지 현상이 우리가 알고 있는 것보다 더 심각하게 만연되어 있음을 시사하는 사회적 신호이다. 자녀를 버리는 아버지들은 단지 심리적인 손상 이상의 해를 끼친다. 이들은 자녀의 발달과 미래의 직업적 성공에 꼭 필요한 교육의 기회, 문화적 기회, 여타 다른 기회를 박탈한다. 게다가 정서적, 지적인 면에서는 부재하면서 신체적으로만 존재하는 것(집에 같이 사는 것)은 해롭다. 이런 아버지들은 자녀의 삶에서 어떤 일이 벌어지고 있는지를 알지 못한다. 이런 아버지들은 자녀가 자신에게 중요하지 않다는 부정적인 메시지를 보내고 있다는 점을 이해하지 못하거나 혹은 이런 것에 아예 관심이 없다.

이 장의 첫머리에 인용한 커티스의 말에서 보듯이, 아버지가 부재한 것은 아버지가 적극적으로 참여하는 것만큼이나 삶에 영향을 준다. 이것은 매우 통찰력 있는 진술이며 정확한 관찰이다. 아버지에게 계속해서 끔찍한 거부를 당했던 아이들은 극복해야할 문제가 많다. 폭력배 집단의 공통 분모가 아버지의 부재라는 사실은 흥미롭다. 십대들은 12세 경부터 시작해서 자신의 분노를 사회를 향해, 그리고 서로를 향해서 터트린다. 아이의 삶에 아버지가 부재한다는 것은 자동적으로 깊은 상실감을 낳는다. 이 상실감이 해소되고, 치유되고, 이해되지 않으면 곪아터지게 되어 있다. 아버지가 부재한 상황에서 성장한 사람들은 중요한 일차적인 관계를 무시하게 되면 분노 조절에 문제가 생기거나 공격적인 행동을 빈번하게 하는 문제가 생긴다.

부재형 아버지 유형 —무관심에서부터 신체적인 버림까지—은 심각한 슬픔(가장 나은 경우) 또는 분노 문제(더 나쁜 경우 : 공격성, 범죄 행동, 전문직의 범죄)를 유발하며, 자녀들은 이런 문제에 대처해야 한다. 아버지와의 관계가 끊어졌을 때 자연히 마음속에 공포와 고통이 생기게 되고, 이런 마음의 상처를 덮기 위해 분노가 생긴다. 아버지의 상실을 경험한 모든 연령의 자녀들은 자연스러운 비애 과정을 통과한다. 그런데 자연스러운 상실과 고의적인 상실을 구분하는 것은 중요하다. 아버지의 죽음은 상실이지만 어쩔 수 없는 이별인 반면, 고의적인 탈출은 그렇지 않다. 고의적인 상실은 자녀에게 다른 결과를 가져다준다.

## 아버지 문제 - 두 가지 이야기

38세인 엘런은 음반회사의 힙합부문 부서장으로 승진하는 과정에서 겪고 있는 중압감을 다루기가 힘들어 나를 찾아왔다. 그는 아주 점잖은 성격이었고, 말도 잘하고, 수동적이지만 매우 강하게 조직을 관리하는 스타일이었다. 엘런은 새로운 직원을 고용하거나 오래된 직원을 해고시키는 것을 무척 힘들어 했다. 그에게 아버지가 어떤 분이셨는지 물어보니 다음과 같이 대답했다. "제가 열한 살 때 아버지가 살해당했습니다. 캘리포니아의 오클랜드에서 식료 잡화점을 운영하고 계셨죠. 1977년 5월 어느 금요일 아침, 두 남자가 가게로 들어와 총으로 아버지를 쐈습니다. 그 후로 저는 아버지의 죽음으로 인해 끊임없이 고통을 받았습니다. 아버지를 잃어버린 것이 제 삶을 변화시켰다는 것을 알고 있습니다. 제가 5학년 때였는데, 학교에서 바로 변화가 생겼죠. 모든 아이들이 저에게 친근하게 대해 주었고, 그 후로 고등학교를 졸업할 때까지 아무도 저를 못살게 구는 일이 없었습니다. 저는 직장에서 사람을 고용하거나 해고시킬 수가 없습니다. 그들의 상실감과 실망감을 저도 느낍니다. 그것이 저의 판단력을 흐려놓습니다. 한 여성과 수년간 연애를 했는데 그녀와 헤어질 수가 없습니다. 끝내는 것이 싫었죠. 그래서 행동을 취할 수가 없습니다."

엘런은 지금도 열한 살 때 경험했던 상실감, 혼란스러움, 실망감에 사로잡혀 있다. 아버지에게 화가 나거나 아버지를 미워하지는 않는다. 단지 거의 30년이 지난 지금도 아버지를 생각하면 마음 한 구석이 텅 비어있는 느낌을 받는다. 엘런은 아주 자비롭고 다른 사람의 감정과 도전을 잘 이해하고 공감한다. 그는 유능하지만, 다른 사람을 실망시키는 것을 두려워하고 남이 겪는 상실감에 항상 자신도 책임을 느낀다는 문제가 있다. 엘런 자신의 상실감은 판단력을 흐리게 하고 업무상 기능을 방해한다. 그는 자신의 일이 아님에도 불구하고, 또한 자신이 경험했던 아버지의 비극처럼 엄청난 것이 아님에도 불구하고 다른 사람이 겪는 상실감이나 실망감을 지켜볼 수 없다.

나는 엘런에게 아버지의 상실을 가족과 그 자신이 어떻게 다루었는지 물어보았다. 그가 말하길, "저는 아이였습니다. 아버지가 돌아가신 것에 관해 얘기를 나눌 사람이 아무도 없었죠. 아버지의 장례식이 끝난 뒤로 어머니는 내가 우는 것조차 허락하지 않았습니다. 하지만 저는 아버지가 그리웠어요. 아버지가 돌아가신 후 집이 얼마나 쓸쓸했는지 기억하고 있습니다. 매주 일요일 밤이면 오마하의 동물 왕국(Mutual of Omaha's Wild Kingdom)이라는 프로그램을 같이 보곤 했지요. 아버지가 돌아가시자, 끔찍하더군요. 아버지가 곁에 없어서 느끼는 공허함이 싫었습니다. 야구 시합을 할 때면 다른 아이들은 아버지가 왔는데, 저는 어머니가 왔습니다. 제가 대학에 들어갈 때까지 저나 어머니에게나 정서적으로 무척 힘들었습니다. 아버지가 돌아가신 후 어머니는 저희를 먹여 살리기 위해 동네에 있는 은행에 취직을 해서 온종일 일을 해야만 했습니다." 엘런은 다음에 나오는 단계를 밟아가면서 아버지 없는 삶의 문제를 해결하기 시작했다. 비록 엘런의 상황은 우리들 대부분의 상황과 다르지만, 그런 일이 어떻게 엘런의 마음에 커다란 구멍을 만들었는지 알 수 있다.

멜린다는 남자 친구와 직장 상사에 대한 분노를 조절하는데 문제가 있어서 나를 찾아왔다. 그녀는 소프트웨어 회사의 영업 팀에서 일했다. 멜린다는 남자인 상사가 바보 같고, 무능하고, 믿을 만하지 못하다고 느꼈다. 이전에도 존경할 만하다고 느낀 상사는 아무도 없었다고 한다. 멜린다에게 아버지와의 관계를 좀 더 얘기해달라고 요청했을 때, 그녀는 눈에 띄게 흥분했다. (얼굴이 붉어지고, 눈에서는 눈물이 솟았다)

아버지는 제가 아홉 살 때 집에서 나가셨어요. 그 후로 열다섯인가 열여섯 살이 될 때까지 일 년에 단 한 차례씩 만났습니다. 그리고는 대화가 단절되었죠. 아버지의 새 부인은 형편없는 여자였어요. 그 여자는 저나 제 남동생을 좋아하지 않았습니다. 아버지가 약속한 것과는 달리, 우리가 매해 여름에 아버지의 집으로 가서 몇 주간을 보낼 수 있도록 비행료를 지불해주지 않더라구요. 저는 대학을 졸업할 때까지 아버지와 얘기를 거의 하지 않았죠. 아버지가 제 학비를 대주지 않겠다고 하셔서 어머니가 제 학비를 대주셨어요. 어머니는 제가 스물다섯에 돌아가셨는데, 자녀 둘을 키우는 스트레스가 어머니를 죽게 만든 원인이라고 생각해요. 8년 전 어머니 장례식 이후로는 아버지를 만난 적이 없어요. 저도 전화하지 않고, 아버지도 전화하지 않습니다. 자식을 버리고 돌보지 않은 아버지에게 지금도 엄청 화가 나요. 이혼하는 것은 이해하지만, 대화가 없다는 것은 받아들일 수가 없어요. 제가 남자들을 믿지 않는다는 것을 압니다. 모두 다 똑같거든요. 놀고 이용할 뿐이죠. 제 마음은 이미 충분히 상처를 받았습니다.

내가 멜린다에게 부재하는 아버지가 그녀의 생활에 어떤 영향을 주었냐고 물어보자, 그녀는 이렇게 대답했다. "뻔하지요. 저는 항상 저보다 열다섯 살이나 스무 살 정도 나이가 많은 남자들을 사귑니다. 저는 결혼하지 않았고 아이를 갖고 싶지도 않습니다. 제가 경험했던 일들을 제 아이들이 다시 경험하길 원치 않아요. 지금 사귀는 남자는 점잖고, 후하고, 내 직업이나 내게 많은 지지를 보냅니다. 저는 직장에서 '매우 힘든 사람' 이죠. 대부분의 시간에는 제가 분노를 통제하고 있다고 생각합니다. 직장에서 사람들이 제 반응이 두려워서 저를 피한다는 것을 알고 있어요. 좋진 않지요. 실제 저의 내면은 매우 부드러운 사람이거든요." 멜린다는 아버지가 떠난 것에 대한 분노를 해결하고 직장에서 공격적인 행동을 줄일 필요가 있다는 것을 인정했다. 멜린다는 동료들에게 공격적으로 반응하는 것이 아버지와의 관계와 관련이 있다는 것을 알았다.

엘런과 멜린다가 자신들의 삶에서 아버지의 부재로 인해 심각한 타격을 받은 것은 분명하다. 그 이유는 전혀 다르지만, 그들은 지금도 상실감을 경험하고 있다. 멜린다는 엘런과는 달리 아버지의 사랑, 인정, 수용을 상실한 것에 대한 분노의 짐을 추가로 지고 있다. 부재형 아버지는 자녀가 이해하거나 해결하기 힘든 '감정의 패러독스' 를 자녀에게 남겨준다. 부모를 상실하는데 따르는 자연스런 일차적인 심리적 반응은 공포와 고통이다. 이어서 자신의 상처와 공허함을 은폐하기 위한 분노가 뒤따른다. 아버지를 상실하는 경험을 하는 모든 연령의 자녀들이 이 과정을 거친다.

일이나 사람을 신뢰할 수 없는 것은 아버지의 부재라는 사건이 주는 특징이라고 할 수 있다. 그런 경험을 한 자녀들은 당연히 삶에서 상실의 경험이 되풀이 되지 않을까 하고 걱정하게 된다. 마음속으로 '아버지가 했던 대로 나도 똑같은 일을 하지 않을까?' 하는 두려움을 갖기도 한다. 아버지가 떠난 후 혼자 자녀를 키워야 했던 어머니의 분노와 공격성을 자녀들이 본다. 많은 경우, 버려진 배우자의 분노와 적개심은 아버지를 넘어서 모든 남자에게로 확대된다. 세상의 절반은 남자이므로, 자녀들이 직업적 잠재력을 충분히 발휘하기 위해서는 아버지와의 경험을 화해시킬 필요가 있다.

자녀가 형성하는 자아상(像)의 절반은 아버지로부터 오기 때문에 아버지로서, 남편으로서 책임을 저버린 아버지의 유산은 자녀를 혼란스럽게 만든다. 남자 아이들은 자신이 어머니가 사랑하는 아들이기 때문에 자신이 성장하면 어머니가 증오하는 남자가 되지는 않을까 하는 두려움이 생겨 혼란을 느낀다. 딸들은 자신을 사랑하는 모든 남자들이 자기를 버리고 떠나지 않을까하는 두려움으로 인해 역시 혼란을 경험한다. 어떤 식으로든 부재하는 아버지의 자녀들은 아버지의 부재와 무관심으로 인해 고생한다. 제발 이런 논의가 아버지가 없는 자녀들을 희생자로 만들고자 하는 의도가 아니라는 점을 명심하길 바란다. 핵심은 아버지가 자녀에게 큰 영향을 주며 자녀의 삶에 큰 힘으로 작용하고 있다는 것을 분명히 이해하고 인식하는 것이다.

## 자녀들의 반응 패턴

나이에 상관없이 부재하는 아버지의 자녀들은 여러가지 방법으로 정서적 고통에 대처한다. 첫째, 아버지와는 전혀 다른 사람, 즉 과도하게 성취를 추구하는 사람이 되어 어머니와 가족을 기쁘게 해주려고 한다. (딸들은 많은 경우, 아버지가 물려준 실망감을 상쇄하기 위해 성공을 추구한다) 둘째, 자녀들은 아버지의 무관심과 거부를 자기 탓이라고 받아들여, 자신에게 잘못이 있기 때문에 아버지가 떠난 것이라고 생각한다. 셋째, 사회나 가장 가까운 사람들에게 자신들의 분노를 표출한다. 넷째, 신뢰하는 인간관계를 형성하는 것이 아버지가 부재하는 자녀들에게는 어려운 일이 될 수 있다. 이 때문에 아버지가 부재한 성인들은 혼자 일하고 있거나 혼자 일하길 바란다. 권위가 있던 첫 번째 사람, 즉 아버지와의 경험이 매우 고통스럽고 실망스러웠기 때문에 권위가 있는 인물, 상사, 혹은 자신에게 지시를 하는 윗사람을 신뢰하기가 어려운 것은 당연하다. 이런 성인들은 아버지처럼 자신에게 상처를 줄 수 있는 모든 남자 혹은 모든 권위를 가진 인물과 교류해야 하는 상황을 원치 않기 때문에 자영업에 끌리는 경향이 있다. 하지만 많은 경우, 이들은 왜 권위를 가진 사람을 믿지 못하고, 겁내고, 싫어하는지 그 이유를 이해하지 못한다. 이는 직업과 직장생활에 영향을 주는 아버지 요인에 대한 통찰이 부족하기 때문이다. 직장에서 권위와 부딪칠 때마다 논쟁을 해대는 것이 동료들에게는 이상하게 보일 것이다. 그런데 아버지가 부재한 자녀들에게 있어서 이는 생존과 복수의 문제일 뿐이다.

이 네 가지 반응 패턴(과도한 성취추구, 자기 탓으로 돌리는 것, 공격하는 태도를 갖는 것, 권위를 신뢰하지 못하는 것)은 모두 공격적인 직업 태도나 공격적인 성격이 발달되도록 이끈다. 이런 분노 문제가 아버지의 부재나 거부와 관련된 네 가지 문제를 해결하는 열쇠가 된다. 지나친 분노는 자신이 일하는 분야에서 성공적인 미래를 여는데 가장 강력한 방해물이다. 부재하는 아버지로부터 파생된 가장 강력한 내적인 감정은 수치심이며, 내면 깊이 자리 잡은 이 부적절감이 겉으로 표현된 것이 분노이다. 화가 나 있는 사람은 자기 자신이나 다른 사람에 대한 자신의 행동을 결코 좋게 느낄 수가 없다.

## 자신의 분노와 고통을 발견하기

다음에 있는 항목들은 아버지의 부재로 인한 네 가지 증상이 어떻게 분노 조절 문제와 절망감을 만들어내는지를 예시해 준다. 아버지의 부재로 인한 슬픔을 인식하는 것이 내면 깊이 자리 잡고 있는 버려짐과 거부의 느낌을 치유하는데 필수적이다. 그렇게 하는 것이 우리의 삶을 향상시키도록 도와줄 것이다. 과거의 아픈 상처가 되살아나서 현재 생활과 직업에 영향을 주길 바라는 사람은 아무도 없다. 다음의 각 질문에 대해서 체크해 보라. 이 항목들은 직장, 집, 그리고 다른 사람들과 함께 있을 때 자신의 반응, 생각, 감정을 기술한 것이다. 이 질문들을 생각해보고, 내재화된 부재한 아버지 요인에 자신이 어떻게 반응했는지 고려해보기 바란다.

### 부재형 아버지 체크리스트

___ 직장에서 무슨 작업을 하든 그것이 부족하다고 느낄 때가 자주 있는가?

___ 자신의 직업에서 성공하지 못할 것이라는 두려움을 느끼는가?

___ 직업에서 정상에 오르지 못한다거나 목표를 달성하지 못할 것이라는 두려움 때문에 업무에 얼마나 지장을 받는가?

___ 너무 성취 지향적이라는 말을 들은 적이 있는가?

___ 직업과 관련해서 가장 두려워하는 것은 무엇인가?

___ 다른 사람의 문제, 실망, 좌절을 당신 자신의 잘못 때문이라고 자책하는 경향이 있는가?

___ 자신에게 책임이 없는 일인데도 불구하고 사과를 하는가?

___ 인간관계에서 버림을 받을까봐 지나치게 걱정하는가?

___ 동료나 상사와 가까워지는 것이 두려운가?

___ 직장에서 권위를 가진 인물에게 적개심이나 증오를 얼마나 많이 느끼는가?

___ 화가 나면 사람들에게 소리를 질러 겁나게 만드는가?

___ 분노를 조절하는데 문제가 있다는 얘기를 동료에게 들은 적이 있는가?

___ 친구, 동료, 가족에게 자신의 분노나 실망감을 표현하기가 어려운가?

___ '아버지를 싫어한다' 는 말을 얼마나 자주 했는가?

___ 성인이 되고 보니 아버지처럼 된 것은 아닌지 걱정스러운가?

___ 직장에서 언쟁을 벌인 적이 있는가?

___ 실망이나 변화에 대해 공격적인 반응을 보여 동료, 상사, 고객이 걱정하는가?

___ 직장에서 일부러 규칙을 어기는가?

___ 고의적으로 순종하지 않는다고 비난을 받거나 칭송을 들은 적

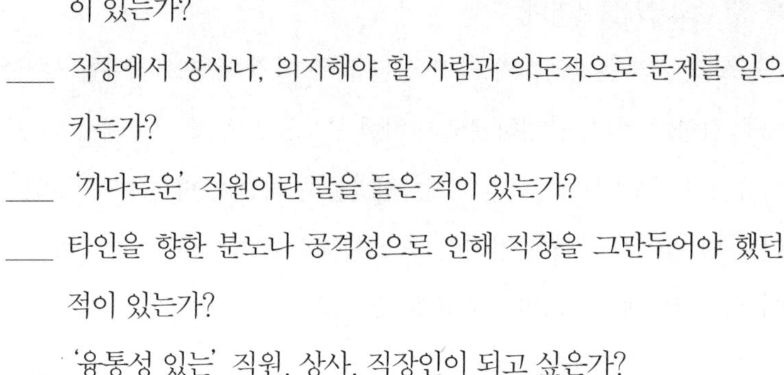

이 있는가?

___ 직장에서 상사나, 의지해야 할 사람과 의도적으로 문제를 일으키는가?

___ '까다로운' 직원이란 말을 들은 적이 있는가?

___ 타인을 향한 분노나 공격성으로 인해 직장을 그만두어야 했던 적이 있는가?

___ '융통성 있는' 직원, 상사, 직장인이 되고 싶은가?

이상의 24개 질문은 숨겨져 있는 아버지 부재 문제로 인해 직업이나 삶에서 나타날 수 있는 문제를 예시하기 위해 만들어진 것이다. 절반 이상에 대해 '그렇다'고 대답했다면 계속해서 이 장을 읽기 바란다. 자신의 잠재력을 십분 발휘하고 있다면 세상이나 자기 자신에게 화가 나거나 공격하는 태도가 없기 때문이다. 분노는 삶에서 뭔가 제대로 작동되고 있지 않다거나 균형을 잃었다는 것을 알려주는 정서적 신호에 불과하다는 사실을 기억하라. 자신의 분노, 노여움, 적개심이란 것이 마음속 깊은 곳에 관심을 받고 주의를 기울여야 할 무엇인가가 있다는 것을 알려주는 정보라는 점을 생각하라.

여기서의 목표는 자신의 분노를 생산적인 방식으로 작동하도록 조정하는 일이다. 그렇게 하는 것이 직업이나 개인 생활을 위하는 길이다. 화내는 성격이 얼마나 불리한 결과를 내며 그것이 장기적으로 볼 때 주변 사람들과 자신의 인생 행로에 얼마나 큰 손실을 입히는지는 아무리 설명해도 시간과 지면이 모자랄 것이다. 분노로 인해 경력에 치명적인 손상을 입은 운동선수, 전문 경영인, 정치인, 그리고 동료나 친구를 잘 알고 있을 것이다.

뉴스를 보면 논쟁하다가 자기 성질을 못 이겨 폭력을 행사한 사건을 매주 접하게 된다. 불행하게도 이처럼 분노는 너무도 강렬해서 대개는 비극적인 결말에 도달한다. 이런 결말을 원하는 사람은 아무도 없다. 이 장의 나머지 부분은 자신의 분노를 해소하고, 치유하고, 그것을 넘어서는 방법에 할애했다. 분노 문제는 모든 직업과 개인적 성장에 방해가 되는 주된 장애물이다.

## 업무에서 분노를 제거하기

언뜻 보기에는 사실 같지 않지만, 직업을 선택하고 행동하고 역할을 수행하는 것은 어린 시절과 청소년기, 그리고 성인 초기에 아버지가 부재했던 것으로 인해 큰 영향을 받는다. 아버지와의 관계가 그렇게 긴장되지 않았다거나 소원하지 않았던 사람, 또는 아버지가 부재하지 않았던 사람들이 오히려 이 전제에 수긍할 것이다. 아버지의 부재를 의도적으로 거부하는 만큼 여전히 그 영향력에 지배당하고 있는 것이다. 부재한 아버지의 자녀들이 성인이 되었을 때 그들 대부분은 해결되지 못한 엄청난 분노를 갖고 있다. 불행하게도 이 분노는 다른 사람이나 동료, 친구, 가족, 그리고 자기 자신을 향해 표출된다.

분노에 의해 생기는 지속적인 정서적, 정신적, 직업적 장애물을 피하기 위해서는 자기 자신의 분노를 다루어야 할 필요가 있다. 우리의 생애는 이런 정서 문제들로 인해 직접 영향을 받고 형성되어 간다. 분노는 부재한 아버지 때문에 받은 진짜 상처를 가리고 있는 연막일 뿐이다. 진짜 상처는 버려짐, 무관심, 그리고 거부이다. 다음에 제시하는 목록은, 우리가 역할을 수행하는 데 있어서 좋지 않은 영향을 주고 있는 아버지와 관련된 정서 문제를, 진정시키고 명확히 알도록 도와주기 위한 것이다.

자신의 분노를 확인하고 논의하는데 도움이 될 수 있도록, 이 목록은 우리의 현재 일상생활과 직장에서의 활동에 영향을 주고 있는 깊이 묻혀있는 감정, 생각, 기억들을 자극할 것이다. 이 항목 중에서 자신에게 해당되는 것이 몇 개나 있는지 살펴보길 바란다.

### 버려짐에 따른 문제

- 이혼 등의 문제로 아버지가 신체적으로 자기로부터 떠났는가?
- 직업이나 일 등의 문제로 아버지가 직장에서 대부분의 시간을 보냈는가?
- 아버지 자신의 취미나 관심 때문에 나와 함께 있지 않고 가족에서 벗어나 많은 시간과 에너지를 사용했는가?
- 아버지를 한 번도 만난 적이 없거나 어떤 분인지 모르는가?
- 아버지가 재혼하고 새 가정을 꾸몄는데, 그 뒤 아버지와 함께 살지 않았는가?
- 아버지와 접촉하고 관계를 가지려고 하는 시도를 아버지가 피했는가?
- 아버지와 접촉을 가진 일이 거의 없는가?
- 아버지가 나의 '아버지' 임을 거부하고 책임을 회피한 적이 있는가?

### 무관심 문제

- 아버지에게 뭔가 중요한 것을 말하거나 말하려고 할 때, 아버지가 거의 혹은 전혀 주의를 기울이지 않았는가?
- 개인적인 관심이나 생각, 인생의 결정에 대해 아버지에게 피드백을 해달라고 했을 때, 이를 무시하거나 요청에 귀를 기울이지 않았는가?
- 아버지가 나의 학교 성적이나 운동 시합, 혹은 학교 일에 흥미가 없거나, 한 번도 참석한 적이 없거나, 아예 그런 일이 있다는 것조차 몰랐는가?
- 아버지가 내게 벌어진 실망스러운 일, 축하할 만한 일, 또는 일상 활동을 알지 못했는가?
- 내게 가장 친한 친구가 누구인지, 누구와 사귀고 있는지 아버지는 전혀 몰랐는가?
- 위험한 상황이나 해로운 위기에 처했을 때, 아버지는 나를 보호해 주지 않았는가?
- 내 인생에 있었던 중요한 사건들(생일잔치, 졸업 파티, 졸업식, 시상식 등)을 아버지는 잊어버렸는가?
- 아버지의 관심과 사랑을 받으려고 했던 자기패배적인 행동(약물 남용, 성적 저하, 임신, 가출, 비행 행동 등)을 아버지가 알고 있으면서도 아무런 행동도 취하지 않았는가?
- 좋은 행동을 하든, 나쁜 행동을 하든 아버지는 내게 아무런 관심이나 걱정, 인정, 사랑을 주지 않았는가?

### 거부 문제

- 아버지가 내게 사랑을 표현하는 것을 말이나 행동으로 거절했는가?
- 아버지가 내게, 저리 가서 아버지를 귀찮게 하지 말라고 말한 적이 있는가?
- 아버지는 내 생각이나 감정을 무시했는가?
- 결혼 상태(결혼, 이혼, 재혼 등)에 무관하게, 아버지는 나와의 관계를 원치 않았는가?
- 내가 성장하는 동안, 혹은 대학을 다닐 때, 아버지는 나를 경제적으로 지원하지 않으려고 했는가?
- 내가 성장하는 동안 내 삶에 참여하는 것을 거부했는가?
- 아버지는 어떤 식으로든 나와 접촉하는 것을 의도적으로 피했는가?
- 어머니가 최선의 노력을 기울였음에도 불구하고, 아버지는 내 삶에 관여하지 않으려고 했는가?
- 아버지를 한 번도 만난 적이 없는가?

이 항목들은 자녀를 분노하게 만드는 끔찍한 환경과 상황, 요인들의 일부에 불과하다. 버려지고, 무시되고, 거부당하는 느낌이 합쳐지면 자녀의 삶에 불붙은 응어리가 생겨난다. 이런 고통스러운 사건들이 몇 년에 걸쳐 축적되면 분노가 형성된다. 이 세 가지 요인들이 우리의 직업과 개인 생활, 가족을 피폐하게 만들지 않도록 하기 위해서는 성숙한 사고와 통찰, 용기가 요구된다.

이러한 예들을 이용해서 어린 시절 아버지와 관련된 분노에 찬 기억들을 되살릴 수 있도록 자극하라. 다시 말하지만, 이런 기억을 생각해내고 말하는 것이 열쇠다. 이런 기억을 신뢰할 수 있는 동료나 친한 친구, 배우자, 혹은 가족과 얘기하는 것이 어렵다면 다음의 방법을 활용하라.

### 활동 단계 1 ㅡ분노를 치유하기

아버지와 단둘이 방에 있다고 상상하라. 어렸을 때, 청소년기 때, 성인 초기에 아버지에게 얼마나 화가 났는지 말할 수 있는 기회이다. 아버지가 했던 일을 가지고 아버지를 비난하지 마라. 이 활동을 단지 화를 터뜨리기 위해 사용하지 말길 바란다. 우리의 목표는 자신의 감정과 생각을 정확히 전달하는 것이다. 아버지의 어떤 행동이 우리에게 상처가 되었는지, 어떤 행동으로 인해 버려지고, 무시되고, 거부당하는 경험을 하게 되었는지를 아버지에게 충분히 이해시키는 것이 우리가 할 일이다. 아버지에게 우리가 어떻게 느꼈는지, 왜 그렇게 느꼈는지를 얘기하라. 우리의 느낌을 잘 보여줄 수 있는 구체적인 사건을 몇 가지 예로 들어라. 여기에 한 예를 들어본다.

> 제가 어렸을 때 아버지 당신은 사무실에 처박혀 지내거나 혹시 집에 돌아오면 신문의 경제난에 얼굴을 파묻고 지냈지요. 그래서 난 당신의 관심을 받을 가치가 없다고 느꼈습니다. 전 당신에게 전혀 중요하지 않아 보였습

니다. 항상 당신의 짐 같은 존재라고 생각했었지요. 아버지가 엄마하고 이혼했을 때, 그 때 제가 일곱 살이었는데, 마치 저하고도 이혼한 것 같았습니다. 그후로 당신을 보거나 당신과 얘기를 나눈 적이 거의 없었어요. 중학교 때인가 제 첫 번째 남자친구와 이별하고 나서 당신께 전화를 했던 기억이 있습니다. 그때 아버지는 제게 10분 후에 다시 전화하겠다고 하시고는 전화하지 않았어요. 전 항상 당신이 나를 사랑하고 저를 자랑스럽게 여기길 바랬어요. 하지만 제가 무엇을 해도 당신에게 별 감동을 줄 수 없는 것 같아 보였습니다. 과거의 30년처럼 앞으로도 30년간 아버지에게 화를 내며 제 인생을 허비하고 싶지 않아요. 이미 너무 많은 시간을 그렇게 하면서 낭비했거든요. 아버지, 제가 크면서 아버지 당신을 정말 그리워했다는 것을 당신이 알아줬으면 해요. 아버지와 잘 지내는 친구들을 보면 지금도 부러워요. 우리도 그렇게 될 수 있을 거라고 생각합니다.

사라는 여섯 살 먹은 쌍둥이 딸을 데리고 사는 38세 된 이혼녀이다. 사라의 남편 프랭크는 그녀가 임신을 하자마자 떠났다. 한 달에 한 번 양육비를 보내오지만 그 돈으로는 아이들의 방과 후 보육비를 대기에도 벅차다. 프랭크는 아버지로서 딸들과 관계를 맺고자 하지 않았고 다른 주로 이사했다. 사라는 아버지와 똑같은 사람과 결혼했다는 사실 때문에 자기 자신에게 엄청나게 화를 내고 있다. 하지만 예쁜 두 딸, 아만다와 엘리슨이 있다는 것에 대해서는 매우 감사해 하고 있다.

사라는 내 사무실에서 위와 같은 연습을 몇 차례 한 후에 부재한 아버지 문제로부터 벗어나 어느 정도 편안해지고 이 문제를 해결하기 시작했다. 사라는 자신이 성장하면서 경험한 일들에 관한 생각과 감정을 분명히 전달하면 과거의 거부당한 고통에서 벗어나는데 도움이 된다는 사실을 발견했다.

### 활동 단계2 – 편지 쓰기

사라는 위와 같은 역할 연기를 하고 아버지에 관련된 얘기를 진지하게 나눈 후에 자신의 감정을 편지에 적는 것이 도움이 되겠다는 생각을 했다. 사라는 자신의 감정과 생각, 진심에서 우러난 관심을 표현한 편지를 아버지에게 적었다. 그녀는 편지에 자신의 인생에 큰 실망을 안겨준 아버지를 비난하거나 저주하거나 죄를 추궁하지 않았다. 아버지를 증오하고 분개하고 화를 내는데 지쳤기 때문에 이제는 고통스러운 거부당한 느낌을 해소하기 위해 뭔가 다른 것을 하기를 원했다. 그녀는 네 살 때부터 가져왔던 생각을 매우 조심스럽게 적어나갔다.

사라는 남성 혹은 아버지에게 당한 거절과 무관심, 버려진 느낌을 표현했다. 이 편지를 쓰는데 이삼 주가 걸렸다. 편지를 마치고 나자 어머니와 어릴 때부터 친했던 친구, 믿을 만한 남성 동료, 그리고 나에게 그 편지를 읽어 주었다. 이렇게 네 사람에게 편지를 읽어준 후 2주간 편지를 그대로 놔두었다. 그 후에 다시 편지를 읽어보고는 아버지에게 보내기로 결정했다.

사라는 아버지에게 편지를 보냄으로 해서 아버지와의 관계의 문을 다시 열 수 있다는 것을 충분히 인식하고 있었다. 이것이 계산된 모험이며 해볼 만한 가치가 있는 모험이라는 것을 알고 있었던 것이다. 그녀의 아버지는 손녀들을 보거나 그들과 얘기를 나눈 적이 없었다.

다음은 부재한 아버지에게 편지를 쓸 때 지켜야할 몇가지 지침과 제안 사항들이다.

- 스스로 초안을 몇가지 작성해 본다.
- 편지를 작성하고 나면 자신의 삶에서 중요한 세 사람 이상에게 그것을 읽어준다. 그들 중 한 사람은 아버지를 개인적으로 알고 있는 사람이어야 한다(예 : 어머니, 친구, 삼촌, 고모, 조부모, 형제, 사촌, 이복형제나 자매).
- 아버지에 대해서는 모르지만, 나와 친한 친구나 지지자 혹은 나의 팬 같이 내가  신뢰하고 있는 사람에게 편지를 읽어준다.
- 주변에 있는 최소한 한 명의 남자 성인에게 편지를 읽어준다. 그 이유는 아버지 문제가 안전한 남자 친구, 남자 동료, 혹은 남자 친척에게 자동적으로 전이되기 때문이다. (이는 모든 아들과 딸들에게 적용된다)
- 이처럼 강력한 편지를 썼다고 해서 그것을 발송하거나 아버지와 만나야 한다는 것은 아니다. 이 절차는 과거의 고통스러운 느낌과 분노 감정에서 벗어나 자기 스스로 해결책을 찾고 아버지에 대한 감정을 해소하기 위한 것이다. 편지를 보내는 것은 몇 주 혹은 몇 달이 지난 후에 다시 생각해 보라.
- 아버지에게 어떤 행동을 취할 의무는 없다. 단지 아버지와의 관계에서 비롯된 고통으로부터 자신을 해방시키는 것이 유일한 목적이다.
- 아버지가 돌아가셨다고 해도 이 편지를 쓰고 앞에 적은 절차를 밟

아라. 그렇게 하는 것이 오랫동안 자신을 괴롭혀왔던 고통과 슬픔을 다루는데 도움이 된다.

사라는 이런 연습을 하고 편지를 아버지에게 보냈다. 앞에서 보듯 그녀는 공감에 가득 찬 눈물어린 편지를 썼고, 아버지는 즉시 반응을 보내왔다(그녀의 가족이나 나는 아버지가 결코 응답하지 않을 것으로 생각했다). 그녀의 아버지 페테는 과거에 대해서는 얘기하길 원치 않았지만 손녀들에 관해서는 듣고 싶어 했다. 그는 그들이 공유하고 있는 과거에 대해서는 사라의 편지로서 충분하고도 남는다고 느꼈다. 사라는 동부로 여행할 때마다 아버지를 만나기 시작했고, 자신의 분노를 조절하는 문제도 계속해서 해결해 나가고 있다.

사라는 최근에 직장에서 여성 '불도저' 라는 악명 때문에 곤궁에 처했었다. 사실 사라는 자신의 이미지에 대해 너무 걱정을 해서 언젠가 회사가 자신을 버릴지도 모른다고 생각하고 있었다. 그녀는 아버지가 부재했던 어린 시절에 대한 반응으로 인해 자비롭지 못하고 인내심이 부족하여 스스로 한계를 느끼고 있었다. 사라는 자신의 분노와 아버지에 관련된 문제를 적극적으로 탐색한 이후로 직장에서의 인간관계가 조금씩 좋아지고 있다는 것을 알았다. 실제로 지금의 상사는 직원회의에서 다른 관리자가 그녀에게 어떤 중요한 고객을 무관심하게 대한다고 추궁했을 때 그녀가 침착성을 유지한 것을 칭찬했다. 이런 변화는 결코 쉽지 않았고 많은 고통이 뒤따랐다. 하지만 문제를 회피하는 것보다 고통을 겪어낸 결과는 훨씬 더 큰 가치를 지니고 있다.

## 활동 단계 3 — 다른 관점에서 보기

자신의 분노를 다루는 방법 중 최고로 생산적인 방법은 아버지의 유산이 결코 부정적인 면만 갖고 있는 것이 아니라는 사실을 자기 자신에게 상기시켜 주는 것이다. 이처럼 극히 중요한 핵심은 과거의 아버지 부재로부터 분노가 들끓어 올라서 자신의 기억을 채우고 넘칠 때 쉽게 잊어버리곤 한다. 아버지가 했던 '나쁜' 일과 말들에 대해 아버지를 비난하고, 미워하고, 적개심을 갖는 것은 만족스런 직업과 생산적인 인간관계를 갖는데 전혀 도움이 되지 않는다. 과거의 아버지와 화해하는 것은 우리에게 도움이 된다. 우리가 바꿀 수 있는 유일한 것은 우리 마음속에 지니고 있는 아버지에 대한 그림뿐이다. 우리가 그 그림을 바꾸지 않는다면 누가 바꿀 수 있겠는가? 이런 목적을 위해 다음의 질문에 대해 답해 보라.

- 다른 사람들이 칭찬하는 나의 긍정적인 속성이나 태도 중에 아버지로부터 물려받은 것은 무엇인가?
- 아버지가 해준 충고 중에서 가치 있는 것으로 밝혀진 것은 무엇인가?
- 어린 시절 아버지와 함께 했던 기억 중 가장 좋았던 날은 언제인가? 그 날이 그처럼 멋진 날이 되도록 아버지는 어떤 말이나 행동으로 공헌했는가?
- 한 인간으로서 아버지의 장점은 무엇인가? 직업적인 장점은 무엇인가?

- 어렸을 때 아버지의 어떤 점에 경탄했었는가?
- 아버지가 내게 영향을 준 긍정적인 것 한가지를 든다면 무엇인가?

철저히 악마 같은, 그저 끔찍하기만 한 아버지는 거의 없다. 아버지가 '나빴다' 고 해도, 상대적으로 부재했거나 무관심했다 해도, 아버지로서 최소한 몇가지 바람직한 면이 있었을 것이고, 그 덕택에 좋은 시간도 경험했을 것이다. 좋은 기억들을 생생하게 되살려 본다면, 아버지를 향한 자신의 증오를 좀 덜어낼 수 있을 것이다. 다시 말하지만, 과거를 깨끗이 잊어버리라거나 아버지가 어떤 분이었는지에 대해 자기 자신에게 거짓말을 하라고 제안하는 것이 아니다. 그런 것이 아니라 아버지의 긍정적인 면과 부정적인 면을 모두 명확하게 인식해야 한다는 것이다. 하루아침에 이런 인식이 가능하리라고 기대하지는 말자. 단지 자주 이런 연습을 하는 것이, 우리의 생활과 직업에 영향을 주고 있는 내면의 부정적인 감정을 차츰 해소해 나가는데 도움이 된다. 아버지를 악한이라고 주장한다고 해서 자신의 삶이 더 좋아지지도 더 행복해지지도 않는다는 점을 기억하라. 중국의 옛 격언 중에 이런 말이 있다. 누군가(아버지)를 미워하면 그는 두개의 무덤을 파는 것이다. 하나는 그 사람의 무덤이며, 다른 하나는 자기 자신의 무덤이다!

## 활동 단계 4 – 자신의 분쟁 지역 줄이기

직장에서 분노 문제가 점차 줄어들기 시작했다면, 틀림없이 새로운 것을 배워가면서 무엇이 자신에게 분노를 일으키는지 알기 시작했을 것이다. 동료, 고객, 주위의 사람들에게 엉뚱하게 분노를 터뜨리게 만드는 것이 무엇인지를 깨닫기 시작함으로 해서 직장생활의 진로를 바꿔 놓을 수 있는 열쇠를 얻은 것이다. 감정을 촉발하는 자극을 알게 되면 아버지가 자신의 직업에 주는 부정적인 영향을 피할 수 있다. 어떤 상황에서 분노하거나 격노하지 않을 수 있다면, 다른 대안을 생각하고 그렇게 행동할 수 있다면, 우리는 자신의 삶을 통제하고 있는 것이다. 자신의 정서적 삶을 통제한다면 모든 영역에서 더 나은 선택을 하게 될 것이다.

직장에서 항상 우리를 '화나게 만들었던' 일들을 서너 가지 종이에 적어 보라. 예를 든다면 직장에서 지지가 부족하다든지, 보수가 적다든지, 고객이 회신 전화를 하지 않는다든지, 중요한 회의에 참석 요청을 받지 못한다든지, 누군가 경직된 정치적 견해를 갖고 있다든지, 거절과 버려짐에 대한 두려움을 느낀다든지, 어떤 프로젝트에 대해 제대로 인정을 받지 못했다든지, 화를 돋우는 특정한 인물이 있다든지 하는 것들이다. 우리의 분노를 촉발하는 것이 무엇인지, 무엇이 그런 촉발 자극을 시작하게 하는지 적어보라. 그런 뒤에 이런 문제들을 감소시켜 화내지 않을 수 있는 방법을 찾아내기 위해 다음의 분노 척도를 보도록 하라. 많은 직장인들이 자신의 분노를 제거하면 어떤 행동을 하게 될지 궁금해 한다. 이 척도를 이용해서 이전에 열 받게 했던 정서적 촉발 자극들을 어떻게 방향을 제대로 잡고 이해할 수 있는지 이해하기 바란다.

## 분노를 조절하는 척도

**분노 없음** 상황이나 사람, 환경에 대해 중립적이다. 어떤 의견을 갖고 행동을 취하지만 명백히 반사적 행동 패턴이 아니다. 이 분노 수준에서는 아주 유능하게 일을 처리하고 좋은 기분을 느낀다. 이 단계에서 다루지 못할 상황이나 문제는 없다. 삶이 완벽하지는 않을지 몰라도 분명히 조절이 가능하다.

**약간의 분노** 어떤 문제에 대해 자신의 의견이 있고 판단을 한다. 하지만 거부당하는 느낌이나 아버지 부재가 어떤 역할을 하지는 않는다. 사물의 양면을 볼 수 있는 객관성을 유지하고 있고 자신의 입장에 대해 안정감을 느낀다. 과민 반응을 하지는 않지만, 자신의 관점을 상실하면 과민 반응할 수도 있다.

**중간 정도의 분노** 강한 견해나 판단, 평가가 심하다. 아직은 상당히 객관적이지만 안정감을 많이 느끼지 못하며 불안감이 증가한다. 어떤 문제나 상황에 대해 이해받지 못하는 느낌이나 다른 사람들이 자신의 말을 듣지 않는다는 느낌이 들고, 안전하지 않다고 느낀다.

**심한 분노** 객관성을 유지하는 능력이 더 이상 불가능하다. 일이나 사람을 객관적으로 대할 수 없다. 거부당하거나 버림받았다는 느낌에 휩싸여 있다. 쉽게 화가 나는 감정 사이클과 상황에 말려든 느낌이다. 불행하게도 현재 상황이 과거의 상처를 건드리는 자극에 불과하다는 것을 깨닫지 못한다. 분노의 80 퍼센트는 과거에 원인이 있고 20 퍼센트는 현재에 원인이 있다. 그 반대가 아니다. 이 비율을 기억하는 것이 분노를 해결하는데 결정적인 역할을 한다.

이 네 단계의 분노 조절 척도를 제시하는 주된 목적은 아버지의 문제가 어떻게 직업적 역량을 충분히 발휘하지 못하게 하는지 보여주기 위한 것이다. 어린 시절에서 시작된 문제들이 자신의 마음을 장악하고 있을 때, 제대로 된 판단과 좋은 결정을 내리기란 거의 불가능하다. 자신의 분노를 '촉발시키는 자극'을 이해하고 분노를 사전에 차단할 수 있는 예방 작업이 자신의 생활에서 아버지 요인을 긍정적이고 강력한 힘으로 완전히 변형시키는 열쇠 중 하나이다.

다음 장에서는 우리 대부분이 도달하고 싶은 수행 수준에 대해 알아보겠다. 우리 삶은 우리 안에 파묻어둔 아버지와의 경험에 대한 분노와 격분의 감정을 훨씬 넘어서는 중요한 것이다. 고통은 삶을 변화시키기 위한 훌륭한 도구 중 하나이며, 우리의 삶은 지금 변화를 앞두고 있다. 아버지가 부재했던 자녀로서의 경험은 인간관계의 복잡성을 이해하는데 매우 강력한 도구가 될 수 있으며, 이런 경험은 자신의 경력과 삶에서 어느 순간에는 누구나 한 번쯤 겪는 어려움이다. 분노라는 감정의 뒷면은 바로 연민과 사랑이다. 연민과 사랑은 세상을 더 나은 곳으로 만들고 우리 자신을 더 훌륭한 존재로 만들 것이다.

# 배려하는 멘토형 **아버지**

## 자녀들은 정서적 안정감을 바탕으로 자긍심, 공감, 일관성을 가진다

아버지는 항상 어떻게 해서든지 제가 중요하고 사랑받는다고 느끼게 해주셨어요. 아버지는 다른 사람들이 자신을 더 좋게 느끼도록 만드는 방법을 알고 계셨죠. 그런 아버지 밑에서 자랐다는 것은 큰 행운이라고 생각합니다. 최고의 아버지였고 정말 대단한 분이시죠. 저는 지금도 아버지의 지지에 의지하고 있답니다.

:: 로렌, 34세

아버지가 열여섯 살 때 조부모님께서 돌아가셨다. 아버지는 나와 내 형제에게 항상 당신이 원했던 그런 아버지가 되어 주셨다. 아버지의 사랑과 지지가 없었더라면 나는 사업적 모험도 할 수 없었을 것이고, 일에서 성취를 이루지도 못했을 것이다. 아버지는 항상 나를 믿으셨다. 단언하건데, 우리 아버지 같은 분은 없다.

:: 제프, 48세

father

factor

## 배려하는 멘토형 아버지 유형

이 유형의 아버지는 모든 아이들이 자신의 아버지가 이랬으면 하고 바라는 그런 사람이다. 이런 아버지는 다른 아버지들이 굳이 할 필요 없다고 생각하거나 시간이 없어서 안하는 일들을 자녀와 함께 한다. 아들과 함께 자동차 모형을 만들고, 딸이 대학 논술 주제를 선택하는 것을 도와주며, 교사—학생 협의회에 가는데 시간을 쓰곤 한다. 자녀의 삶을 가치 있게 만들고, 자녀를 양육하는데 자신이 어떤 역할을 하는지 이해하고 있다는 점에서 시대를 앞서간 셈이다.

전문가로서의 나의 경험에 의하면 전체 아버지 중 약 10 퍼센트 정도가 이런 유형에 속한다. 나머지 90 퍼센트의 아버지—자녀간 관계는 앞의 네 장에서 설명했다. 물론 그 네 가지 아버지 유형에도 배려하는 멘토 유형의 조각들이 섞여 있다. 그것이 다른 장점을 끌어내고 모두가 하나로 통합되게 만든다. 배려하는 멘토 유형은 탁월한 관리자, 자비로운 경영자, 성공한 사업가, 모든 사람이 함께 일하길 원하는 그런 사람들의 전형이다. 완벽하지는 않고 결점도 있지만, 자녀를 비롯해서 동료나 직원, 그 밖의 다른 사람들과 정서적으로 접촉하는 방법을 발견해낸다. 사람들은 자신이 중요하다는 느낌을 받았으면 하고 간절히 바라며 다른 사람들과 마음을 나누기를 원한다. 배려하는 멘토 유형의 아버지는 이러한 중요한 욕구를 이해한다.

이 유형의 아버지는 여러가지 이유로 해서 '배려하는 멘토형 아버지' 라고 불린다. 자녀가 자신의 꿈과 장점, 희망을 건강한 방식으로 추구하도록 힘을 불어넣는다. 이런 아버지는 자녀의 삶에서 어느 누구도 아버지를 대신할 수 없고 아버지가 자녀의 발달에 중요한 기여를 하고 있다는 점을 이해하고 있다. 결혼 상태(결혼, 이혼, 양아버지, 기타)나 직업적 상태에 관계없이 이런 아버지는 부모로서 정서적 애착을 일관되게 유지한다. 이는 자녀에게 안전하다는 느낌과 지지를 제공하며, 일이 항상 잘 해결될 것이라는 느낌을 준다. 이처럼 일관성 있는 정서적, 정신적 연결 덕분에 자녀는 유용하고 중요한 자질과 기술을 많이 발달시킨다. 이런 아버지는 다른 사람들에게 자연스러운 멘토가 된다. 왜냐하면 다른 사람의 목표와 꿈에 도달할 수 있도록 그들에게 힘을 불어넣는 능력이 있기 때문이다.

### 배려하는 멘토형 아버지 요인의 요소들

- 배려하는 멘토 유형의 성인은 직원이나 동료, 고객이 각자의 견해

를 갖고 있다는 점을 이해하고, 존중하고, 감사할 줄 아는 심리적 능력과 통찰, 지혜를 갖고 있다. (자신감)

- 사람들 간의 차이를 수용하고 참아낸다. 여기에는 종교적 다양성, 도덕관의 차이, 관계의 차이, 직업적 다양성이 포함된다. (이해와 통찰)
- 방어하거나 판단하지 않고 다른 사람의 느낌이나 생각, 관심을 이해하는 능력이 있다. 정서적 애착의 역할과 목적을 중요하게 여긴다. (감성지능 — 자신과 타인의 정서 과정에 대한 통찰)
- 리더십 자질을 보여준다. 여기에는 사회적, 직업적 결과에 상관없이 주변의 압력에 굴하지 않고 거절할 수 있는 능력이 포함된다. (성격적 강인함)
- 자신의 능력과 가치를 믿고 확신한다. (자기 가치감)
- 자신의 꿈과 목표를 추구하며 모험을 시도한다. (용기)
- 이런 아버지의 자녀들은 사랑받고 있다고 느끼며 아버지와의 관계를 갖는 것이 행운이라고 생각한다. 직장에서 다른 사람들을 고려하고 이해할 수 있다. (배려와 연민) 모든 사람들이 이런 아버지 밑에서 자라는 것은 아니라는 사실을 알고 있다.

이런 아버지의 자신감은 자녀가 세상에 태어난 날부터 시작해서 지금까지 계속 자녀에게 전해진다. 이런 아버지 유형의 가장 두드러진 특징 중 하나는 분노, 무관심, 적개심, 인정에 대한 욕구라는 흔히 나타나는 '짐'이 없다는 점이다. 정서를 고갈시키고 에너지를 소모시키는 이러한 문제가 없기 때문에 긍정적이고 삶을 확신하는 자질들이 발달

될 수 있다. 이런 자질에는 위에 든 것 외에도 자긍심, 공감, 용기, 안정감과 일관성, 튼튼한 인간관계, 삶과 일의 비전 등이 포함된다.

배려하는 멘토는 일과 인간관계에서 바람직한 속성을 발달시키는 모델이 된다. 배려하는 멘토는 세상이 안전한 곳이고, 개인의 욕구가 충족되거나 충족될 것이며, 일이 잘 해결될 것이라고 보는 기본적 신념을 근간으로 하고 있다. 어떤 직업을 갖고 있든 상관없이 그들의 자녀는 자기 자신을 좋게 느끼며, 이는 그들 주위에 있는 사람들에게도 전파된다. 배려하는 멘토 아버지의 자녀들은 타인을 이해하는 통찰력과 배려심이 있으며, 정반대의 의견을 통합하고, 자신의 신념을 바람직한 방법으로 전달할 수 있는 능력이 있다. 이들은 자신의 삶을 통해서 그런 예들을 경험해 왔기 때문이 이런 일들을 할 수 있는 것이다.

## 공감하면서 다독이기 – 자녀의 눈높이에 초점을 맞춘다

아버지가 자녀들이 독립해서 자신의 인생을 살도록 도와줄 때 대개는 좋은 일이 자녀들에게 계속해서 일어난다. 아버지가 자녀를 이해할 때 자녀들은 자신을 사랑하고, 자기를 가치 있게 여기며, 유능하다는 느낌(능력이 있고 모험을 감수할 수 있다는 느낌)을 갖게 된다. 많은 경우 아버지가 자녀를 지지했는지의 여부가 고등학교에서 낙방하거나 약물을 남용하거나, 믿음직스럽지 않은 직원이 되거나, 직장에서 별 볼일 없는 존재가 되는가, 아니면 성공하고 뭔가를 이룩해내는 존재가 되는가 하는 차이를 만들어낸다. 아버지의 지지와 인정, 사랑이 있느냐 없느냐에 따라 이런 차이는 매우 분명하고 크게 나타난다. 이처럼 아이의 삶을 지지하는 요소가 없을 때 직업상에서 겪게 되는 중요한 일곱가지 장애에 대해 앞에서 자세히 설명했다. 이제부터는 아버지와 자녀간의 관계에 결정적인 요소들(사랑, 수용, 공감, 지도)이 있을 때에는 어떤 일이 생기는지에 초점을 맞추고자 한다. 그런 후 이런 긍정적인 요소들이 내재화된 아버지 요인의 부분으로 자신의 생활과 직업에 자리 잡을 수 있는 방법을 다룰 것이다.

우리가 항상 원했던 좋은 부모와 직장인이 되기 위해서는 우선 정서를 조율하는 능력(다른 사람의 감정 상태를 이해하고 그것에 맞춰 적절하게 반응하는 능력)과 공감의 역할을 이해해야 한다. 배려하는 멘토형 아버지는 일상생활에서 어떻게 하면 자녀를 지지할 수 있는 지를 직관적으로 알고 있다. 앞에서 언급했듯이 이런 이해를 통해서 자녀는 자기 사랑, 자기 가치감, 유능감을 발달시킨다. 어린 아이들에게 있어 실제로 얼마나 많이 사랑받았느냐 하는 것보다 자신이 사랑받고 있다는 느낌을 받는 것이 더 중요하다는 점을 기억하라. 자신이 사랑받고 있고 보호받고 있다고 느끼는 만큼 안정감이 자연스럽게 발달한다. 아버지가 자녀의 감정에 정말 귀를 기울여 듣는 시간을 일관성 있게 가질 때 아이들은 이런 느낌을 받는다. 일학년 아이가 쉬는 시간에 놀다가 다쳐서 상처를 입었을 때 얼마나 기분이 나빴는지, 처음으로 여름 캠프를 가서 밤에 혼자 자야한다는 사실 때문에 얼마나 겁이 나는지에 아버지가 귀를 기울여 듣는 것이 필요한 것이다.

자비로운 멘토 아버지가 완벽한 것은 아니다. 그러나 자녀의 다양한 정서 상태와 기분 변화에 예민하다. 무엇이 십대 자녀에게 괴로움을 주는지 알려고 애쓰는 것은 그들의 정신 건강에 중요하다. 이런 정보에 근거해서 적절하게 행동하는 것이 자녀를 정서적으로 지지하는 버팀목이 되어준다. 자녀의 성장에 도움을 주는 아버지가 되는 기초는 자녀의 특정한 행동에 초점을 맞추기보다는 자녀를 한 사람의 인간으로 보는 능력에 있다. 이는 관리자에게도 같은 것이다. 어떤 부정적인 행동에 초점을 맞추기보다는 자녀와 유대감을 가질 때 자녀가 자신에게 중요한 존재라는 메시지를 계속해서 전달할 수 있다. 이렇게 제대로 초점을 맞출 때 아버지와 자녀는 정서적 연결이 끊어지지 않고 지속되는 열린 대화 채널을 갖게 되는 것이다. 이것이 자녀가 자신의 세상과 자기가 속한 곳에 대해 긍정적인 느낌을 형성하는 기초이다.

정서를 조율하는 좋은 예는 다른 사람이 어떤 일에 흥분하고 있을 때 비록 자신은 그 일에 대해서 다르게 느낀다고 해도 상대의 정서 상태에 합류하는 능력이다. 어린 로렌과 제프(이 장의 첫 머리에 있는 인용문)가 학교에서 철자법 경연대회에서 우승해서 상을 받았다거나 발야구에서 최고 선수로 뽑혀서 흥분된 상태로 집에 돌아왔을 때, 그들의 아버지는 자녀의 흥분을 함께 나누었다. 이렇게 정서를 조율하는 것이 어린 소녀나 소년들의 자기 가치감을 발달시킨다. 자기 가치감은 결과적으로 미래의 도전에 맞설 수 있는 자신감이 되고, 더 나아가 주위 사람들이 자신을 보살펴 줄 것이라고 믿는 능력이 된다. 이러한 아동들은 성장하면 불안함이나 두려움 없이 다른 사람의 성공을 함께 기뻐하고 동료의 성취를 지원하는 어른이 된다.

배려하는 멘토형 아버지는 반복해서 자녀와 눈높이를 맞추어 접촉하기 때문에 가치를 헤아리기 힘들 정도의 사랑과 안정감을 자녀에게 전달한다. 우리 모두는 어떤 과제나 사건이 생기거나 성취를 해냈을 때 자신의 삶에서 중요한 사람(아버지, 배우자, 동료)이 그것을 이해하거나 그 기쁨에 동참해주지 않으면 그 상황이 참으로 고통스럽고 실망스러운 경험이 된다는 것을 알고 있다. 이런 실망감이 고통스럽기 때문에 또한 앞으로 그런 기쁜 일이 다시 생길 때 그 사람과 나누어야 할지를 다시금 생각하게 된다. 아버지에게 이런 식의 실망감을 반복해서 경험한 아이들은 결국 자기 자신에 대해서도 좋은 감정을 느끼지 못하게 된다. 실망감이 너무 고통스럽게 느껴지기 때문에 어떤 희생을 치루더라도 그런 경험을 피하고자 하는 것이다. 배려하는 멘토 유형의 아버지는 자녀에게 이런 상처를 주지 않는다.

그렇다고 해서 배려하는 멘토 유형의 아버지가 결코 실수하지 않는다거나, 감정이 폭발할 때가 없다거나, 부정적인 감정(우울, 불안 등)을 갖지 않는다는 것은 아니다. 하지만 그 자녀들은 어릴 때부터 아버지가 자신들을 돌본다는 것을 알고 있다. 아버지가 어떤 상황을 완전히 잘못 이해하고 있다고 해도 이런 믿음은 지속된다. 특히 정서적인 욕구가 많고 기분의 변화가 심한 13세부터 22세까지의 청소년기 동안 아버지가 자신들을 지지할 때 그렇다. 이 자녀들은 매우 힘든 시기나 개인적 변화가 있을 때 아버지가 지도와 사랑을 베풀면서 자신과 함께 있을 것이라는 사실을 알고 있다. 이것은 마음속 깊은 곳에서 안정감을 주고, 결과적으로 성인이 되었을 때 모험을 시도하고, 중요한 결단을 내리며, 직업적 도전을 감행하도록 해준다. 이런 용기 있는 움직임들은 아버지의 적극적인 지지가 있기에 가능하다. 이러한 자신감은 일터에서 강력한 동기를 불러일으키며 다른 사람에게도 전파된다.

우리의 아버지 유형이나 우리의 어린 시절에 이러한 긍정적인 경험이 없었다고 하더라도 용기를 잃거나 절망할 필요가 없다는 점을 명심하는 것이 매우 중요하다. 우리는 우리 자신과 우리의 자녀에게 이러한 자신감과 힘을 발달시킬 환경을 만들어 낼 수 있다. 이 장의 뒷부분과 이 책의 3부에 그 방법을 논의할 것이다.

## 응답하는 아버지

배려하는 멘토형 아버지들은 매우 특별한 긍정적인 개인사를 갖고 있다. 이 아버지들은 분노가 거의 없고, 따라서 명료하고 객관적인 시각에서 자녀들을 볼 수 있는 특징이 있다. 이처럼 분노가 거의 없는 것은 대개 아버지와의 경험에 뿌리를 두고 있다. 명료함은 분리, 개성 추구, 인생 선택, 직업 경력의 선택 등 자녀의 특정한 욕구에 응답하는데 매우 중요하다. 자녀의 성격과 자기 존재감이 발달하는데 말과 행동으로 지지해주는 것이 이런 아버지에게는 기쁨이 되고 습관이기도 하다. 자녀가 발달상 어느 수준에 있느냐에 상관없이 이 아버지들은 정서적, 정신적으로 자녀에게 응답하는 것이 얼마나 가치 있는지를 이해하고 있다.

나의 절친한 친구 마이크는 대학교 신입생인 자기 딸에 관한 얘기를 들려주었다. "제니퍼가 첫 학기를 마치고 집으로 왔는데(집에서 4,000km 떨어진 대학), 나를 보자마자 울기 시작하는 거야. 그 애가 2시간 동안 집에 있는 자신의 안전한 공간을 상실하는 것에 대한 두려움, 고등학교 때 친했던 친구들을 잃어버리는 것에 대한 두려움을 울면서 얘기하는 동안 나는 그 애 방에 앉아 있었네. 그날 밤에 전화할 곳이 많았지만,

그 애가 내게 원하는 것은 곁에 앉아 적극적으로 들어주는 것이라는 것을 알았지. 나는 그 일을 기쁘게 했고, 제니퍼는 우리 관계에 변한 게 아무 것도 없다는 것을 알게 되었네.' 마이크는 배려하는 멘토형 아버지이고, 이런 식의 일들을 오랫동안 자녀들에게 해왔다. 이 예는 사소해 보일지 모르지만, 자녀가 우리를 원할 때 응답해야 한다는 것을 보여준다. 이렇게 정서를 조율하고 이해하고 공감하는 능력은 성인이 된 자녀에게 전해지며, 그것이 변형되어 동료, 고객, 상사와의 관계를 성공적으로 이끌어가는 생동감 넘치는 특질이 된다.

이 사례에서 정말 재미있는 것은 마이크가 배려하는 멘토형 아버지 밑에서 자란 것이 아니라 부재하는 아버지 밑에서 컸다는 점이다. 마이크의 어린 시절 내내 아버지는 진통제에 중독되어 있었다. 처방된 약이었긴 하지만 만성적인 약물 남용으로 인해 마이크와 그의 아버지는 친밀한 정서적 접촉을 하지 못했다. 아버지와 같이 살고 매일 보기는 했지만 실제로는 '아버지가 부재했고', 그런 과거를 극복하기 위해 마이크는 무척 열심히 살았다. 마이크의 아버지는 약을 복용했고 일이 바빠 가족들과는 심리적으로 떨어져 있었다. 마이크는 이런 고통스러운 어린 시절에도 불구하고 긍정적인 멘토형 아버지 유형을 끈기 있게 발전시켰다. 그는 이 책에 실린 많은 연습들을 사용했고, 마침내 자녀들을 배려하는 멘토형 아버지가 되었다. 그가 자기 안에서 창조해낸 아버지 요인은 사람들을 이해하고 공감하는 정서적, 정신적 역량을 반영한다. 하지만 우리들 대부분처럼 마이크 역시 처음부터 배려하는 멘토형 아버지였던 것은 아니다. 그는 일터나 가정에서 그런 사람이 되겠다고 결심했던 것이다.

배려하는 멘토형 아버지는 과거에 대한 분노나 충족되지 못한 꿈들이 많은 사람이 아니다. 있다 하더라도 일을 통해 극복해냈다. 그는 지금 이 순간에 머물면서 자녀와 만날 수 있고, 그래서 자녀들도 그렇게 할 수 있게 한다. 배려하는 멘토형 아버지의 용기와 능력은 자녀에게 전해져서 독립적이면서도 동시에 서로 의지할 수 있는 사람으로 성장하는 기초를 이룬다. 이들은 사람들과 깊이 만나고 있으면서 동시에 분리되어 있는 능력을 갖고 있다. 배려하는 멘토형 아버지를 둔 자녀들은 성인이 되어도 아버지의 충족되지 못한 꿈과 소망들에 매력을 느끼지 않는다. 아버지의 실망이나 좌절, 우울, 분노를 지니고 있는 사람들은 이것은 자신의 삶과 직업 생활에서 짐으로 느껴질 것이다.

아버지가 우리의 직업적 성공과 개인적 성장에 화를 내고 부러워한다고 느낀다면 우리는 사회적으로 발전하기가 매우 어렵다. 배려하는 멘토형 아버지는 말과 행동을 통해 지지와 사랑의 안전한 버팀목을 제공하여 자녀들이 자기 자신의 인생을 만들어 갈 수 있는 자유를 준다. 이 말은 아버지와 자녀 사이에 의견의 불일치가 없다는 뜻이 아니다. 그들 관계에서 서로의 차이를 허용한다는 것이다. 일치하지 않는다는 것에 동의하는 것은 자녀로 하여금 나이에 상관없이 거절이나 실망, 좌절을 참아낼 수 있는 자기 가치감이 발달할 공간을 제공한다. 이런 아버지와 자녀들은 성 문제나 돈, 자녀 양육, 진로 선택, 직업적 성장과 같은 뜨거운 주제에 대해 자신의 견해, 생각, 감정을 옹호하기 위해 싸우지 않고 열린 마음으로 토의할 수 있다는 것을 배운다. 자신의 견해와 다르다고 해도 서로의 얘기를 경청하고 지지하는 방법을 배운다. 이렇게 수용하는 분위기는 자녀의 성장과 번영의 밑거름이 된다.

이런 아이들이 어른이 되면, 이들의 직업 생활은 정서적 '재난'의 연속이 되지 않는다. 자신의 직무 수행 능력에 대해 끊임없이 의심하는 일이 없기 때문에 일터에서 역량을 최대한으로 발휘한다. 이들은 자신감이 있기 때문에 성숙한 사랑을 하는 것이 가능하고, 다른 사람과 정서적으로 접촉할 수 있게 된다.

## 자신의 아버지 요인에 멘토형 아버지 요인을 섞기

배려하는 멘토형 아버지가 자녀에게 주는 자질과 정서적 선물의 목록은 끝이 없다. 자신의 아버지가 진정으로 멘토 유형이었다면, 동료나 상사, 고객, 친구들이 성장하는 동안 자기처럼 좋은 아버지와의 관계를 경험하지 못했을 가능성이 높다는 것을 이해하는 것이 중요하다. 사실 사람들은 그를 부러워하고 괘씸하게 생각할지도 모른다. 또한 그들이 살면서 겪어온 고통이나 실망감, 그리고 때때로 겪는 공포를 그가 전혀 알지 못할 것이라고 느낄 수 있다. 그가 그런 경험을 하지 않았다는 것은 사실일 수 있다. 하지만 아버지와의 관계에서 고통을 겪지 않았다고 해서 동료들에게 강한 연민을 느끼고 그들을 이해하고 정서적으로 접촉할 수 없는 것은 아니다. 경험이 정서적 이해에 꼭 필요한 요소는 아니다. 통찰과 공감은 단지 가치 있는 자산일 뿐이다.

인정과 이해, 정서적 지지, 사랑은 모든 사람들이 갈망하는 것이다. 우리 모두는 이러한 정서적 욕구를 충족하고 성장하길 바라는 소망과 희망을 가진 동일한 DNA를 갖고 있다. 배려하는 멘토형 아버지의 자녀들은 사람들이 이런 중요한 내면의 자질들을 필요로 한다는 것을 아는 능력을 지니고 있다. 리더가 진정으로 자신을 돌보지 않을 것이라고 믿는 직원들의 리더가 되는 것은 결코 쉬운 일이 아니다. 우리는 경험을 통해, 지지와 인정이 일터에서 매우 중요하며 강력한 동기를 유발한다는 것을 알고 있다. 공감을 표현하는 것이 주변에 있는 사람들을 치유하고 힘을 부여하는 가장 빠른 길이라는 것을 경험적으로 알고 있는 것이다.

대부분의 사람들이 자신의 진로 선택, 사회적 지위의 성취 과정과 발달, 그리고 인간관계에 아버지가 영향을 미치고 있다는 것을 생각하지 못한다는 사실을 명심하라. 아버지 유형은 지금 논의하고 있는 긍정적인 멘토형에서부터 앞의 네 장에서 보았던 문제와 고통을 주는 유형까지 다양하다. 많은 성인들이 그처럼 실망스럽고 불운하고 고통스러운 관계를 아버지와 가졌다는 점을 고려할 때, 이들이 그 점에 대한 통찰이 부족한 것을 온전히 이해할 수 있다. 대부분의 사람들에게는 아버지와 관련된 주제를 완전히 회피하는 것이 더 쉬워 보인다. 물론 잘못된 선택이다.

이 책과 이 장의 목적은 우리가 아버지와 가졌던 관계에 관련된 행동과 태도, 신념, 그리고 끝없이 지속되는 연결을 보여주는 것이다. 연령에 상관없이 모든 아이들은 자신의 아버지나 자신이 양육된 방식에 중립적인 입장을 견지할 수 없다. 멘토형 아버지 유형이나 아버지 요인을 논의하는데 있어 피해야 할 위험한 함정은 이 논의에 의해 절망감이나 비난, 분노에 휩싸일 수 있다는 것이다. 아버지를 비난하고 손가락질하는 것은 자신의 깊은 정서적 상처를 치유하는데 전혀 생산적이지 못한 행동이라는 점을 항상 기억하라. 누군가에게 화를 내면 그 사람과 자기 자신의 무덤 두 개를 파는 셈이라는 중국의 격언을 항상 기억하라. 아버지에게 화를 내고 아버지를 비난한다면 우리 삶의 모든 것을 잃는 것이다.

아버지와의 관계는 단지 출발점에 불과하다. 이는 우리의 아버지 요인을 발달시키는 출발선이지 중단점이 아니다. 자신의 아버지 요인을 발전시키고, 좋은 결과를 내게 만들고, 자신의 직업에 영향을 주는 것은 전적으로 우리의 책임이다. 이는 좋은 소식이다. 왜냐하면 어떤 아버지 유형도 우리가 항상 소망했던 그런 일을 하는, 우리가 항상 바라던 그런 사람이 되는 것을 가로막을 수 없기 때문이다. 우리는 그런 힘을 갖고 있다. 그리고 이제 그동안 우리의 사회적 지위와 경력의 성장을 방해했던 자기 패배적인 행동, 비관적인 신념, 부정적 태도를 변화시킬 수 있는 깨달음을 얻었다. 이는 자신의 가능성에 대한 대담한 선언이며, 자신과 아버지에 대한 가릴 수 없는 진실이다. 어른이라면 몇 가지만 바꾸거나 조금만 수정해도 삶의 진로와 경력이 발전할 수 있다는 것을 어느 정도 알고 있다고 나는 믿는다.

지금까지 우리는 많은 어른들이 경험한 여러가지 문제, 위기, 무시당하고 고통스러웠던 아버지 유형에 관해 많은 시간 동안 논의했다. 이 장에서는 우리가 생각했던 것보다 목표에 더 가까이 있다는 것을 보여주었다. 멘토형 아버지 유형을 더 깊이 이해하고 그 유형이 가진 여러 가지 장점들을 삶에 받아들이는 만큼 우리의 경력은 더 빨리 성장할 것이다. 멘토형 아버지 유형을 더 잘 이해하기 위해 다음의 질문들을 생각해 보자. 처음 떠오르는 생각대로 대답해주기 바란다.

## 배려하는 멘토형 아버지 요인 질문

- 고등학교를 졸업하기 전에 아버지와 함께 했으면 하고 바랬던 일을 다섯 가지 들어 보라.
- 이제 성인이 된 자신이 아버지와 함께 하고 싶은 일 두 가지를 들어 보라. (아버지가 살아계시든 돌아가셨든 상관없다)
- 성장하면서 아버지에게 받고 싶었던 것을 다섯 가지 들어 보라. (자신의 정서적 고통이나 아버지의 한계를 생각하지 말고 크게 생각하라)
- 이제 성인이 된 자신에게 있어 아버지와의 관계에서 가장 중요한 것은 무엇인가?
- 무엇이든 가능하다면, 지금 이 순간 아버지에게 받고 싶은 것을 한 가지 든다면 무엇인가? ('아무 것도 없다' 고 하는 것은 방어하는 반응이다)
- 아버지와 직접 관련 있는 자신의 제약점, 특징, 혹은 약점은 무엇인가?
- 아버지에게 영향을 받은 자신만의 장점을 한가지 들어 보라.
- 배려하는 멘토형 아버지 유형의 장점 중 업무에서 더 자주 사용하고 싶은 것을 한가지 든다면 무엇인가?
- 직장에서의 인간관계에서 변화시켜야 할 필요가 있다고 느끼는 행동, 태도, 신념을 한가지 든다면 무엇인가?
- 나의 직업이나 삶의 선택에 있어서 아버지와 비슷한 점은 무엇인가?
- 삶에서 결정적인 순간에, 중요한 진로 선택을 하는 동안, 그리고

개인적 생활에서 아버지를 얼마나 자주 생각하는가?

- 인간관계에 대해 긍정적이든 부정적이든 아버지에게 배운 것을 한가지 든다면 무엇인가?

이 질문들은 아버지가 현재 우리 삶에 주는 영향, 충격, 유산을 우리 스스로 마음을 열고 애기할 수 있도록 만들어진 매우 강력한 질문들이다. 이러한 논의는 양파 껍질을 벗기는 것처럼 켜켜이 많은 층을 이루고 있다. 각 장의 내용과 질문 목록들은 아버지와의 관계와 그것이 현재 우리의 삶에 주는 영향력의 핵심으로 점점 파고 들어가고 있다. 우리의 삶은 무한한 사건과 수많은 경험, 그리고 인생을 변화시킨 결정적인 영향의 조합이다.

## 이것이 우리의 아버지 요인이다

우리의 아버지는 과거, 현재, 그리고 미래에 존재하는 가장 강력한 힘 중 하나이다. 사람들은 이것이 사실이라는 것을 알고 있지만 자신의 가슴에 커다랗게 뚫린 아버지의 구멍을 어떻게 메워야 할지 모르고 있다. 아버지와 관련된 고통과 공포, 무관심, 그리고 그 밖의 문제들은 상당 부분 해결될 수 있다. 아버지와의 사이에서 어떤 일이 있었던 간에 아버지에 대한 우리의 태도를 조정해야만 한다. 어떻게 그런 일을 할 수 있을지는 계속해서 논의할 것이다. 궁극적으로 모든 화해와 치유, 용서, 그리고 이해는 자신에게서부터 시작되고 자신에게서 끝난다. 우리의 아버지가 어떤 생각을 하고 무엇을 하는지는 문제가 되지 않는다. 자신이 마음속에서 아버지를 향해 무엇을 하는가가 중요할 뿐이다. 이 회복 과정의 내적인 작업을 자신이 해야만 한다. 성인이라는 것은 책임을 수반하며, 책임은 특권과 기회, 힘을 부여한다. 우리의 아버지는 우리를 구하지 못하며 우리의 운명을 바꿔놓을 수 없다. 자기만이 그런 일을 할 수 있고, 이것이 바로 진실이다. 아버지에게 우리의 새로운 변화를 얘기하지 않는 것이 더 나을 것이다. 이렇게 주의를 주는 까닭은, 사람들이 변화하는 과정을 지켜본 나의 전문적 경험으로 볼 때, 그들의 아버지가 자녀들이 변화하고 발전하고자 하는 욕구를 이해하지 못하기 때문이다. 많은 경우 이런 무관심이 주요한 장애물이 된다.

직업이나 개인적인 인간관계, 가족 관계가 당연히 일어나는 아버지와의 관계에 의해 깊은 영향을 받지 않는다고 가정하는 순진한 실수를 범하지 말길 바란다. 아버지는 파악해야 할 힘이며, 우리의 삶에서 지금 이 순간이 바로 그것을 할 때이다. (어머니 역시 우리가 시간과 관심을 기울여야 할 또 한 사람이다)

배려하는 멘토형 아버지 유형은 우리 모두가 목표로 삼고 성취할 수 있는, 그리고 성공적인 삶을 위해 생산적으로 활용할 수 있는 모델이다. 이 목표에 도달하려면, 아버지가 우리의 삶에 준 영향을 파악해서 변화시켜야 할 필요가 있다. 통찰하고 해결하며, 신념을 변화시키는 것은 나 자신만이 할 수 있는 일이고, 자신에게만 해당되는 것이다. 아버지에 대한 가족의 신화나 어머니의 견해는 중요하기는 하지만 내 것이 아니다. 나의 감정과 생각, 기억은 여기에 기반을 둘 수 없다. 아버지에 관해 생각하는 시간을 갖게 되면 스스로 해결해야 할 필요가 있는 문제를 발견할 수 있을 것이다. 그러면 우리의 삶이 앞으로 나아갈 수 있다. 불쑥불쑥 솟아오르는 아버지나 과거의 일들에 관한 잡다한 생각들을 이전에는 한 번도 생각해 본 적이 없다고 해서 무시하지 말자. 이제 오래된 아버지—자녀 문제를 치유할 시간이다.

정말 진실되게 아버지 요인을 변화시키고자 한다면, 자신의 가슴과 머릿속에 간직하고 있던 자신과 아버지에 대한 매우 사적이고 비밀스런 진실에서부터 시작해야만 한다. 자신의 어린 시절에 무슨 일이 일어났었는지, 그것이 어떻게 해서 오늘날 자신의 직업과 업무에 영향을 주는 요인이 되는지를 알고 인정하는 것은 결코 쉬운 일이 아니다. 자신의 경력이 샛길로 빠졌다는 진실에 직면하고 싶은 사람은 아무도 없다. 게다가 그것이 아버지와의 관계에서 받은 영향 때문이라는 것을 인정하는 것은 더욱 싫은 일이다. 진실에 직면할 때까지 얼마나 더 많은 승진을 놓치고, 낮은 보수를 받고, 일상 업무에서 좌절을 느끼고, 시간을 허비하는 삶을 살기를 바라는가? 과거의 장애물을 용기와 힘을 갖고 제거하고 앞으로 나아가서 평화와 만족감을 얻는 것이 필요하며, 지금이 그렇게 하기에 적절한 때이다. 이 장을 끝내기 전에 다음의 질문들을 지금 생각해 보라.

- 나의 아버지는 어떤 분이셨는가?
- 아버지와의 관계에서 나는 어떤 사람이었는가?
- 직업에서, 개인적 삶에서, 친구들, 가족, 아이들에게 나는 어떤 사람이 되기를 바라는가?

이 질문들을 심사숙고하기 바란다. 이 책의 3부에서는 일곱 가지 장애물과 일곱 가지 멘토형 아버지 요인의 특징을 다룰 것이다. 앞의 네 장에서 다루었던 장애물들은 바람직한 면을 갖고 있다.

다음 장은 이전의 여덟 장과 좀 다르다. 세상에서 어떻게 행동하고 어떤 사람이 되어야 하는가에 대해 아버지에게 배운 규범들에 초점을 맞춘다. 이 규범들은 말로 표현된 것도 있고 말해지지 않은 것도 있다. '규범' 을 다룬 다음 장은 이 책의 행동 단계로 넘어가기 전에 다루고 이해해야 할 중요한 부분이다. 우리는 모두 규칙과 규범에 따라 산다. 우리에게 내재화되어 있는 아버지 요인에는 어떤 규범이 담겨 있는지 아는가?

# 3부
# 직장에서의 **아버지** 요인

**9 아버지 규범의 발달**

자녀에게 미치는 장기적인 영향

**10 경쟁력 키우기**

당신의 아버지 유형이 가진 강점은 무엇인가?

**11 일에서 빠르게 성공하는 길**

성공의 열쇠를 획득하는 방법

**12 아버지 넘어서기**

아버지 요인의 변화를 가져오는 성공을 향한 7계단

# 아버지 규범의 발달

## 자녀에게 미치는 장기적인 영향

9

나는 항상 아버지의 규범에 따라 살았다.
일, 돈, 삶에 관한 아버지의 규범, 신념, 견해를 얼마나 많이 받아들였는지 알지 못한다.
이런 규범을 어길 때면 너무나 두렵게 느껴지고, 그 전부가 무엇인지도 잘 모르겠다.

:: 바바라, 44세

규범이라는 개념이 나의 일과 삶에 항상 문제를 일으켰다. 아버지는 군대에 있었고,
나의 어린 시절은 규범을 깨지 않는 착한 아이가 되는 것이 무엇보다 중요했다.
성인이 되어서는 거의 대부분 그런 규범을 지키지 않으며 살았다.

:: 브래드, 32세

father

factor

규범을 따르는 것은 숨 쉬는 것과 같다. 늘 하고 있는 것이지만 그것이 문제가 될 때까지는 인식조차 못한다. 많은 경우, 예를 들면 권위를 가진 인물에게 항상 '예'라고 해야 하는 것과 같이 주어진 규범을 어기면 문제가 된다. 직장 상사가 요청했는데 거절하면 가슴이 땅바닥까지 철렁 내려앉는다. 단순한 '예 – 아니오'를 묻는 질문에도 속으로 스트레스를 받아 어쩔 줄 모른다. 자신의 평소 성격과 다른 행동으로 상사를 공격한 것은 아닌가 하는 걱정을 하면서 적어도 한 시간을 보낸다. 결국 불안을 이기지 못하고 상사에게 다시 가서 "마음이 바뀌어서 그 프로젝트를 하겠다"고 말을 해야만 안심이 된다.

규범은 지금까지 우리가 다룬 각 아버지 유형의 일부분이다. 다섯 가지 아버지 유형(성취지상주의형, 시한폭탄형, 수동형, 부재형, 그리고 배려하는 멘토형 아버지)은 모두 나름대로의 규범 체계를 갖고 있다. 흥미로운 점은 대부분의 자녀들이 이 규범을 어길 때까지 어린 시절에 학습한 규범의 영향을 깨닫지 못한다는 것이다. 지금부터 직장과 직업에서의 행동, 인간관계, 돈, 윤리, 자녀양육을 포함하는 다양한 규범들에 초점을 맞출 것이다. 이 다섯 영역에서의 일상적인 기능은 아버지와의 관계에서 많이 형성된다.

내재화된 아버지 요인에 배려하는 멘토형 아버지 유형을 받아들이는 방법을 다루는 부분으로 넘어가기 전에 자신의 일과 생활에서 의지하고 살아온 규범집을 탐색할 필요가 있다. 규범은 거실의 가구와 비슷하다. 각 가구마다 나름대로 위치와 기능이 있다. 우리 내면의 규범집에 대해서도 그렇게 말할 수 있다. 삶에서 규범은 각각의 실용적인 기능, 정확한 위치, 구체적인 목적을 갖고 있다. 내면의 아버지 요인을 변화시키기 위해서는 우리가 갖고 있는 규범이 무엇인지, 그리고 그것이 어떻게 작동하는지를 아는 것이 필요하다.

## 아버지의 규범집

모든 아버지 유형은 자체의 규범 체계를 갖고 있다. 그 규범에 따라 아버지를 비롯한 모든 가족 구성원들이 살아간다. 어떤 규범은 아버지와 자녀 간의 관계를 통해 대대로 전해진다. 아버지 유형을 구성하고 있는 아버지의 규범은 우리의 일상 행동, 배우자의 미숙한 선택, 직업에 이르기까지 모든 것에 영향을 준다. 어떻게 행동해야 할지, 세상을 어떻게 봐야 할지, 그리고 세상 안에서 우리의 위치는 어떤지를 파악하는데 규범은 궁극적인 영향을 준다. 자기 자신을 진실로 이해하려면 자신의 생활을 지배하고 있는 규범을 이해해야만 한다. 자신이 오늘날 어떤 사람이 되고 무슨 일을 하는지에 공헌한 규범이 무엇인지를 정확히 아는 것은 물론 쉽지 않은 일이다.

모든 사람은 특정한 규범 체계에 따라서 살고 있다. 청소년이든 성인이든, 어느 누구도 아버지의 규범이라는 유산에서 벗어날 수가 없다. 반항적이고 화가 난 십대가 아버지에게 "난 더 이상 아버지 뜻대로 살지 않을 거예요"라고 소리 지르는 것을 들은 적이 여러 번 있을 것이다. 아버지는 그 자리에 서서 십대(혹은 성인이나 어린 아이)가 성난 채 그 방에서 뛰쳐나가는 모습을 멍하니 바라보고 있다. 중요한 진실은 우리 모두가 상당 부분 아버지의 규범과 규칙에 따라 살고 있다는 것이다. 이는 아버지와 자녀 간의 관계에서 자연스럽게 파생된다.

아버지의 역할 중 가장 중요한 것이 '규범 제공'이다. 자녀들은 삶에서 일이 어떻게 돌아가고 자연적인 한계가 어디까지인지를 부모에게 배워야만 한다. 아버지가 짊어진 의무 중 하나는 자녀들이 성인의 세계로 나아가도록 준비시키는 것이다. 일/직업, 인간관계, 돈, 윤리 등의 영역에서 따라야할 규범을 제공하고, 세상에서 효과적으로 행동하는 방법을 제시해야 한다. 아이들은 어릴 때 이미, 뜨거운 난로에 손을 대는 것이 좋지 않다는 것을 배운다. 오늘날 우리가 따르고 있는 대부분의 규범들은 적절하고, 실용적이며, 흔히 '상식'이라고 불리는 것이 많다.

어렸을 때 아버지에게 일찍 자러 가고 싶지 않다고 했던 일, 학교 가기 전에 양치질을 해야만 하냐고 물었던 일, 겨울에 외투를 입지 않고 나가도 되냐고 물었던 일을 떠올려 보라. 아이들이 자주 하는 고전적인 '왜?'라는 질문은 이 규범에 대한 자연스러운 반응이다. 규범을 물어보고, 궁금해 하고, 테스트해보는 것은 자연스런 과정이며 성인이 되어서도 지속된다. 우리는 어린 시절에 이미 아버지가 중요하게 여기는 규범이 무엇인지, 그리고 그런 한계 안에서 평화롭게 사는 방법이 무엇인지 배웠다. 그 규범을 따르는 것은 자기 자신, 아버지, 그리고 집안 전체에 안전을 제공한다. 집에서, 학교에서, 그리고 일터에서 그런 규범을 따르는 것이 정서적으로 그리고 심리적으로 큰 혜택이 있었고, 지금도 그럴 것이다. 사람들은 규범을 지키는 사람을 존경한다. 왜냐하면 그렇게 하는 것이 강인한 성격을 보여주기 때문이며, 마찬가지로 특정한 순간에는 규범을 깨뜨림으로써 강함을 보여준다. 중요한 것은 우리의 삶에서 어떤 규범은 변화시키고 어떤 것은 그대로 놔두는 것이 바람직한지를 아는 것이다.

모든 아버지들은 규범에 따라 산다. 아버지의 정신 건강 수준이나 직업적 기능에 관계없는 사실이다. 예를 들면, 시한폭탄형 아버지 밑에서 자란 사람의 경우 누군가 화를 낼 때 내면의 규범은 다음과 같이 속삭인다. "즉각 누군가를 비난하라. 언제나 누군가를 정신 차리게 해주어야 한다." 보조 규범은 이렇게 말할 것이다. "다른 사람에게 소리를 지르고 비난하는 것은 정상이다." 수동형 아버지의 내면적 규범은 "결코 감정을 드러내지 말라" 혹은 "어른은 울면 안 된다. 감정을 얘기하지 말라. 남자는 울면 안 돼"라고 말할 것이다. 성취지상주의형 아버지는 다음과 같은 규범을 갖고 있다. "어떤 일에서도 실패하지 말아야 한다" 혹은 "삶에서 의지할 수 있는 것은 오직 승리하는 것뿐이다." 부재형 아버지는 다음과 같은 규범을 갖고 있다. "인간관계란 그다지 중요한 것이 아니다", "분노는 나쁜 감정이며 다른 사람에게 표현해서는 안

된다." 이런 규범이 모두가 적절한 것은 아니지만, 그럼에도 불구하고 우리는 이런 규범을 갖고 성장했다.

아버지에게서 배운, 말해진 혹은 내면의 규범을 몇 개 생각해 보라. (삶의 어느 영역이라도 관계없으니) 아버지에게 배우고 지금도 자신의 삶에 적용하고 있는 최소한 다섯 개의 규범을 적어 보라. 이 책에 적는 것도 괜찮다. (초등학교 때 배운 오래된 규범에는 '책에는 글씨를 쓰면 안 된다' 라는 게 있겠지만)

1 ______________________________

2 ______________________________

3 ______________________________

4 ______________________________

5 ______________________________

6 ______________________________

7 ______________________________

8 ______________________________

9 ______________________________

10 ______________________________

## 말해지지 않은 규범—무언의 힘

위에 적은 규범들은 내면의 아버지 요인을 구성하고 있는 매우 강력한 요소이다. 말해진 규범은 우리의 생활에 영향을 준다. 하지만 모든 연령의 자녀의 마음과 가슴에 자리 잡고 작동하고 있는 말해지지 않은 규범에 비한다면 별거 아니다. 말해지지 않은 규범은 우리의 일상생활에서 작동하는 가장 강력한 규범이다. 말해지지 않은 규범은 우리의 일상에서의 행동과 신념을 조용히 지시하면서 우리의 역할 행동에 막강한 영향을 주지만 정작 우리는 이를 의식하지 못한다. 말해진 규범은 법규나 사회 규범, 회사의 정책, 행위 규약이 될 수 있다. 예를 들면, 음주 운전을 하는 것은 매우 위험하며 목숨을 잃을 수도 있다는 것을 사람들은 알고 있다. 음주 운전의 결과를 모른다고 주장하는 것은 말도 안 되는 것이다. 이와는 달리, 말해지지 않은 규범은 다음과 같은 것이다. 예컨대, '오후 4시 이전에 매일 5잔이 넘는 술을 마시지만 않는다면 알콜 중독이라고 할 수 없다' 같은 생각이다. 이처럼 말해지지 않은 규범은 매우 개인적이며, 자신의 동료, 고객, 자기 자신과 관계를 맺는 방식을 안내하는 내적인 지침이다.

말해지지 않은 규범은 삶의 모든 영역에서 어떻게 행동해야 하는지를 기술한 핵심 신념 체계를 통합하는 부분이다. 말해지지 않은 신념은 어린 시절 아버지를 관찰하거나 아버지의 부재에 주목하면서 학습된 것이다. 아이들은 마치 멈추지 않는 사진기처럼 마음속에 부모의 모든 행동, 언급, 태도를 기록한다. 아버지들은 이런 자연스러운 현상과 그 영향을 간과하는 경향이 있다. 우리가 부재하는 아버지 밑에서 자랐다 하더라도 인간관계, 자녀, 남성, 일, 그리고 감정에 관련되어 있는 말해지지 않은 수많은 규범을 배운다. 다음에 아이들이 아버지에게 배운 말해지지 않은 규범과 행동방식에 관한 몇 개의 예를 들었다. 이 규범은 우리에게 전해졌으며, 인간관계에서 현재 우리의 행동에 많은 영향을 주고 있다는 것들이다.

주위에 있는 이성에게 어떻게 행동하는가? 우리는 표현을 잘 하는가? 수동적인가? 아니면 순종하는가? 우리는 원하는 것을 요청하는가? 아니면 상대가 알아서 해줄 때까지 기다리는가? 우리가 바라는 것을 상대에게 얘기하는가? 아니면 그렇게 말하는 것이 이기적이라고 생각하는가? 신체적인 관계나, 연애, 혹은 성적인 긴장이 없이 남녀가 친구로 사귀는 것이 가능하지 않다고 생각하는가? 남자와 여자는 삶의 진로나 역할에서 유전적으로 다르다고 생각하는가? 직장에서 남자와 여자는 결코 평화롭게 공존할 수 없다고 생각하는가?

내가 여성이라면 주변에 있는 여성에게 어떻게 행동하는가? 남자들에게 관심, 사랑, 인정을 받기 위해서는 다른 여성들과 경쟁해야만 한다고 생각하는가(부재형 아버지의 영향)? 여성들은 자신이 원하는 것을 요청할 수 있지만 공격적으로 보이거나 '성질이 고약하게' 보여서는 안 된다고 생각하는가? 여성이 일에서 성공하고 남성보다 더 성공해도 괜찮다고 생각하는가? 다른 여성을 믿을 수 있는가? 여성들이 나를 지지할까? '좋은 여자'는 재미있어야 할까? 아니면 일을 할 때는 항상 진지해야 하는가? 남자나 관계에 대해서 얘기를 하는 것이 여성에게 매우 중요하다고 생각하는가?

내가 남성이라면 주변의 남성들에게 어떻게 행동해야 하는가? 다른 남성들의 지지와 인정을 받기 위해서는 나의 일, 수입, 직업 경로, 운동 능력에 관한 자랑을 늘어놓아야 한다고 생각하는가? 남자들은 항상 서로 경쟁하고 서로에게 공격적이라고 생각하는가? 남자는 울어서는 안 되고 다른 남자 앞에서 '부드러운' 감정이나 정서를 보여서는 안 된다고 생각하는가? 여자가 나를 보살피는 것보다 내가 그녀를 더 보살핀다고 말해서는 안 된다고 생각하는가? 동료들이 나의 비밀이나 능력, 직업적 관계에 대해 모두 알아서는 안 된다고 생각하는가? '성공한' 남자란 돈이 많고 높은 사회적 지위에 오르는 것을 의미한다고 생각하는가? 남자는 오직 돈과 권력만을 중시해야 한다고 생각하는가? 대부분의 남자들이 믿을 만하지 못하고 너무 가까이 다가가서는 안 된다고 생각하는가?

자신의 직업, 업무, 동료에 대해 어떻게 느끼는가? 자신의 일을 즐기고 있는가? 자신의 직업을 중요하게 생각하는가? 권위를 가진 지위에 있는 사람들이 항상 나의 능력과 재능을 착취하고 있다고 생각하는가(수동형 아버지의 영향)? 일이 나의 삶에 가장 중요한 것인가(성취지상주의형 아버지의 영향)? 여성들은 일을 갖는 것보다 어머니가 되는 것을 더 좋아해야 한다고 생각하는가? 남자는 일에서의 성공과 실패에 의해 그 가치가 정해진다고 생각하는가? 어른들은 자신의 일을 즐기고 재미있어해야 한다고 생각하는가? 자신의 직업에 만족하는가? 아니면 단지 돈을 벌기 위해 일을 하고 있는가?

돈에 대해서 어떻게 느끼는가? 일터에서 돈만이 유일한 보상이라고 생각하는가? 돈이 모든 부패와 타락의 근원은 아니라고 생각하는가? 회사에 공헌한 자신의 일, 아이디어, 가치에 대해 보상을 받아야만 한다고 생각하는가(배려하는 멘토형 아버지의 영향)? 직업에서 결코 돈만을 추구해서는 안 된다고 생각하는가? 가족을 부양해야 하기 때문에 남성이 여성보다 더 돈을 많이 벌어야 한다고 생각하는가? 여성은 봉급을 올려달라고 요청하거나 돈을 밝히면 결코 안 되는가? 여성은 돈, 권력,

권리를 놓고 남성과 경쟁하면 안 된다고 생각하는가(수동형 아버지의 영향)? 돈을 버는 것이 받아들일 수 있고 노력할 만한 가치가 있는 일이라고 생각하는가(배려하는 멘토형 아버지의 영향)? 돈 문제에 대해 걱정하는 것이 정상적이라고 생각하는가?

성생활에 대해 어떻게 느끼고 생각하는가? 자신의 성에 만족하고 즐길 수 있는가? 여성이 먼저 섹스를 요구하는 것은 결코 안 되는가? 남성은 항상 성적인 만족을 위해 배우자를 찾는 것인가(성취지상주의형 아버지의 영향)? 성생활에서 어떤 것을 좋아하고 어떤 것을 싫어하는지 말하지 않아도 섹스 파트너가 그것을 알아야만 하는가? 성에 대해 얘기하려고 하면 갈등을 느끼는가? 자신의 성적 취향을 편하게 표현할 수 있는가? 아무도 성에 대해 얘기하지 않기 때문에 성적인 문제에 대해 대화하는 것이 전혀 중요하지 않거나 필요하지 않다고 생각하는가?

아버지가 알든 모르든 간에 자녀들은 전 생애 동안 항상 아버지를 바라본다. 아버지의 행동은 직장과 세상, 그리고 자신의 삶에서 어떻게 생각하고 행동해야 하는지에 관한 기본적인 지도 지침서가 된다.

만약 우리가 아버지의 말하지 않은 규범이 가족 구성원들에게 주는 영향을 관찰하는 외부인이었다면, 보이지 않는 감독이 지휘하는 잘 짜여진 연극을 보는 것 같다고 생각했을 것이다. 이러한 규범은 우리의 아버지로부터 우리와 다른 가족 구성원들에게 전달되며, 자동적으로 우리의 자아정체감, 직업, 삶의 방향과 이유의 한 부분이 된다.

말해지지 않은 규범이 중요한 까닭은 이들이 우리의 삶을 이끄는 신념이기 때문이다. 대부분의 말해지지 않은 규범은 좋고, 생산적이며, 우리의 생활을 유지하는데 중요하다. 현재 우리의 내적인 아버지 요인을 이끌고 있고, 우리의 직업, 인간관계, 돈, 그리고 윤리를 포함하고 있는 말해진 그리고 말해지지 않은 핵심 규범에 초점을 맞춰 보자. 다음의 영역에서 우리가 지키고 있는 행동이나 신념, 의식적 혹은 무의식적 규범을 책에 적어 보라.

**직업/일** 현재 자신의 직업에 대해서 어떤 느낌과 생각을 갖고 있는가? 직장에서 나를 이끄는 규범을 한 가지 든다면 무엇인가? 자신의 직업이 자신에게 특별하다고 느끼게 하는 신념은 무엇인가? 지금의 직업이 자신에게 잘 맞는다고 생각하는가? 그렇지 않다면, 나와 내 재능에 더 잘 어울리는 직업은 무엇일까? 자신의 직업에서 일중독적 태도는 선택할 수 있는 하나의 대안에 불과하다고 생각하는가? 다음 중 일에 대한 자신의 태도를 가장 잘 기술한 단어는 무엇인가? 끈기 있는, 결연한, 편안한, 지루한, 내몰리는.

**인간관계** 사적인 그리고 직업적인 인간관계, 우정, 동료가 내게 얼마나 중요한가? 나는 좋은 직업상의 관계를 어떻게 정의하는가? 동료와 함께 있을 때 자기 자신을 지킬 수 있는가? 자신의 삶에서 사적인 인간관계의 목적은 무엇인가? 현재 가장 친한 친구는 누구인가? 동료나 직원과의 관계가 아버지와 나와의 관계와 같은 유형이 아닌가? 내가 어렸을 때 아버지와 가장 친한 친구는 누구였는가? 그 관계에서 나는 무엇을 배웠나?

**돈** 돈에 대해 아버지에게 무엇을 배웠는가? 어릴 때 돈을 벌고 쓰는 것에 관해서 무엇을 배웠는가? 돈과 관련된 정서적 문제, 예컨대 죄책감, 두려움, 결핍감, 불안 등이 있는가? 돈이 충분하지 않아서 걱정되는가? 돈이 논의할 만한 주제인가? 어린 시절 돈 문제에 대한 집안의 분위기는 어떠했는가(부모의 다툼이나 긴장감, 방탕함)? 돈, 시간, 감정에 대해 후한가? 봉급을 올려달라고 요청할 수 있는가?

**윤리** 아버지와 가족, 자신에 관해 어떤 비밀이 있는가? 아버지는 정직한 분이셨는가? 자신이 정직한 사람이라고 생각하는가? 나의 정직과 성실이 동료나 친구, 배우자, 자녀에게 얼마나 중요하다고 생각하는가? 아버지로부터 직업윤리에 대해 무엇을 배웠는가? 동료나 고객, 상사에게 얼마나 자주 쉬운 방법을 취하거나 '선의의 거짓말'을 하는가? 나의 삶에서 차지하는 윤리의 역할과 중요성을 인정하는가?

지금까지 아버지와 자녀 관계에 연결되어 있는 여러가지 유형의 아버지 규범들을 논의했다. 이 장의 기본적 질문은 이것이다. 우리의 직업과 삶에서 변화시켜야만 할 규범은 무엇이라고 느끼는가? 일단 어떤 규범을 내 마음대로 바꿀 수 있다는 점을 인식하면 변화시키기는 참 쉽다. 항상 문제는 규범을 변화시키는데 있는 것이 아니라 그 규범이 아버지와 정서적으로 연결되어 있다는데 있다. 말해진 것이든 말해지지 않은 것이든 아동기에 형성된 규범이 자신의 삶에 더 이상 유용하지 않다는 것을 알게 되면 바꾸는 것은 쉽다. 핵심은 내면화된 아버지 요인을 지배하고 있는 말해지지 않은 규범을 찾아내는 것이다. 우리의 삶을 지배하고 있는 규범을 탐색하는 것은 노력할 만한 가치가 있으며, 또한 고통을 불러일으킬 수도 있다.

세 번째 주제(첫 번째는 아버지의 규범이고, 두번째는 말해지지 않은 규범)는 오래된 규범을 깨거나, 바꾸거나, 더 이상 따르지 않는 것과 연결된 정서에 관한 것이다. 변화는 불안, 공포, 그 밖의 통제 불가능한 감정과 사고를 불러일으키는 경향이 있다. 그래서 많은 직장인들에게 규범을 변화시키는 것은 어려운 일이다. 예를 들면, 아버지가 내게 언어적으로 매우 학대했다면(시한폭탄형 아버지의 영향) 권위를 가진 인물과 관계를 맺는 방식을 변화시키고자 할 때 용기가 필요하다. 사람들을 즐겁게 해주지 못하는 것에 대한 공포는(성취지상주의형 아버지의 영향) 많은 직장인들을 정체시키거나 이탈하게 만드는 매우 흔한 규범이다. 우리는 모든 사람들을 즐겁게 해줄 수는 없다. 그리고 변화에 수반되는 감정을 참아내기 위해 우리에겐 새로운 능력이 필요하다.

## 규범을 변화시키기 — 이유와 방법

자신의 규범집을 깨거나 바꾸는 것은 자신의 경력을 빠른 성장 가도에 올려놓는데 엄청나게 중요하다. 자신에 대한 견해, 동료와 자기 직업에 대한 견해에 의미 있는 변화를 주지 않고 아버지 요인을 바꿀 수 있는 방법은 없다. 이러한 지각, 신념, 행동, 태도들은 모두 자신의 규범집에 연결되어 있다. 규범집은 자신의 애착 유형, 자기 유형의 모든 측면, 직업에 대한 신념, 그리고 아버지의 규범을 망라하고 있다. 이 영역들은 모두 중요하고 직장에서 매일 매일 느끼는 감정, 행동, 사고방식과 관련이 있다. 우리 모두는 약간은 기억상실증이 있어서 우리가 이러한 모든 요인들의 총합이라는 사실을 잊어버린다. 교통이 정체될 때, 회의에 늦을 때, 새로운 고객을 찾을 때, 부모자식 관계에 대해서 논쟁할 때, 사업상 거래를 끝내야 하는 마감일이 되었을 때 이런 사실을 기억하지 못한다.

심리학에서는 변화를 어른들이 시도하는 과제 중 가장 도전적인 과제라고 생각한다. 자신의 규범집을 수리하고 개정하고자 할 때 갑자기 얼굴이 화끈거리고, 심장이 빠르게 뛰고, 숨이 가빠지고, 생각과 감정을 집중할 수가 없고, 죽을 것 같은 공포가 몰려드는 공황 발작을 경험할 수도 있다. 공황 발작을 일으키는 일차적인 심리적 원인은 통제력을 상실할지도 모른다는 두려움이다. 변화로 인한 다른 증상으로는 우울한 기분, 체중의 증가나 감소, 수면 부족, 초조감, 집중력 부족, 화난 기분, 공포의 엄습 등이다. 삶에서 뭔가를 변화시켜야 한다고 생각하는 것만으로도 이런 경고성의 불편한 감정과 신체 반응이 일어난다.

이처럼 강한 정서와 신체 반응이 일어나는 이유는 자신만의 안전한 공간(무의식)에 도달해서, 주위의 가구를 옮겨놓거나 오래된 가구(규범)를 던져버리고 새로운 가구(규범)를 배치하기 때문이다. 아무리 돌려 말한다고 해도 문제의 진실은 변화하지 않는다. 자신의 규범집을 개정하는 것이 필요하다. 우리의 삶의 진로에서 이 단계는 반드시 일어나야만 한다. 하룻밤 새 변화가 일어나기 위해서는 15년이 걸리지만 점진적 변화는 훨씬 빨리 일어난다는 오래된 격언이 있다.

삶의 경로에서 변화와 변형 과정을 끈기 있게 지속하라. 우리가 밟게 될 단계는 직업적 만족과 직업적 활동 중지라는 엄청난 차이를 만들어 낼 수 있다. 우리가 처음 거쳐야 할 가장 중요한 일은 비꼬는 것을 무시하는 것이다. 비관적이고 부정적인 생각, 변화에 대한 두려움, 현재 안락하게 느끼는 공간 모두가 규범집을 바꾸는데 저항할 것이다. 우리의 경력, 인생, 인간관계에 변화를 가져오는데 너무 늦거나 너무 이른 때는 결코 없다. 연령, 성별, 과거 경력상 실수, 인간관계에서의 실망은 변화의 동기가 된다. 이전의 행동은 우리의 경력을 성장시키는 추진력이 되지 않는다. 우리의 과거사가 미래의 성공이나 실패를 가장 잘 예측하는 것도 아니다. 오히려 우리의 새로운 선택과 생각들이 직업상의 성공을 더 잘 예언하는 지표가 된다. 다음의 단계를 자신의 규범집과 그것이 내재화된 아버지 요인에 미치는 영향을 신중히 탐색하는 지침으로 간주하라. 규범을 바꾸는 것에 대해 죄책감을 느낀다고 해서 놀랄 필요는 없다.

## 자신만의 규범집을 상상하라

다음 단계들은 아버지 요인을 우리가 원하는 방향으로 발전시키는데 필요한 큰 그림의 일부이다. 이 발전은 우리의 삶과 삶에 관련된 모든 영역, 즉 직업과 인간관계, 애착, 돈, 가족, 건강에 초점을 맞추고 있다. 잠시 시간을 내서 다음을 상상해 보라. (다시 말하지만 이 책에 적어도 좋다. 이것이 우리의 새로운 규범집의 일부이다)

- 지금 나 자신의 규범집을 손에 들고 있다면 어떤 모습을 하고 있을까?
- 무슨 색깔인가?

- 나는 일할 때 그 책을 항상 지니고 다니는가?
- 나의 배우자가 그 책을 읽은 적이 있는가?
- 이 책에 내가 마지막으로 기록한 때는 언제인가?
- 몇 페이지나 되는가?
- 표지에 뭐라고 쓰여 있는가? 아니면 공백인가?
- 동료에게 나의 규범집에 대해서 말하는가?
- 제목 페이지에는 뭐라고 쓰여 있는가?
- 첫 번째로 적혀있는 규범은 무엇인가? 그 규범을 따르는가? 지금도 그 규범이 내 업무에 유용한가?
- 규범집의 마지막 페이지에는 무엇이 적혀있는가?
- 이 책에 아무 것도 적혀있지 않은 페이지가 있는가?
- 누구에게 이 책을 헌정할까? 왜 그 사람인가?
- 변화시키거나 버리고 싶은 가장 중요한 규칙은 무엇인가?
- 내가 지켜야만 할 규범을 하나 말해보라.
- 이 책에 어떤 규범을 추가하고 싶은가?
- 이 책에 있는 말해진 규범을 얼마나 잘 지키고 있는가?
- 지금은 자신에게 도움이 되지 않는, 이제 알게 된 말해지지 않은 규범은 무엇인가?
- 변화시키려고 하면 두려움을 주는, 자신의 개인적 인간관계에 관한 말해지지 않은 규범은 무엇인가?
- 아버지의 규범집에 포함시켰으면 하고 바라는 규범 하나는 무엇인가?

## 새로운 규범의 적용

우리가 지니고 있는 규범집을 시각화하는 것은 아주 중요하다. 대부분의 성인들은 자신의 성장과 기회를 제한하고 있는 규범들을 바꿀 수 있다는 생각을 환영한다. 이제 우리는 우리 삶에 원자력 같은 힘을 주는 작업을 시작했다. 규범집을 다시 작성하려면 다음의 10 단계를 고려해야 한다. 이 단계를 필요 없다거나 나중에 해도 되는 것으로 여겨 그냥 넘어가지 말길 바란다. 지금이 시작해야 하는 시점이다. 굳이 아버지 요인을 바꾸고 싶지 않았다면 이 책을 지금까지 계속 읽을 필요가 없지 않았겠는가. 규범집은 사소한 성취(예 : 학교 교육, 직업상의 지위, 사업적인 관계 등)나 타고난 재능보다 더 중요하다. 우리가 지니고 있는 규범들은 우리의 삶과 일에서 행동하는 방식과 주위에 있는 사랑하는 사람들에게 행동하는 방식, 자녀를 키우는 방식을 지시한다. 시작한 일은 끝내자. 바로 우리 자신의 책이니까!

**1단계** 변화시킬 필요가 있는 규범 다섯 개는 무엇인가? (원한다면 더 많이 바꿀 수도 있지만, 완전히 새로운 규범집을 만들어 스트레스를 받지 않도록 하자) 우리의 행동을 변화시키는 데에는 시간과 인내, 반복, 끈기가 필요하다. 가장 먼저 바꿀 필요가 있는 규범들은 무엇인가? 잠시 시간을 내어 자신의 인생 역정에서 얼마나 큰 변화가 일어날 지 생각해 보라. 여러가지 변화를 생각해 보는 것은 매우 힘이 되고 동기를 유발시킨다. 규범 변화를 시도하는 데는 끈기가 필요하다.

**2단계** 우리를 오랫동안 제약해왔던 장애물들을 밀쳐놓아라. 자신의 태도와 행동을 어떻게 변화시켜야 하는지 보고 비판적으로 생각하는 것은 도움이 된다. 이 과정은 일터와 우리의 모든 삶에서 자신이 어떻게 행동해왔는지에 관한 것이다. 다른 사람의 문제나 아버지의 문제가 아니라 우리 자신에 관한 것이다. 이것은 우리의 삶을 전진시킬 수 있도록 소수의 규범을 변화시키는 것이다. 특정한 행동을 중지하고 새로운 행동을 시작할 때 느낄 수 있는 상실감이나 불편감에 놀라지 말라. 변화를 시도하는 과정 중에 동기가 저하된다고 걱정하지 말라. 에너지는 회복될 것이다.

**3단계** 오늘 바꾼 다섯 개의 규범에 관해, 우리를 믿고 지지하는 누군가에게 얘기해 보라. 그 규범에 대해 아주 구체적으로 말하라. 왜 이런 변화가 자신의 삶과 일에 그처럼 중요하고 필요한지 자세하게 설명하라.

**4단계** 이러한 변화가 우리 일에 어떤 긍정적인 영향을 줄 것인지 진지하게 고려해 보라. 여기에는 개인적, 직업적 관계를 포함한 모든 유형의 인간관계도 해당된다. 변화를 지속할 때 삶에서 어떤 것들이 변화될 수 있는지 상상해 보라.

**5단계** 이런 규범을 변화시키고 적절히 실행할 수 있도록 시간표와 체크리스트를 만들어라. 구체적으로 작성할수록 더 좋다. 매일, 매주, 매월 수정하는 것이 새로운 규칙을 적용하고 만들어 내는데 큰 도움이 된다. 이러한 행동과 태도의 변화가 내면에 흡수될 시간을 주라.

**6단계** 자신이 만든 실제의 새로운 규범집에 모든 변경 사항을 다 적어라. 이 규범집은 일기, 일지, 혹은 노트를 사용해서 만들 수 있다. 실제로 규범집을 만들어 보라. 그 안에 업무와 경력을 향상시키는 변화를 적어라. 변화를 받아들이는 것이 우리를 성공으로 이끈다. 성공을 달성할 수 있도록 도와주는 계획을 만드는 시간을 반드시 갖도록 하라.

**7단계** 앞으로 2~3개월 동안 이 규범집을 실제로 가방에 넣어 갖고 다니거나 아니면 근무 시간동안 쉽게 볼 수 있는 안전한 장소에 보관하라. 굉장히 많은 생각, 신념, 감정, 아이디어가 떠오르기 시작하는 데 놀랄 것이다. 그동안 말해지지 않았던 규범집이 마침내 뚜껑을 연 것이다. 자신의 무의식이 새로운 생각과 아이디어를 드러내기 시작할 것이다.

**8단계** 인내, 인내, 인내! 우리의 인생과 경력의 변형 과정 동안 우리가 인내해야만 할 이유는 엄청나게 많다. 집을 리모델링해 보았다면 그 기억을 떠올려 보라. 집을 확장하고 바꾸는 공사를 하는 동안 모든 것이 더러워지고, 먼지가 가득하고, 짐을 이리저리 옮겨야 한다. 우리의 내적인 생활도 마찬가지이다. 변화는 매우 혼란스러울 수 있다. 하지만 언젠가 우리의 생활은 다시 균형을 찾을 것이고 향상될 것이다.

**9단계** 기존의 규범을 우리의 삶에서 보다 잘 지키고 바람직한 결과를 낼 수 있도록 확장시켜라. 일에만 한정하지 말고, 사랑, 가족, 재정, 취미, 주말의 여가, 몸에 관해서도 확장시켜라.

**10단계** 수정하고 싶은 규범이 몇 개 안되더라도 이 단계들을 실시하라. 이 과정은 변화하기 위한 것이지 다른 사람들과 경쟁하거나 싸우는 것이 아니다. 이 일에 참여하는 사람은 바로 자신이라는 사실을 기억하라. 우리는 희생자가 아니다. 아무도 우리 자신을 구해줄 수 없다. 우리의 아버지도 우리를 구해주지 않는다. 그것은 아버지의 책임이나 역할이 아니다. 자신의 일에 관심을 돌리고 항상 원하던 방향으로 고개를 돌려라. 이 모든 것이 우리 자신에 관한 것이다! 이것이야말로 우리가 빠뜨려서는 안 될 하나의 투자이며, 다른 사람이 대신해 줄 수 없는 것이다.

운동 경기에서 경기 규칙을 신중하게 적용할 때 그 경기의 결과가 얼마나 영향을 받는지 잠시 시간을 내서 생각해 보라. 프로스포츠 팀은 게임의 규범집을 지키는 심판의 종료 휘슬에 따라 살기도 하고 죽기도 한다. 골프를 할 때 말해지지 않은 규칙이 몇 개나 될까? 골프처럼 단순해 보이는 게임도 여러가지 에티켓 규칙을 모두 알고 이해하려면 몇 년이 걸린다. 특히 여성의 경우, 직장에서 어떻게 행동해야 한다는, 옳고 그른 것을 떠나 말해지지 않은 규범이 아마도 수천 개는 될 것이다. 결혼 준비, 결혼식, 피로연에 관련된 말해진, 말해지지 않은 규범을 생각해 보라. 이 규범과 규칙에 동의하든 동의하지 않든 간에 이런 규범이 존재하고 있다는 사실은 우리 모두가 알고 있으며, 그 규범의 구체적인 내용에 대해서도 대개는 알고 있다. 이와 관련하여 두가지 질문을 던질 필요가 있다.

1. 우리가 가진 규범과 규칙은 무엇인가?
2. 이 규범들이 현재 우리의 경력에 작용하고 있는가?

# 경쟁력 키우기

## 당신의 아버지 유형이 가진 강점은 무엇인가?

저는 제 직업에 대해 항상 수줍고 아주 수동적이었죠. 아버지는 불독 같은 분이셨는데, 저는 사람들에게 그렇게 하고 싶지 않았습니다. 저는 그 반대의 길을 걸었죠. 하지만 아무데도 도달하지 못했어요. 제게 변화가 필요하다는 것을 절실히 느낍니다.

:: 진, 33세

사회생활에서 아버지의 부재가 문제가 되었다는 결론에 도달하는 것은 단지 시간 문제였을 뿐이다. 아버지는 내 인생에 늘 부재했다. 나는 아버지가 우리 가족에게 했던 것과는 다른 사람이 되려고 항상 애썼다. 그러나 문제는 함께 일하거나 알고 있는 모든 사람들과 너무 경쟁한다는 데 있다.

:: 케일, 44세

우리의 경력과 성인으로서의 생활에서 내적인 아버지 요인이 지금까지 어떻게 영향을 미쳐 왔는지, 어떻게 변화시켜야 하는지에 대해 다양한 방법들을 논의하고, 검토하고, 탐색했다. 이 모든 사실, 통찰, 유형, 규범, 그리고 지혜를 단 두 단어로 요약한다면, '아버지가 중요하다'는 것이다. 아버지는 우리가 생각지도 못한 방식으로 중요하다. 이 책의 목표는, 우리가 직장인이든 아니든 관계없이, 경력과 삶, 돈, 인간관계에서 우리 자신이 항상 원하던 방향으로 나아가도록 하는 것이다. 앞으로 나아가기 위해서는 자기 내면 깊숙이 파묻혀 있는 비밀을 발견하는 것이 필요하다. 그 비밀이란 바로 아버지에 관한 것으로, 아버지는 우리의 삶, 과거, 현재, 미래에 많은 영향을 주고 있다. 서너 개의 통나무만 붙들고 있으면 강물 전체를 통나무로 가득 채울 수 있다는 오래된 격언이 있다. 이제 그 몇 개 안되는 통나무에 초점을 맞출 때이다. 즉 우리 삶을 붙잡고 있는 아버지 요인이라는 주제이다.

우리의 아버지 유형, 그리고 삶에 대한 태도는 이제 드러나고 변화할 준비가 되었다. 이 장은 단순한 자기계발 프로그램이 아니다. 우리가 오랫동안 기대해왔지만 달성하는 방법을 잘 몰랐던 깊은 변화를 다룰 것이다. 아버지 요인을 변화시키는 것은 우리 마음과 내적 태도라는 내면에서부터 시작될 필요가 있다. 외부세계에서의 변화는 그 다음에 일어난다. 패러다임에 변동이 있을 때 영향 받지 않는 것은 거의 없다. 우리의 아버지 유형, 그것이 삶의 태도에 미친 결과와 이런 태도의 장단점을 다룬 다음의 질문들을 고려해 보자. 모든 아버지 유형은 각기 강점과 약점을 갖고 있다는 것을 다시 한번 지적해 둔다.

## 아버지 유형이 갖고 있는 장애물들

다섯가지의 다른 아버지 유형에 관한 이전의 장들을 읽으면서, 그 중 어떤 유형이 어린시절 경험과 유사하고 진정으로 마음을 울리는가? 시한폭탄형, 성취지상주의형, 수동형, 부재형, 배려하는 멘토형, 이 다섯 가지 유형을 다시 생각해 보라 . 이런 질문에 대답하기 전에 아버지와의 경험을 가장 잘 기술한 장을 다시 봐야할 필요가 있다면 그렇게 하라. 다음의 질문들을 읽고, 자신의 대답이 자기 경력과 업무에 관해 얼마나 가치있는 정보와 실제로 도움이 되는 통찰을 제공하는지 보라.

- 내가 성장하는 동안 아버지의 주된 유형은 무엇이었는가?
- 나의 행동, 신념, 인간관계 측면에서 볼 때 내 경력에 아버지의 유형이 어떻게 반영되어 있는가?

- 일곱가지 주된 장애물(수치심, 자기 의심, 회피, 동기 저하, 책임감/윤리, 분노, 실패에 대한 두려움) 중 아버지 유형의 결과로 나의 업무에서 가장 활발하게 작동하는 행동 패턴은 무엇인가?
- 내 직업에서 내가 갖고 있는 주된 강점은 무엇인가?
- 나의 아버지 유형과 연결되어 있는 규범은 무엇인가?
- 아버지의 유산 중에서 나의 모든 생활을 관통하고 있는 핵심주제 하나는 무엇인가? (여러가지 주제/행동이 있다는 점을 기억하라)
- 어떤 애착 유형(간헐적, 회피하는, 우울한, 안전한)이 나와 가장 비슷한가? 직장생활과 일상생활에서 사용하고 있는 다른 애착 유형이 있는가?
- 내 삶에서 문제를 일으키는 자기 패배적 행동, 문제, 반복되는 주제가 무엇인가?
- 내재화된 아버지 요인 중에서 내가 변화하길 원하는 한가지 약점은 무엇인가?
- 아버지에게 물려받은 유형을 인간관계나 연애관계에서 어떻게 사용하고 있는가?
- 일터에서 내가 인간관계를 처리하는 방식을 가장 잘 설명하는 아버지 유형은 무엇인가?

이 열한가지 질문은 우리의 직업, 개인생활, 연애관계를 관통하는 공통된 주제를 알아보기 위해 고안된 것이다. 각각의 아버지 유형은 우리가 직장에서 일하는데 엄청난 영향을 주고 있다. 자신이 소유한 회사, 감독해야 하는 이천 명의 사람들, 현재의 지위 등에 무관하게 어린 시절에 학습된 행동은 지금 우리의 직업적 기능에 영향을 준다. 각각의 아버지 유형은 나름대로의 부작용이 있다. 그리고 각각의 긍정적 효과와 부정적 효과를 알 때 자신의 직업에서 발생하는 증상과 문제를 확 줄일 수 있다. 우선 다섯가지 아버지 유형 각각에 잠재되어 있는 부작용과 핵심 강점을 살펴보도록 하자. 그런 다음 이런 강점과 더불어 장애물이 잘 해소되면, 어떻게 더 힘 있게 우리 경력이 제대로 된 방향으로 나아갈 수 있을지 보도록 하겠다.

## 내 아버지 요인의 유형은 무엇인가?

성취지상주의 아버지 유형은 '항상 좋아 보이는' 외모, 성취, 행동을 강조한다. 성취에 대한 압박은 상상을 초월한다. 그런 아버지를 가졌다면 아버지가 설정한 기준에 도달해야만 한다는 생각이 끊임없이 들었을 것이고, 그러지 못했을 때 아버지가 크게 실망하는 것을 느꼈을 것이다. 어떤 자녀도 부모를 실망시키고 싶어하지 않는다. 업적에 근거를 두는 관계의 결과로 수치심이 발달되며, 수치심은 성인 생활에 가장 부정적인 힘 중 하나로 간주된다. 모든 사람을 그의 지위, 권력, 재력에 무관하게 마비시킬 수 있다. 수치심은 자기 자신이나 자기가 한 것이 마음에 들만큼 '충분히 좋다'고 느껴보지 못할 때 생겨난다. 따라서 이런 부적절한 느낌은 대단히 강력하다. 초등학교 때부터 시작해서 성장해도 계속 따라다닌다. 그리고 이것은 실패에 대한 두려움으로 꽃을 피운다. 장애를 지각할 때 느끼는 정서적 고통은 이해하기가 힘들 만큼 크다. 지속되는 수치심의 감정이 홍수처럼 밀려와 현실의 경험을 뒤덮기 때문이다. 순전히 생존하고자 하는 본능으로 인해 모든 위험과 도전을 회피한다.

## 수치심과 실패에 대한 두려움 vs. 통찰과 이해

직장생활에서 수치심과 실패에 대한 두려움을 제거하려면 통찰과 이해가 필요하다. 인간관계에서 통찰과 이해의 속성은 배려하는 멘토 아버지 유형의 주된 특징이다. 수치심은 동료나 고객을 이해하고 통찰하는 능력을 가려 버린다. 또한 수치심은 자신의 행동, 선택, 생각들을 분명하게 보고 기능하는 능력을 해친다. 우리는 아마도 결정적인 순간에 '난 좋은 사람이 아니야. 난 유능하지 않아, 난 부자가 아니야' 하고 생각하면서 수치심과 열등감을 느끼며 시간을 허비했을 것이다. 다른 상황에서도 마찬가지이다. 수치심은 항상 우리에게 부족한 사람이라는 깊고 불편한 느낌을 남긴다. 지적인 면, 업무 능력, 인간관계, 외모, 인지적 능력, 재력 등등 모든 영역에서 이런 느낌을 받는다. 불행하게도 수치심은 우리의 행위, 감정, 사고 모두를 둘러싸고 있다.

베라는 성취지상주의형 아버지의 딸로서, 자신의 삶을 바꾼 훌륭한 사례이다. 베라가 일곱살 때 부모가 이혼했고, 그녀는 아버지와 함께 살았다. 베라의 아버지 랜달은 동부 해안의 유명한 사립대학교 교수였다. 그는 베라가 아홉살 때 재혼했다. 베라에 의하면 새엄마인 자넷은 신데렐라 얘기에 나오는 사악한 계모의 전형이었다고 한다. 베라가 고등학교에 입학했을 때, 베라, 아버지, 그리고 새엄마 간의 긴장은 더 이상 견딜 수 없을 정도가 되었다. 아버지는 베라가 2학년 때 평균 C에 미치지 못하는 점수를 받아오자 매우 격분했다. 베라가 학업, 성취, 외모에 관심을 보이지 않는 것에 대해 아버지는 격노했다. 그녀는 1990년 여름 아버지의 집에서 쫓겨났고 다시는 돌아오지 말라는 소리를 들었다. 그 후로 8년간 아버지는 베라와 얘기를 하지 않았다.

대학원을 다닐 때가 돼서야 베라는 아버지의 사랑, 지지, 인정을 상실한 정서적 충격에서부터 완전히 회복될 수 있었다. 이런 충격은 베라가 십대 때 성취에 목숨을 거는 아버지의 가치관, 규범, 그리고 신념을 따르지 않았기 때문에 발생한 것이었다. 그러다가 샌프란시스코 대학교 2학년에 재학 중일 때 배라의 내면에서 뭔가가 일어났다. 그녀는 수치심과 부적절한 느낌을 갖는 것이 아버지에게 문제가 있어서가 아니라 그녀 자신의 문제라는 것을 깨달았다. 이런 통찰로 해서 그녀는 즉각 성적과 자기 지각, 자신의 삶과 일에 대한 방향감에 변화를 가져왔다. 베라는 수치심, 실패에 대한 두려움, 자기 자신에 대해 좋게 생각해 본 적이 없는 것이 공정하지 못하다는 것을 깨달았다. 그녀는 아버지를 실망시켜드린 것을 좋지 않게 느꼈지만, 그렇다고 해서 그녀가 무능하다든지, 가치가 없다든지, 학생이나 딸로서 '충분히 좋지' 못하다는 것을 의미하는 것은 아니었다.

베라는 그 후 2년간 열심히 공부해서 평균 A 학점을 받았다. 이 성적 덕분에 베라는 서부 해안 지역의 일류 법대에 입학할 수 있었다. 베라는 수행과 성취에 관한 아버지의 규범, 즉 항상 완벽하게 보여야 한다는 규범이 아버지의 규범이지 그녀 자신의 규범이 아니라는 점을 깨달았다. 그녀는 A학점을 받으려고 노력했는데, 그녀 자신을 위해 한 것이었고, 자신이 선택한 직업을 성취하기 위한 것이었다. 또한 베라는 자신의 나머지 인생 동안 아버지와 계모를 지독하게 미워하면서 보낼 수도 있고, 아니면 자신의 인생을 위해 가치있는 통찰과 이해를 얻을 수도 있다는 것을 발견했다. 현재 베라의 스타일은 배려하는 멘토 모형에 가장 가깝다. 베라는 인간관계나 일터에서 정서적 지지와 이해가 얼마나 중요한지 알고 있다. 법률 실무에서 일한지 4년이 된 지금, 베라는 자신의 삶에서 수치심과 실패에 대한 불안이라는 장애물을 제거했다. 자신의 삶에 성취에 목숨 거는 아버지 유형의 장점을 흡수했으며, 문제, 고객, 동료, 친구를 대할 때 더욱 배려하는 태도를 취하고 있다.

### 성취지상주의형 아버지의 자녀들이 가진 강점

- 이들은 강한 직업윤리를 갖고 있고, 어떤 일이나 직업적 행동의 과정에 헌신하는 것이 가치 있다는 것을 잘 알고 있다.
- 이들은 열심히 일하는 것을 가치 있게 여기며, 새로운 도전, 직업의 변경, 올바른 직업적 진보를 이루려는 시도를 기꺼이 한다.
- 이들은 성취와 목표설정의 역할을 이해한다.
- 이들은 어떤 일에서도 쉽게 포기하지 않는 끈기 있는 태도와 신념 체계를 갖고 있다.
- 이들은 성공과 성취에 관한 완고한 규범집을 갖고 있지만, 다른 사람에게 동기를 부여할 수 있다.
- 이들은 일터에서 말해지지 않은 규범이 어떻게 작동하고 있는지 알며, 성공적으로 이를 따를 수 있다.
- 어려운 일을 성취해내는 사례를 보여줌으로써 다른 사람들에게

큰 동기를 부여할 수 있다.

- 이들은 사업이나 일에서 두려움 없는 태도를 갖고 있다.
- 이들이 성취, 외모, 성공의 균형을 이룰 때 리더로서의 잠재력을 갖게 된다.
- 이들은 기업가 정신이 있고, 사업을 시작해서 아이디어를 현실로 바꾸고, 자금을 끌어 모으고, 투자할 수 있는 능력이 있다.

시한폭탄형 아버지의 자녀들은 자신의 두려움을 극복하고 감정과 갈등에 직면할 필요가 있다. 이런 유형의 아버지 밑에서 자란 아이들은 아버지의 끊임없는 기분 변화에 의해 심리적으로 큰 충격을 받았다. 아버지의 예측할 수 없는 기분 변화와 반응, 예측할 수 없는 감정의 폭발로 인해 모든 가족이 매일 밤 위험한 순간을 보냈다. 이런 유형의 아버지를 가진 사람들은 사람의 마음과 정서 상태를 매우 빨리 '읽어내는' 법을 배운다. 이 재능은 아버지의 믿을 수 없는 변덕스러움, 계속되는 고함소리, 학대 행동으로부터 자신의 생명을 지켜주는 선물이다. 소리를 질러대는 아버지로부터 살아남은 성인이라면, 그는 여러가지 학대를 견뎌내고, 특히 가장 끔찍한 정서적인 학대와 정신적인 학대를 견뎌낸 것이다. 그는 불안, 회피, 미래에 대한 공포로 고생했다. 또 어떤 때에는 자신의 능력, 타고난 재능, 그리고 직업적 재능에 대해 스스로 자신감을 갖는다.

## 회피 vs. 자신감

성인으로서 우리가 해야 할 삶의 도전은, 항상 안정과 안전을 추구하고 위험으로부터 도피하고자 하는 시도에서 벗어나는 것이다. 지금까지 우리의 인간관계, 애정 파트너, 사업상 결정, 직업 선택은 미지의 위험으로부터 벗어나려는 매우 조심스런 태도를 반영하고 있다. 아버지는 어린 시절 우리에게 매우 일관성 없는 정서적 반응을 보였다. 이런 불안정감을 경험하게 되면 항상 안전한 선택을 하라는 내면의 신념을 형성하게 된다. 많은 시간이 지났지만 여전히 우리는 잠재된 위험이 높은 모든 시도를 무의식적으로 피하고 있다. 문제는 우리 삶의 모든 것들이 위험해 보이고 피해야 할 것으로 보인다는데 있다. 불안이 심해서, 잘 모르는 것에 대한 우리의 첫 번째 반응은 '안 돼!' 혹은 '싫어' 이다. 도전 대신 발전성이 없는 일, 나쁜 인간관계, 혹은 편안하고, 친숙하고, 안전하게 느껴지는 것들에 머무는 것을 선호한다.

우리가 뭔가를 하면 어떤 '나쁜 일' 이 일어날 것이라는 두려움 때문에 자기 생각을 전달하지 않고 갈등을 회피하는 패턴을 학습해 왔다. 자신의 진실한 생각을 다른 사람에게 표현한다는 생각 자체가 매우 불편하고, 따라서 그렇게 하는 경우가 매우 드물다. 그보다는 '사람을 기쁘게 해주는 사람' 이 되어 다른 사람들이 원하는 것을 해주는 것이 훨씬 쉽다. 이런 인간관계 패턴은 삶에서 진정으로 원하는 것이 무엇인지에 대해 자신도 종잡을 수 없게 만든다. 이런 인간관계 양상은 어린 시절에 충격적인 경험을 하면서 발달된 것이다. 몰두하게 되면 정서적으로 상처를 쉽게 받을 수 있는 취약한 상태가 될 수 있기 때문에 무엇인가에 헌신하는 것이 매우 두렵다. 스스로 고립되어 '안전한' 것을 선호한다. 그것이 어린시절부터 현재까지 우리의 패턴이 되어 왔다.

마리오는 시한폭탄형 아버지인 루 밑에서 자랐지만 이제 변화에 성공한 어른이다. 마리오가 성장하는 동안 루는 매일 밤 집에 돌아왔을 때 집안이 깨끗하지 않으면 자식들을 때렸다. 맏이인 마리오는 기계로 깎은 앞마당의 잔디를 가위로 완벽하게 다듬어야 했다. 루는 술을 많이 마셨고, 가끔 마리오나 자식들에게 폭력을 행사했다. 마리오는 매일 밤 집안을 먼지 하나 없이 깨끗하게 정리하고, 마당을 잡동사니 한 점 없이 치우고, 동생들을 재워서 루가 화내지 않도록 하는 방법을 배웠다. 아버지가 집에 들어오는 순간 15초 내로 아버지의 얼굴을 읽고 그날 저녁이 어떻게 될 지 알 수 있었다. 그는 매일 학교에서도 불안해 했는데, 아버지가 밤에 돌아와 어떤 행동을 할 지 몰라 걱정스러웠기 때문이다. 이런 생각으로 인해 주의 집중이 어려웠기 때문에 학교 성적이 좋지 않았고, 이 때문에 학습과 성취에 관해 부정적인 자기개념을 형성하게 되었다.

마리오는 평균 $C^{-}$(1.5 GPA)를 받고 고등학교를 졸업했다. 그는 공부를 잘하는 학생이 되는 것보다 집안을 평화롭고 안전한 곳으로 유지하는데 더 관심을 기울였던 것이다. 집안에서의 혼란과 가족에게 벌어지는 악몽에 모든 에너지를 소모했기 때문에 공부는 안중에도 없었다. 마리오는 스물다섯 살에 결혼해서 지방 대학을 다니기 시작했다. 25년 후 마리오는 몇 개의 치료 클리닉을 소유한 물리 치료사가 되었다. 여전히 마리오는 아내인 린다나 직원들과 대화하는데 어려움이 있다. 그는 다른 사람에게 화를 내느니 차라리 정서적 갈등을 회피해 버리는 편이다. 누군가 마리오에게 화를 내면 그는 심한 공포에 휩싸이곤 했다. 이는 아버지로부터 배운, 분노에 관한 말해지지 않은 규범 때문이었다. 마리오의 규범집에는 누군가 자신에게 화를 내면 자신의 삶이 위기에 처한 것이며, 나쁜 일이 반드시 일어날 것이라고 적혀 있었다. 마리오는 이 규범을 다시 적었다. '사람들이 화를 낸다고 해도 내 삶은 위험에 빠지지 않을 것이며, 그 문제를 해결해야 하는 것은 항상 내가 책임져야 할 일이 아니다. 분노는 자연스러운 정서이며 두려워해야 할 뭔가가 아니다.'

마리오는 약물 남용으로 고생했지만 지난 십 년간 이 문제를 극복했다. 회피의 힘은 어린 시절의 학대를 잊어버리고 무감각하게 만드는 약물 남용 문제를 생기게 했던 것이다. 어려웠던 어린 시절에도 불구하고 그는 자신의 장애물을 제거하고 정신적, 신체적으로 보다 건강한 삶을 영위하는 방법을 발견했다.

### 시한폭탄형 아버지의 자녀들이 가진 강점

- 대인관계 기술이 뛰어나다(대중매체 종사자, 관리자, 인사과).
- 일터를 이해하며, 직장인들마다 각기 다른 정신적, 정서적 욕구를 갖고 있다는 점을 알고 있다.
- 다른 사람의 삶과 일에서 발생하는 변화로 인한 어려움을 함께 느낄 수 있다.
- 분노를 표현하거나 공격적인 정서를 드러내지 않고 적절하게 의

사소통을 하는 것이 가치 있다는 사실을 알고 있다.

- 타인이나 자기 자신에게 언어적 학대나 공격하는 행동을 하지 않으려 하며, 작업 태도가 나쁘지 않다. 직장에서 감정이 격앙된 상황을 외교적으로 처리하는 방법을 알고 있다.
- 문제가 되는 직원이나 고객, 상사, 가족 구성원을 뛰어나게 잘 다룬다.
- 뛰어난 인적 자원 전문가가 되고자 하는 동기를 갖고 있다.
- 모든 성인들이 생산성을 최대로 끌어올리고 성공하기 위해서는 정서적으로 안정되고, 안전하고, 편안한 작업 환경이 필요하다는 것을 알고 있다.
- 동료, 고객, 직원들에게 적절하고도 존중하는 태도로 행동하고 전문가답게 행동하는 것의 중요성을 알고 있다.
- 각각의 지위에 따른 윤리와 책임감의 규범을 이해한다.
- 직장 내 모든 사람들에 대해 매우 직관적이고, 예민하며, 통찰이 넘친다.
- 권위를 내세우며 공격을 하는 인물의 '희생양'이 되는 것이 무엇인지 이해하며, 그런 작업 환경에 처해 있는 사람에게 연민을 느낀다.

이제 수동적인 아버지 유형을 회상해 보자. 이런 아버지들은 일하고, 집에 돌아와서 다음날 아침이면 다시 일하러 나가는 삶을 수십 년간 쉬지 않고 반복했다. 직장에서 직업윤리나 동기가 문제가 되었던 적은 없다. 사실상 그의 직업, 양육 방식, 인간관계에서의 일관성은 본받을 만하다. 그는 자신이 하거나 시도하는 모든 일에 헌신하는 것이 가진 가치와 목적을 이해하고 있다. 이런 아버지 유형의 신조는 말이 아니라 행동을 통해 사랑을 보여준다는 것이다. 이런 아버지의 자녀들은 아버지가 자신을 사랑한다는 것을 알고 있다. 그럼에도 불구하고 '나는 너를 사랑하고 지지한다' 는 말을 듣고 싶은 정서적 욕구가 있다. 하지만 이런 말을 듣는 것은 매우 드문 일이다. 연령에 무관하게, 지지하고 보살피는 말을 제대로 듣지 못하는 것이 모든 아이들에게 상처가 된다. 수동적인 아버지와 자녀 간의 거리감은 잠재적으로 위험한 장애물들을 만들게 된다. 이런 아버지 유형의 공통된 장애물로는 무시당하는 느낌, 우울, 대인관계에서의 의사소통 문제, 자기 의심, 그리고 동기나 열정의 부족이다.

1950년대에 유행했던 거리감이 느껴지는 아버지와 자녀 관계는 오늘날에도 매우 흔하게 나타난다. 이런 유형의 자녀는 왜 아버지가 자신과 정서적으로 거리를 두는지 이해하지 못한다. 가족 내에서 생각이나 감정을 나누지 않는 경향은 사실상 지난 백 오십년간 매우 강력한 아버지의 유산이 되어왔다. 정서적, 정신적 피드백이 부족하기 때문에 이 아이들은 사랑받지 못하고 무시되고 열정이 없이 버려진 느낌을 받는다. 아버지의 관심과 애정은 말과 행동으로 전달될 필요가 있다. 그래야 자신이, 아버지에게 그리고 세상에게 중요하다는 것을 알 수 있다. 이런 지지가 없으면 자기 일에서 힘을 느끼기가 매우 어렵다.

이러한 성인들에게 있어서 주된 문제는 헌신, 열정, 정서적 참여가 부족하다는 것이다. 이런 감정이 없으면 자기 의심이 들고 동기가 부족해진다. 자신의 직업, 자기 자신, 그리고 인간관계에 열정과 정서적 헌신이 없다면, 삶에 있어서 중요한 이 영역들에서 동기를 느끼고 앞으로 나아가기가 상당히 어렵다. 삶은 좋아 보일지 모르지만, 뭔가 빠진 듯이 느낀다. 즉, 자기가 하는 일과의 정서적 접촉이 필요하다.

### 동기 부족과 자기 의심 vs. 용기와 성격적 강인함

이 책의 1부에서 인간관계가 삶의 모든 측면에서 얼마나 중요한 역할을 하는지 설명했다. 인간관계 기술을 모르거나 그 기술을 적용하지 않고 할 수 있는 일이란 없다. 우리가 열정적일 수 있는 능력이 있느냐 아니면 수동적이냐에 따라 우리의 직업적 잠재능력을 살릴 수도 있고 죽일 수도 있다. 아버지와의 관계에서 형성된 정서적 회피는 다른 사람과의 관계에서 열정의 부족, 흥미와 관심의 부족, 내적인 욕망과 추진력의 부족이란 형태로 자주 나타난다. 하지만 동료, 친구, 직원들이 겉으로 드러난 우리의 모습만 보고 이렇게 판단하는 것은 어느 정도는 잘못된 것이다. 겉으로 드러나는 모습은 우리 내면에 감춰져 있는 진정한 의도나 야망을 제대로 대변하고 있지 않다.

우리가 쓰고 있는 가면은 우리가 갖고 있는 핵심적인 힘과 잠재력이 발휘되기 시작되면 변화될 수 있다. 일상에서 나타나는 열정의 부족, 끊임없는 자기 의심, 무시당하는 느낌, 우울같은 드러난 모습 뒷면에는 용기와 성격적 강인함이 자리잡고 있다. 용기와 강인함은 사람과 일, 혹은 자기 자신에게 마음으로 헌신하고 그 약속을 지키는 능력이다. 용기는 단순히 헌신만을 낳는 것이 아니라 열정적으로 어떤 프로젝트나 행동에 참여하게 한다. 이 두 자질은 우리의 아버지 요인이 가진 핵심이 되는 강점이다.

우리는 6장에서 지나를 만났다. 그녀의 아버지는 수동적인 아버지 유형이었고, 지나는 아버지의 심한 무관심으로 인해 끊임없이 고통을 받았다. 지나는 성인 생활의 대부분을 우울과 자기 의심으로 고생하며 보냈다. 그녀는 직업, 연애 관계, 그리고 자기 자신에 대한 수동성을 극복하기 위해 정말 열심히 노력했다. 지나는 4년 전 결혼했으며, 자신이 정말로 돌봐주고 싶은 사람인 배우자에게 헌신하는 것이 자기 자신에 대한 의심을 상당히 감소시켜 줄 수 있다는 것을 알게 되었다. 이제 그녀는 너무도 사랑스러운 2살 난 딸을 가진 엄마가 되었다. 지나는 모성애를 느끼면서 아이와 남편에게 적극적으로 대하고 정서적으로 관여하는 것에 대해 많은 것을 배웠다. 그녀는 직업과 아이를 키우는 일 사이에서 갈등했다. 그녀는 두 가지 일(어머니와 직장 여성)을 동시에 할 때 딸인 킴벌리가 자신처럼 부모의 무관심을 경험하게 되지 않을까 걱정했다. 지나는 아주 적극적으로 일했다. 일주일에 사나흘은 집을 떠나서 일했지만, 밤에는 항상 집에 있었다. 지금 그녀는 자신에게 가장 중요하다고 생각되는 엄마 역할에 전념하기 위해 일을 조절하는 방안을 강구하는 중이다. 자신이 원하는 생활양식을 정착시키기 위해 자기 의사를 표현하고 행동하는 내적 자원에 의지해야만 했다.

그녀는 남편과 동료들에게 자신의 감정, 생각, 욕구를 보다 직접적으로 전달하기 위해 매우 열심히 작업했다. 그녀는 수동적이고 거리를 두었던 아버지와는 다른 방식으로 딸과 남편을 대하고 있다. 남편이 킴벌리를 양육하는 수고를 기꺼이 지고도 남을 사람이라는 것을 알고 있지만 그녀가 원하는 것은 그것이 아니다. 자신의 생활(결혼, 모성)에 적극적으로 헌신한 결과 오히려 직업적으로도 성장할 수 있는 추진력이 생겼다. 새롭게 일어난 열정과 동기는 그녀의 경력에도 당연히 도움이 되었다. 그녀의 사례는 수동적인 아버지의 자녀가 자기 안에 갖고 있던 내면의 선물을 발견할 수 있다는 것을 보여준다. 이런 내면의 힘은 수동적인 아버지 유형에 대항하는 반응에서 나온다.

### 수동형 아버지의 자녀들이 가진 강점

- 안정된 직업과 삶, 그리고 의미 있는 장기적인 인간관계를 발달시키고 향상시키는데 있어서 헌신의 중요성을 이해한다.
- 변덕스러운 상황, 새로운 도전, 변화에 대해 균형 잡힌 정신적 태도를 취한다.
- 어떤 주제에 정서적으로 개입하게 되면 뛰어난 의사소통을 할 수 있는 역량을 갖고 있다.
- 일터나 집에서 타고난 리더십 자질을 보여준다. 이들은 헌신하고, 비전이 있고, 목표가 있다. 이들은 안정되고, 일관성이 있으며, 끈기가 있다.
- 사람들을 직원이나 동료 이상의 중요한 존재로 본다.
- 문제나 도전에 접했을 때 긴장하지 않으며, 그들의 조용한 태도를 보면서 다른 사람들은 안전하고 지지받는 느낌을 받는다.
- 쉽게 당황하지 않는다. 스트레스 상황이나 위기 상황에서도 쉽게 흥분하지 않는다.
- 긍정적인 태도를 갖고 있으며, 일터에서 모든 사람들에게 이를 보

여준다.

- 매우 믿음직스럽고 의지할 만한 동료, 친구, 가족이다.
- 문제 해결이나 인사 문제에 있어서 신중하고 정직하게 접근한다.

가장 문제가 되는 아버지 유형 중 하나는 부재하는 아버지이다. 이 유형의 아버지는 자녀에게 수많은 문제를 유발한다. 8장에서 우리는 부재하는 아버지가 일으키는 여러가지 심리적 문제(격분, 미움, 공격성)를 논의했다. 가장 고통스러운 것은 분노인데, 분노는 우리의 직업, 결혼, 자녀 양육, 우정, 그리고 삶을 추락시키는 가장 빠른 방법이다. 직장, 가정, 그리고 공공장소에서 사람들은 '화난 직원'을 두려워한다. 우리가 직장에서 성장하는 것을 스스로 저지하는 가장 확실한 방법은 격분하고 공격적인 충동에 따라 행동하는 것이다.

분노는 아버지가 부재한 자녀들이 해결하지 못한 깊은 정서적 상처에 대한 자연스러운 반응이다. 무시된 자녀들은 자신의 분노를 성인기와 직장까지 끌고 간다. 이런 유형의 아버지를 가졌다고 해도 그 유산은 변화될 수 있으며, 그에 따른 손상도 치유될 수 있다. 우리는 변화에 대한 저항을 극복해서, 분노를 유발하는 고통과 장애물을 넘어 나아갈 수 있다.

관리자, 동료, 배우자, 자녀, 교사, 이웃들은 화난 직원, 고객, 친구를 다루는 것을 겁낸다. 분노는 마음 깊숙한 곳에 자리 잡은 해결되지 못한 정서적 문제를 알려주는 신호일 뿐이다. 치유되지 않은 분노는 반항, 저항, 반권위적 혹은 반회사적 행동, 타인에 대한 분노로 나타난다.

## 분노와 윤리 vs. 연민과 안정성

아버지가 부재해서 화가 난 아이의 전형적인 사례는 캐시이다. 그녀는 지금 54세이고, 독신이며, 주식중개인이다. 그녀는 이제 더 이상 아버지와 세상에게 화내지 않는다. 그녀는 맨하탄의 북동쪽 지역에서 태어나 자랐다. 부모는 그녀가 다섯 살 때 이혼했다. 캐시는 그때부터 일 년에 단 한번 아버지와 점심 식사를 같이 했을 뿐이다. 지정된 식당에서만 아버지를 만날 수 있었고 아버지의 집이나 사무실에 가는 것은 한 번도 허용되지 않았다. 아버지의 의류 회사로 전화하는 것만 허용되었다. 아버지는 그녀가 열살 때 재혼했고, 그녀는 배다른 세 명의 동생을 본 적이 없다.

캐시에 의하면 이혼 후에 아버지의 삶에서 자신은 더 이상 존재하지 않았다고 한다. 그녀가 십대일 때 아버지와의 접촉이 완전히 끊겼고, 그 후로 40여 년간 아버지와 얘기를 나눈 적이 없다. 캐시는 20대와 30대의 대부분을 심한 음주를 하면서 자신의 정서를 무디게 만들면서 보냈다. 그녀는 마침내 아버지의 부재가 일차적인 장애물이자 자신의 인생을 바닥으로 추락시킨 원인이라는 것을 발견했다. 버려졌다는 데서 오는 분노가 일터에서 끊임없이 싸움을 벌이게 만들고, 취업 기회를 놓치고, 인간관계에서 실패하게(두번 이혼) 만들었다. 그녀는 자신의 뿌리 깊은 거부감을 해소하고(7장을 보라) 일, 개인적 삶, 가정에서 그녀가 원해왔던 그런 여성이 되기 시작했다. 그녀는 아버지와 자기 자신에 대해서도 연민을 느꼈다. 분노에서 연민으로 변화되자 그녀는 훨씬 안정된 생활과 훨씬 생산적인 일을 할 수 있게 되었다.

지금 캐시는 아버지가 부재한 딸에서 회복되는 중이다. 뉴욕에 있으면 아버지 생각이 계속 나기 때문에 12년 전에 캘리포니아로 이사했다. 자신의 관심, 정서적 에너지, 공격적 사고를 변화시켜 자기 자신과 타인을 보다 배려하고 이해하는 사람이 되었다. 캐시는 아버지, 아버지 요인, 그리고 자기 자신에 대해서 자신이 이룩한 변형에 경이로움을 느끼고 있다. 그녀는 더 이상 아버지나 자기 자신을 증오하는 수렁에 빠져있지 않다.

나는 여러분이 아버지가 부재한 아이였는지의 여부를 확인하기 위해 더 이상의 경험적 증거, 확신, 혹은 체크리스트가 필요하다고 생각하지 않는다. 자신이 성장해온 배경이 그러했다면 스스로 잘 알 것이다. 아버지가 부재한 자녀들이 어린시절 경험한 정서적 황폐함과 절망에 대처하는 방법이 바로 그들 자신을 가로막는 문제이다. 직장에서 분노를 촉발시키는 상황을 어떻게 피할 수가 있느냐고 의문을 던질 수 있겠다. 감정적인 상처를 입을 때 자기의 내면에 있는 분노는 마치 홍수로 세차게 흐르는 강물과도 같다. 이런 순간에 감정이나 상처를 중단시키는 방법은 없다. 하지만 모든 것을 잃은 것은 아니다. 자신의 아버지 요인을 변형시키기 위한 기초 작업으로 이러한 문제들을 생각해 보라.

하지만 자신의 삶에 적극적인 아버지 상이 없음으로 해서 생기는 강점도 있다. 다음을 생각해 보고 우리가 또 어떤 다른 능력을 키웠는지 찾아보라.

## 부재형 아버지의 자녀들이 가진 강점

- 일터에서 거절하는 것의 중요성을 이해한다.
- 동료들 간에 존재하는 긴장을 완화시키고 이해하는 정서적 역량이 있다.
- 지지를 보내주는 사람들에게 매우 충실하며, 그들에게 기회를 주고, 그들을 지지하고 인정해 준다.
- 결과에 지나치게 연연해하지 않고, 고객, 사업, 작업의 목표를 해결하는 방법에 대해 통찰하고 있다.
- 일터나 개인적인 인간관계에서 강한 감정 표현을 하는 것의 위험과 가치를 알고 있다.
- 일터에서 분노와 격분이 제한된 가치만을 지니고 있다는 것을 인식하고 있다. 분노는 직업과 삶에서 장기적인 문제를 일시적으로 해결하는 방법일 뿐이다.
- 일상에서 열심히 일하고 안정된 사업을 운영하는 것을 가치 있게 여긴다.
- 이들은 자신들의 직업, 사업, 동료의 업무가 어떻게 진행되어야 하는지에 대해 상당히 객관적이고도 합리적이며, 분명하게 알고 있다.
- 아버지가 부재했기 때문에 리더십 자질을 갖고 있다. 이들은 다른 사람을 지지하고 인정해 주는 것의 중요성을 잘 알고 있다.
- 동료들과 타인을 배려하고 편을 들어주기 때문에 다른 사람들이 좋아한다.

• 자신이 개입된 모든 관계와 일터에서 일관성 있고 헌신하는 규범집(이들은 자신의 책임감을 버리지 않는다)을 알고 있다.

우리는 성장하면서 아버지에게 전해받은 좋은 가치들에 대해 생각하지 않거나 바람직한 면에 초점 맞추지 않을 때 죄책감을 느낀다. 불행하게도 우리들은 대개 아버지가 돌아가시거나 큰 사건이 일어난 후에야 비로소 분노가 사라지고 오래된 상처와 고통스러운 오해를 해소한다. 아버지와의 관계가 아무리 고통스럽고 긴장되었다고 해도, 거의 모든 경우에, 그 관계에서 얻을 수 있는 강점과 혜택이 있다.

## 작동하는 아버지 요인

일과 생활에서 우리가 취하는 태도를 생각해 보자. 그리고 무엇이 강점인지 스스로에게 질문해 보자. 앞에 열거되었거나 열거되지 않은 강점들이 우리가 원하는 새로운 아버지 요인을 형성하는 기초가 된다. 현재의 일과 삶에서 부족한 강점이 무엇인가? 모든 기초에는 핵심적인 강점이 필요하다. 우리에게 무엇이 핵심인가?

둘째, 아버지에게서 받은 자연스러운 장애물을 어떻게 우리의 삶, 일, 그리고 가정에서 제거할 수 있을까? 그것을 제거하려면 어떤 단계를 밟아야 할까?

셋째, 아버지로부터 받은 어떤 규범과 규칙이 우리의 경력에 주된 장애물로 작용하고 있을까? 현재 직업 상황에 맞도록 그 규범을 어떻게 다시 작성할까?

넷째, 동료나 고객, 현재의 가족, 그리고 나 자신에게 전해주었으면 하고 바라는 아버지 요인의 유산은 무엇일까? 나 자신이 물려줄 유산은 어떤 것이면 좋겠는지 생각하고 있는가? 그리고 그 유산들을 지금 가정과 직장에서 어떻게 강화할 수 있는지 생각해 보자.

지금까지 살펴본 바와 같이 아버지와의 관계에도 불구하고, 혹은 어떤 경우에는 아버지와의 관계 덕분에, 우리의 삶과 일에 도움이 되는 강점들을 획득해왔다. 이 강점들을 보강하고 자신의 가능성에 도달할 수 있도록 새로운 강점을 추가하는 방법을 알기 위해, 다음 장을 계속 보도록 하자.

# 일에서 빠르게 **성공하는 길**

## 성공의 열쇠를 획득하는 방법

내가 해낸 일 중에서 가장 놀라운 일은 아버지의 직업적 성공을 뛰어넘어
직장과 가정, 그리고 삶에서 만난 모든 사람들과의 관계에서
내가 항상 원했던 사람이 된 것이다.
이제 성공한다는 것이 별로 겁나지 않는다.
나는 이런 변화를 아버지에게 설명하려 하고 있다.

:: 한크, 47세

성장하면서 아버지에 대해 아는 것이 별로 없었다. 아버지는 온종일 일을 하셨고, 부모님은 결국 이혼하셨다. 어머니와 아버지 두 분은 모두 포드 공장 공원으로 열심히 일을 하셨다. 아무도 내가 사업가가 되어 내 회사를 가지리라고는 예상하지 못했다. 나 역시 그런 일을 생각해 본 적은 없었다. 그런데 내가 해내다니, 너무 기쁘다.

:: 마가렛, 39세

father

factor

## 누가 성공의 열쇠를 가지고 있는가?

이 책을 읽는 목적 중 하나는 직업과 개인 생활, 친밀한 인간관계와 직업적 인간관계를 지금보다 한 수준 더 발전시키고자 하는 것이다. 한 수준 더 나아진다는 것은 어떤 의미일까? 대부분은 아마 다음과 같이 느끼고 있을 것이라 생각한다. 만족스러운 일이 더 많고, 자신의 꿈을 이루고(혹은 꿈에 훨씬 가까이 다가가고), 거의 모든 일들이 내가 바라는 방향으로 작용하는 것처럼 말이다. 따라서 오늘의 질문은 다음과 같다. 삶의 세 영역, 즉 직업과 개인 생활, 재정에서 한 수준 더 성장하고 변화한다면 어떤 모습일까?

지금쯤이면 아버지의 특징, 습관, 규범, 그리고 행동을 알고 있을 것이다. 그리고 그것이 자신에게 미친 영향을 정확히 평가하지 않고는 스스로 원하는 곳으로 갈 방법이 없다는 것도 잘 알고 있을 것이다. 내가 직업적으로 성장하기 위한 길은 아버지의 집, 자신이 성장했던 바로 그 집을 통과한다고 비유할 수 있다. 우리의 개인적 성공과 직업적 성장 동력을 차단하는 중요한 정보들이 아버지와의 관계 속에 담겨있다. 이 관계를 무시할 수는 없다. 아버지와의 관계 문제는 우리를 성공에 이르는 길에 올려놓을 수도 있고 반대로 미래를 침몰시킬 수도 있다. 개인적인 삶, 직업 생활, 결혼, 우정, 인간관계, 그리고 자녀와의 관계에서 언젠가는 이 갈림길을 만나게 된다.

지금 우리의 목표는 아버지한테서 이 열쇠들(정보)을 받아 스스로의 미래를 여는 것이다. 자기의 삶에 대해 완전한 주도권을 쥐고, 책임을 지고, 소유하고 있을 때만큼 강한 힘을 느낄 때는 없다. 아버지와의 관계에 관해 더 많은 정보, 통찰, 지식을 얻을수록 더 빨리 열쇠를 받아 자기의 미래를 열 수 있게 된다. 이 책 전반에 걸친 전제는 나의 미래를 여는 열쇠를 가지고 있는 사람은 아버지가 아니라 바로 자기 자신이라는 것이다. 어떤 이유에서든 아직도 열쇠를 얻지 못했다면, 바로 지금이 열쇠를 손에 넣을 시점이다. 자신의 차 열쇠, 집 열쇠, 사무실 열쇠를 갖고 있을 때 어떤 느낌이 드는지 생각해 보라. 단지 소유하고 있다는 것만으로도 무의식적인 힘과 내적인 자신감을 느낄 수 있다. 어린 아이들이 성인이 되면 가장 갖고 싶어 하는 선물이 무엇인지 아는가? 옷이나 해외 여행 티켓이 아니라 아마도 본인 소유의 자동차 열쇠일 것이다. 열쇠 뭉치는 궁극적으로 개인의 자유를 상징하며 다음 수준으로 성장한 것을 표시해준다. 십대뿐만 아니라 성인들도 그런 자유를 갈망한다.

내 삶과 아버지 요인의 발달에도 동일한 진실이 적용된다. 차 열쇠,

집 열쇠, 사무실 열쇠, 그리고 휴가지의 호텔 방 열쇠를 가지고 있는 것보다 더 기분 좋은 일은 없다. 그냥 끝내주는 느낌이다. 하지만 열쇠를 잃어버렸을 때, 집안에서도, 지갑에서도, 책상에서도, 어디에서도 열쇠를 찾을 수 없을 때의 기분을 우리는 또한 잘 알고 있다. 이럴 때 느끼는 갑작스러운 불안과 공황 상태는 자신의 미래를 여는 열쇠가 어디에 있는지 모를 때와 똑같다. 이 열쇠를 아버지에게 받는 방법을 모르거나, 본질적으로 말하자면, 내 자신이 되는 방법과 내 삶을 통제하는 방법을 모르면 공포는 더 심해지게 된다. 자신의 삶을 통제할 힘이 없다고 느끼는 순간 엄청난 공포가 밀려든다. 이런 감정을 경험하고 싶은 사람은 아무도 없을 것이다. 자신의 인생을 변화시키고 발전시킬 힘이 없다고 느끼고 싶은 사람은 아무도 없다. 개인적 삶과 직장 생활에서 이런 위기감은 자신의 열쇠를 갖지 못할 때 발생한다!

아버지와의 관계가 우리의 삶과 일에 여러 가지 방식으로 영향을 주고 있는 요인이라는 사실을 단호하게 부인하는 동료나 친구들을 일터에서 보게 된다. 이들은 자신들이 겪었던 인생 경험이 현재 자신의 자아정체감과 직업을 형성하는데 (긍정적 혹은 부정적) 힘을 행사했다는 사실을 전혀 고려하지 않는 사람들이다. 하지만 다행스럽게도 우리는 더 많이 알고 있다. 우리는 다음 수준을 향해 나아가는 열쇠를 누가 가지고 있는지 완전히 알고 있다. 그것은 바로 나 자신이다.

## 자신의 열쇠를 획득하는 방법

문학작품을 보면 아버지에게서 열쇠를 빼앗는 힘과 그에 따른 투쟁

이야기가 많다. 논지에서 벗어나지 않도록 아버지와 싸우지 않고 열쇠를 얻는 방법을 생각해 보자. 배려하는 멘토형 아버지는 자녀가 어린 나이일 때 이미 열쇠를 사용하는 방법을 보여준다. 어떻게 자기 자신의 문을 열고 내면의 보물을 발견할 수 있는지를 알려준다. 이런 아버지는 자신의 열쇠 뭉치를 가지고 있으며, 자녀의 열쇠 뭉치도 동일하게 자녀의 힘을 키워줄 만큼 가치가 있다는 것을 알고 있다. 배려하는 멘토 아버지의 자녀들은 성인이 되는 순간 심리적으로 자신의 열쇠를 받게 된다. 다른 네 가지 유형의 아버지들은 자녀에게 열쇠가 작동하는 방식을 보여주는 것이 얼마나 중요한지를 모르고 있다. 사실상 이런 아버지 대부분이 자녀의 열쇠를 쥐고 있다. 왜냐하면 자녀를 완전히 신뢰하지 않거나 자녀에게 그렇게 많은 자유와 힘을 줄 필요가 없다고 생각하기 때문이다.

우리가 열쇠를 돌려받으려고 한다면 먼저 용서의 개념을 생각해야만 한다. 오래된 격언에 보면, '아버지를 용서하는 날이 어른이 되는 날'이란 말이 있다. 성인이 된다는 말은 아버지에게 열쇠를 받아 소유하는 것을 말한다. 7장에서 과거의 분노와 화를 해소하는 방법으로 아버지에게 편지 쓰는 것을 논의했다. 세상에 많은 사람이 있는 것처럼 용서하는 방법도 참으로 많다. 어떻게 용서를 하든, 그 결과 우리는 아버지로부터 벗어나는 길을 발견하게 될 것이다. 아버지에게서 벗어나는 길은 아버지가 우리에게 진 정서적, 정신적 빚을 탕감해주는 것이다. 너무도 많은 아버지들이 우리가 가장 친한 친구에게조차도 이야기하거나 글로 옮기기 어려울 정도로 많은 빚을 지고 있다. 아버지는 그 빚을 결코 갚을 수 없다. 아버지에 대한 원한을 품고 살든지, 아니면 자기 자신을 더 사랑하는 길을 발견하고 어린 시절의 고통과 실망으로부터 아버지를 놓아주든지, 둘 중의 하나를 선택할 수 있을 뿐이다. 용서하는 사람은 용서를 통해 오래된 수치심에 뿌리를 두고 있는 배신감과 분노를 상당 부분 제거할 수 있다. 아버지를 놓아 보내 주는 것이 우리의 감성적 지능과 정신적 재능을 향상시킨다. 또한 아버지를 놓아 주는 순간 우리는 한 발은 현재에 두면서 다른 한 발은 과거에 두는 어정쩡한 상태에서 벗어나게 될 것이다. 이렇게 될 때 우리의 에너지, 정서, 사고는 현재 사건들과 삶의 구조에 초점을 맞추게 된다.

용서를 받는 사람보다 용서하는 사람에게 항상 더 많은 혜택이 돌아간다는 사실을 명심하라. 우리의 정서적 삶에 무거운 짐이 되고 나의 발전을 가로막는 내적인 욕구들, 아버지에게 사랑받고자 하는 소망, 아버지의 인정을 받고자 하는 소망을 모두 떠나보내야 한다. 해결되지 않은 정서들은 우리의 인간관계에 부담으로 작용한다. 직업에서, 인간관계에서, 가정에서 내가 누구이고 어떤 일을 하는지를 받아들이는 것이 '충분히 좋고 유능한 사람' 이라는 느낌을 한 번도 가져보지 못한데서 오는 불편한 감정을 해결하는데 도움이 된다. 나의 삶에 영향력이 가장 큰 사람에게 용서한다고 말하고 그의 빚을 탕감해주는 것은 오히려 자신에게 엄청나게 큰 힘을 준다. 진실한 용서는 자신과 아버지에게 용기와 열정을 가져다준다.

우리의 아버지에게 빚을 갚으라고 요구하던 것에서 빚을 탕감해주는 정신적 변화를 할 때, 삶의 질은 즉각적으로 향상된다. 왜냐하면 아버지는 결코 우리의 빚을 갚을 능력이 없기 때문이다. 우리의 아버지는 정서적으로 파산했다. 아버지를 고칠 방도는 없다. 아버지에게 빚을 상환하라고 요구하는 것은 나의 성장과 발달을 지연시키기만 할 뿐이다. 대부분의 아버지들이 정서적 자산을 갖고 있다면, 정서적 부채를 갚고 우리의 상처를 치유해줄 것이다. 종교적 신념이나 영적인 지향과는 무관하게, 용서가 인생을 변화시키는 사건이라는 것은 널리 받아들여지는 우주적 진실이다. 인생을 변화시키는 사람은 바로 나 자신이다. 아버지로부터 나의 열쇠를 받는 것은 변형의 경험이며, 거기에는 용서가 필요하다는 것을 기억하기 바란다.

## 아버지를 용서하기

다음 장면을 상상해 보라. 어렸을 때 살았던 집, 멋진 레스토랑, 해변, 산, 혹은 어디든 내가 안전하다고 느끼는 장소에서 열쇠를 전해받기 위해 아버지를 만난다. 아버지가 나의 재능, 부, 인간관계에서의 만족, 미래의 성공을 간직하고 있는 보물 상자를 열 수 있는 열쇠를 가지고 있다는 것을 알고 있다. 아버지를 보고 나의 성인 생활에서 가장 중요한 말부터 건네기 시작한다. "아버지, 당신을 용서합니다." 이어서 대화를 계속해보라. 그동안 아버지에게 하고 싶었던 말을 모두 하는 것이다. 생각했던 것보다 훨씬 오래 지속될 수도 있다. 자신이 말하는 동안 스스로 생각했던 대화의 수준을 넘어서서 깊은 만남을 하는 것을 느끼고 놀라게 될 것이다. 설령 아버지가 돌아가셨다고 해도, 아버지를 한 번도 만난 적이 없다고 해도, 얼굴을 맞대고 대화를 나눈 적이 한 번도 없다고 해도 이렇게 연습하는 것은 강력한 힘을 가지고 있다. 나를 오랫동안 괴롭혀 왔던 해결되지 않은 문제를 얘기하라. 이야기를 하는 동안 자신의 감정을 통제할 수 있고, 생각이 명료해지고, 시간이 느리게 흐르고 있다는 것을 느끼게 될 것이다. 마음속에서 우러나오는 가장 솔직한 대화를 아버지와 나누고 있기 때문이다.

아버지를 향해 몸을 기울이고 아버지에 의해 잠겨있던 나의 인생과 그 밖의 모든 것을 여는 열쇠를 원한다고 애기해 보라. 목소리가 긴장되고 분노가 꿈틀거리기 시작할 것이다. 그 찬란한 순간에 아버지는 이렇게 말할 것이다. “나는 네 열쇠를 가지고 있지 않다. 항상 네가 가지고 있었어. 네가 그걸 몰랐을 뿐이지.” 잠시 멈추고 이렇게 대답해 보라. “그렇다면 나의 자유, 평화, 성공의 열쇠를 누가 가지고 있습니까?” 아버지는 나의 눈을 똑바로 쳐다보면서 이렇게 반응한다. “용서가 너의 삶을 여는 열쇠란다. 너는 항상 그런 힘을 가지고 있단다.” 이제 나는 의자에 주저앉는다. 나의 귀를 의심하면서 아버지가 바보 같다고 생각한다. 아버지의 말을 한참 생각해 본 뒤에, 나는 아버지를 용서하기 위해 내가 열어야만 하는 문이 인정, 사랑, 수용이라는 것에 동의하게 된다. 아버지를 용서한 행위는 아버지가 책임을 져야 한다고 생각했던 나머지 문들을 열게 한다. 내가 항상 원했던 열쇠는 언제나 내 손이 닿는 곳에 있었다. 열쇠는 바로 용서다. 그리고 아버지를 용서하는 것부터 시작한다. 자신에게 물어보라. “왜 전에는 이렇게 하지 못했을까?” 답은 이제야 비로소 내가 그 모든 문들, 재능들, 삶의 보물들을 열 준비가 되었다는 것을 보여준다. 아버지에게 용서라는 선물을 준 것에 감사하고 자리에서 일어나 떠나자. 떠나가면서 나의 삶이 아버지와 만난 지금 이후로 다시는 이전과 같지 않을 것이라는 사실을 깨닫게 된다. 이제 우리는 자신의 삶을 변화시키는 방법을 알았다. 우리의 직업과 우리 삶의 모든 측면들을 한 수준 더 끌어올리는 법을 알게 되었다.

## 자기 자신과의 대화, 가장 강력한 치유 도구

다음 수준에 도달하는데 필요한 개인적인 힘, 직업적 자유, 추진력은 이제 우리 손이 닿는 곳에 놓여 있다. 이 얼마나 멋진 일인가? 그렇다고 해서 우리가 열심히 일하지 않아도 된다든지, 동시에 가정 일을 비롯해서 여러 가지 일들을 잘 처리하지 않아도 된다는 것을 의미하지는 않는다.

다음 단계들은 우리가 아버지와 대화를 할 수 있도록 도와주기 위한 것이다. 아버지와 실제로 대화를 나누거나 이런 평화로운 인간적인 대화에 대해 아버지에게 알려주는 것이 중요한 것은 아니다. 거울을 쳐다보면서 자기 자신과 대화를 나누어 보라. 이것은 우리가 여태껏 해본 것 중에서 가장 강력한 대화가 될 것이다. 바로 자기 대화라는 것이다.

1 거울이 있는 방을 찾는다. 어떤 방이든 상관없다. 하지만 다른 사람의 방해를 받지 않아야 하며, 걸어다닐 수 있을 정도로 충분히 큰 방이어야 한다.
2 오랫동안 회피해왔던, 하지만 아버지와 상의하고 싶었던 일을 최소한 세 가지 생각해낸다(10개 이상 만들지 말 것. 오히려 압박감을 느낄 수 있다). 예상되는 아버지의 반응을 생각해서 겁내거나 특정한 주제를 꺼내고 싶지 않은 자기 자신의 저항감에 굴복하지 마라. 부모

님의 계속된 싸움, 어린 시절의 언어적 학대, 아버지가 자신을 한 번도 인정해주지 않은 이유 등 무엇이든 주제가 될 수 있다.

3 거울 앞에 앉거나 서서 "아버지, 나는 당신을 용서합니다...."라는 말부터 꺼내고 시작한다. 자신의 문제, 관심, 주제, 감정 등에 더 이상 아무런 감정의 찌꺼기나 에너지가 남지 않을 때까지 계속 얘기한다.

4 '항상', '당신의 잘못입니다', '결코', '매번' 같은 말을 사용하지 않는다. 욕을 하거나, 손가락질 하거나, 비난하지 않는다. 말로 아버지를 죽이려고 하지 말고 자신의 감정과 생각을 표현한다. 싸움은 끝났다. 공격하는 말로 마지막 무덤을 팔 필요가 없다. 모두가 승자다. 아버지의 단점이나 실수를 비난하지 않도록 한다. 비난하는 것은 자신의 변형과 변화를 가로막을 뿐이다. 아버지를 계속해서 비난하는 것은 우리의 삶이나 일의 질을 향상시키지 못한다. 아버지 자신이 자신의 단점과 실수를 잘 알고 있을 것이라는 점을 잊지 말라.

5 이제 이런 원망, 분노, 실망을 가지고 있는 자신을 용서하라. 지금까지는 앞으로 나갈 준비가 되지 않았다는 사실을 받아들여라.

6 자신의 말을 들어주고 자신의 미래를 가진 사람이 누구인지 가르쳐 주신 아버지에게 감사를 드린다. 열쇠는 내가 가지고 있다!

7 이 연습이 끝나면, 스스로 이 연습을 되돌아보고, 그것을 친구나 배우자, 또는 치료자와 함께 나누고 검토하라.

이것은 결코 가볍게 여기거나 수동적으로 할 수 없는 아주 강력한 연습이다. 아버지가 과거에 범한 잘못을 용서하는 것은 대부분의 성인들이 결코 해볼 수 없는, 대개는 피하고 생각조차 못하는 엄청난 심리적 과정이다. 많은 사람들은 그냥 고통을 파묻고 아버지와의 관계에서 생긴 가슴의 커다란 구멍을 지닌 채 자신의 삶을 절뚝거리면서 살아간다. 아버지에 대한 기억 자체가 치명적이어서, 그것이 인생을 변화시키는 영향력이 있다는 말을 듣거나 생각을 할 때마다 중요하지 않다고 무시하고 넘겨버린다. 고통의 세월이 너무 길어서 이를 처리하거나 말하고 싶어하지 않기도 한다. 하지만 성인으로서의 생활을 이런 식으로 지속해야만 할 의무가 있는 사람은 아무도 없다. 이제 우리가 소유한 용서라는 커다란 열쇠는 어느 누구도, 어떤 환경도 빼앗아갈 수 없다. 그것은 나의 가슴, 나의 마음, 그리고 나의 생각 속에 있다. 아버지와의 내적인 관계는 이제는 이전과 결코 같지 않을 것이다. 왜냐하면 우리가 스스로 아버지 요인을 변화시켰기 때문이다.

용서라는 열쇠는 개정되고, 수정되고, 재구성된 아버지 요인의 모든 조각들을 조합하는 방법이 든 보물 상자를 열어준다. 이 단계에서 우리는 배려하는 멘토 아버지 유형의 요소들을 우리 삶에 통합한다. 모든 분야(심리학, 사회학, 경영학, 애착 행동)의 다양한 전문가들이 다음에 열거된 요소들이 인간 발달과 건강한 인간관계에 필요하고 무척 중요하다고 생각하고 있다. 배려하는 멘토형의 사람, 관리자, 배우자, 부모가 되는 것은 아주 강력한 힘이 되어, 우리 삶과 주위의 사람들과의 관계에서 모든 영역을 변형시킨다.

## 내면의 장애물을 강점으로 변형시키기

아버지와의 관계는 이 장에서 열거한 열 가지 바람직한 요인들을 모두 가지고 있다. 아버지의 유산은 우리에게 중요한 힘을 전해주었고, 이제 그것을 계속 발전시켜야 한다. 우리는 각 아버지 유형이 가지고 있는 주요한 장애물을 가치 있는 강점으로 변형시키는 과정 중에 있다.

- 수치심을 통찰과 이해력으로
- 공포와 회피를 자신감과 안전감으로
- 동기 부족과 자기 의심을 용기와 강인함으로
- 분노를 배려와 안정성으로
- 절망과 불안을 리더십과 비전으로

변형된 아버지 요인은 이상의 다양한 새로운 삶의 조각들을 조합하고 여기에 용서를 포함하여 구성된다. 용서하고 분노를 떠나보냄으로 해서 수치심을 통찰과 이해로, 공포와 회피를 자신감으로, 동기 부족과 자기 의심을 용기와 성격적 강인함으로, 분노를 배려와 안정성으로, 그리고 절망을 리더십과 비전으로 변형시킬 수 있다. 모든 사람은 아버지와의 관계에서 받은 동일한 조각들과 도구를 가지고 있지만, 모두가 이것들을 활용하거나 그 가치와 목적을 제대로 이해하는 것은 아니다. 배려하는 멘토 아버지 유형은 위에서 열거한 강점들을 올바르게 균형 잡고, 조합하고, 활용한다. 배려하는 멘토 모델은 직업과 인생의 다양한 측면에서 우리의 개성과 개인적 특성을 드러내는 것을 가능하게 한다.

그런데 이러한 가치와 행동, 기술을 어떻게 삶에 통합시킬 수 있을까? 예를 들면, 성취에 목숨 거는 딸이 지금까지 생애 내내 그렇게 해왔던 것을 어떻게 중지할 수 있을까 ? 이 질문에 대답하기는 매우 어렵다. 간단히 대답한다면 위에 열거한 긍정적인 자질들에 초점을 맞추고 직업적 성장을 방해하는 자기 패배적인 일들을 중단하는 것이다. 더 자세히 말하자면, 우리의 행동 몇 가지를 바꾸고, 생각을 수정하고, 직업상의 장애물을 깨닫는 것이다. 위의 두 물음에 대한 대답은 모두 올바르며, 두 가지 모두 우리 삶에서 일어나야 할 필요가 있다.

우리의 배려하는 멘토형 행동을 직업 세계에서 갖고 있는 강점과 함께 적용할 수 있는 직접적인 방법이 무엇인지 살펴보자. 연령, 지위, 직무 경험, 규범집 조건, 교육, 아버지와의 과거 경험과는 상관없이 우리는 열 가지 배려하는 멘토형 자질을 삶에서 발휘할 수 있다. 우리 삶은 우리의 직업, 직위, 소득 수준, 일터에서의 권력 그 이상이라는 점을 잠시 생각해 보기 바란다. 우리 삶은 이런 모든 요소뿐만 아니라 세상과 상호작용하는 양상으로 이루어져 있다. 가족, 자녀, 친구, 그리고 타인들을 어떻게 대하고 있는가? 이런 다양한 요소와 더불어 우리의 인간관계 양상이 우리의 삶의 본질을 이루고 있다.

다음의 목록은 배려하는 멘토형 행동을 일터와 일상 생활에 직접 적용하는 방법이다. 이러한 자질들은 사람들이 항상 찾아왔던 것이지만 자기 안에서 혹은 타인에게서 발견하기가 힘들었던 경쟁적 우위 요소이다. 이러한 재능, 특질, 행동들은 이미 60년 전 데일 카네기가 쓴 『카네기 인간관계론(How to Win Friends and Influence People)』이란 책을 통해 널리 알려졌다. 카네기는 우정의 가치를 기술하고 삶의 모든 면에서 사람들을 대하고 함께 일하는 방법을 기술했다. 이런 책이 대공황이 한창이던 시절에 쓰였다는 것은 무척이나 경이롭다. 당시 실업률은 33 퍼센트에 달했고 일터에서 인간관계란 그리 중요한 것으로 여겨지지 않을 때였다. 하지만 카네기는 인간관계가 돈이나 업무 처리보다 더 중요하다는 것을 알고 있었다. 그는 사적인 생활과 직업 생활에서 사람들을 배려하고 멘토 역할을 하는 것이 커다란 가치가 있다는 것을 인식한 첫 번째 저자였다. 이것이 사람들의 삶과 발전에 영원한 영향을 준 시간을 초월한 비전인 것이다. 카네기는 배려하는 멘토형 아버지 요인을 갖고 있었으며, 70년이 지난 지금도 여전히 그의 메시지는 감동적으로 다가온다.

### 경쟁력을 강화시켜 주는 '배려하는 멘토형' 요소들

다음의 목록은 열 가지 자질을 직접 적용한 것인데, 일상 작업 행동, 차안에서의 대화, 아침 브리핑, 사업상 회담, 직원 성장을 위한 토의, 팀 빌딩 시간, 고객과의 저녁 식사, 영업 회의, 그리고 밤에 나누는 친밀한 대화에 모두 적용할 필요가 있다. 이러한 자질들은 우리가 직업적으로 성장하는데 필요한 기초를 형성할 접착제 구실을 할 것이다. 둘째, 이러한 배려하는 멘토형 양상과 행동 중 하나도 필요하지 않은 인간관계나 만남은 없다. 셋째, 우리의 목표는 자신의 독특한 자산과 이러한 배려하는 멘토형 특성을 혼합하는 것이다. 이렇게 하는 까닭은 우리의 성격과 사업상 강점을 발달시키고, 아버지로부터 물려받은 부정적 요소들이 다시는 우리 발목을 붙잡지 못하도록 하려는 것이기 때문이다.

성격 갈등, 인사 문제, 동료의 오해가 회사의 일상적인 생산성을 떨어뜨리는 감춰진 문제들이다. 이러한 문제들은 흔히 병으로 인한 유급 휴가, 병가, 직원의 보상 요구 등의 형태로 나타난다. 이런 요구에는 당사자들의 좌절감이 반영되어 있다. 이런 갈등이 일어날 때 무엇을 해야 할지 아는 사람이 별로 없기 때문에, 대부분의 사람들은 며칠 혹은 몇 주간 직장에서 벗어나 문제를 피하는 것이 쉬운 방법이라고 생각한다. 이처럼 힘든 인간적 고난을 다룰 준비가 되어 있는 사람은 매우 드물다.

모든 작업 환경에 존재하고 있는 다양한 인간관계 문제를 다루는 것보다는 업무 처리가 훨씬 쉬운 일이다. 우리가 어디서 일하건 간에 거기에는 성격적인 문제, '정치적 문제', 그리고 인적 자원 문제가 있기 마련이다. 왜냐하면 우리는 항상 사람을 다루기 때문이다. 이것은 인간 경험의 일부분이며, 결코 회피할 수 없다. 그래서 배려하는 멘토형 특질을 이해하고 이를 지니고 세상에 나가는 것은 매우 중요한 일이다. 다음 목록은 배려하는 멘토형 아버지 요인을 전향적으로 사용해서 여기 저기 널려있는 '승자가 없는' 인사 문제에서 벗어나 우리의 시간을 낭비하지 않기 위해 만든 것이다.

### 도구#1

유연성, 용서, 배려가 우리의 관리 스타일, 동료와의 관계, 고객과의 관계에 영향을 미치게 하라. 이 세 가지 특질은 우리와 상대방 간에 의

사소통의 통로를 열어 준다. 감정이 격해지기 쉬운 모든 작업 환경은 자동적으로 이 세 가지 행동 특질을 약화시킨다. 배려하는 멘토형 요인은 수치심과 그것의 마비 효과를 제거하는 통찰과 이해를 적용하는 것이다. 수치심은 항상 우리의 명쾌한 사고 능력과 최선의 의사결정 능력을 차단해버린다. 수치심은 상황을 이해하고, 용서하고, 객관성을 유지하는 정서적 능력을 가로 막는다.

**배려하는 멘토형 아버지 요인을 적용하기 :**

- **성취지상주의형** 자신이 옳다거나 그 문제에 대한 최종적 답을 가지고 있다고 주장하지 마라. 항상 완벽해야 하고 틀리지 않고자 하는 욕구에 초점을 맞추지 마라. 모든 것을 아는 체하는 역할을 포기하라. 다른 사람의 관점을 이해하려고 노력하라.

- **시한폭탄형** 문제나 업무상 장애에 과잉반응하지 말라. 항상 자신의 계획대로 일이 진행되는 것은 아니라는 사실을 인정하라. 동료, 상사, 직원에게 소리치고 공격하고 싶은 유혹에 저항하라. 동료의 노력과 열심히 일하는 것을 이해하고 융통성을 발휘하라.

- **수동형** 논쟁이나 문제에 정신적으로, 그리고 정서적으로 참여하라. 문제 해결에 적극 참여하라. 관련된 사람이나 질문에 관련된 문제를 정서적으로 자각하라. 동료를 이해하고 통찰하라.

• **부재형** 문제를 피하거나 말도 안 된다고 무시하지 말라. 동료나 고객이 포함된 주제는 중요하다. 왜 어떤 주제나 프로젝트가 의미 있는지 더 잘 이해하기 위해 융통성을 활용하라. 자신의 일을 위해 감정과 생각을 '드러내라.'

도구#2

분노를 사용하지 않고 분명하게 직접 의사소통하는 능력은 우리에게 무한한 개인적, 직업적 가치가 된다. 타인에 대한 우리의 감정(연민과 공감)은 정보로 활용되며 인사 문제, 고객, 사업상 상황을 이해하는데 매우 도움이 된다. 우리는 앞에서 사람, 결정, 인간관계에 대한 우리의 직감, 느낌, 내적인 생각들을 신뢰하는 것을 배웠다. 일에서 '인간적' 요인의 중요성과 일상에서 사람을 다루는 것의 중요성을 점점 더 잘 알아가고 있는 것이다.

**배려하는 멘토형 아버지 요인을 의사소통에 적용하기 :**

• **성취지상주의형** 동료들도 자신의 견해를 가지고 있는 사람이라는 것을 유념하라. 일터에서 만나는 사람들이 업무 수행을 위한 부품 그 이상이라는 것을 생각하라. 동료에 대한 연민을 가지게 되면 자신과 직업에 안정성이 생긴다. 다른 사람들의 의견을 듣고 이해할 필요가 있다. 우리는 뭔가를 배울 수 있다.

• **시한폭탄형** 소리 지르거나 혹은 거짓되게 점잖은 척 하는 자세로 의사소통하려는 유혹에 빠지지 말라. 타인의 권리와 생각을 존중하는 것이 나의 분노와 좌절을 통제하는 방법이다.

• **수동형** 동료의 감정과 생각에 참여하라. 직업상 주위에 있는 사람들과 긴밀한 업무적 애착과 인간관계를 형성하는 것부터 시작하라. 모든 인간관계에서 연민과 정서적 안정감을 보여주기 시작하라.

• **부재형** 모든 사람들이 사랑받고, 지지받고, 인정받고 싶은 기본적인 욕구를 가지고 있다는 점을 인식하라. 내 삶의 모든 영역에서 만나는 사람들에게 이 세 가지를 적극적으로 제공하라. 직장과 가정에서 연민과 공감을 통해 이 세 가지 정서적 '배려하는 멘토형' 요인을 행동으로 표현하라.

### 도구#3

인간관계가 중요하다! 다른 사람들과 접촉하고, 이해하고, 공감하는 능력이 우리의 경력을 자동적으로 발전시킨다. 우리는 팀 구성원으로서 자신감과 안전감을 가지고 있다. 배려하는 멘토형 모델을 받아들인다면 자신의 업무에서 인간관계가 최우선이 된다. 다른 사람들의 욕구와 소속감을 돌보는 것은 장기간 지속되는 가치를 지니고 있다는 것을 알고 있다. 이러한 정신적 변화가 일어날 때 우리는 정서적, 정신적으로 지지하는 모든 사람들의 멘토이자 리더가 될 것이다.

멘토형 모델을 자신의 직업적 인간관계에 적용할 때 성취지상주의형, 시한폭탄형, 수동형, 부재형은 모두 연령, 성별, 지위, 재력에 관계없이 긍정적이고, 안정되고, 일관성 있는 인간관계를 원하는 사람들의 욕구를 더 많이 이해할 수 있다. 우리는 단지 사업적 요소 대신에 자신의 내면에 있는 인간적 요소들에 더 깊은 존경심을 갖게 될 것이다. 동료들은 나를 존경하고, 그들과 그들의 일에 대해 내가 헌신한 것에 대해 존경할 것이다. 사람들은 우리의 경력과 삶이 더욱 발전하도록 기꺼이 도와줄 것이다. 타인을 지지해주는 것은 주변의 모든 사람들과 인간관계를 발전시키고자 하는 우리의 자신감을 보여줄 것이다.

### 도구#4

일터와 삶에서 만나는 모든 사람들이 '아버지 요인' 작동원리를 갖고 있다는 것을 깨닫기 시작하라. 우리는 아버지 요인이 자신에게 준 영향을 이해하고 가치 있게 여겼으며 그것을 발전시키고 수정했다. 이제 우리는 직장에서 벌어지는 정치적 역학관계가 각자가 가진 아버지 요인이 그들의 삶에 영향을 주기 때문에 생기는 것이라는 점을 진실로 이해할 수 있다. 동료들이 그들의 개인적 삶과 직업 생활에서 '아버지 요인'의 장애물들을 변형시키는 방법을 통찰하고 지혜를 가질 수 있도록 실질적인 충고를 해줄 수 있다. 우리는 아버지와 관련된 경험을 통해 자연스럽게 주위에 있는 사람들에게 멘토가 되어 줄 수 있다. 설교할 필요는 없다. 멘토링은 항상 인생 경험과 예견을 바탕으로 하고 있고, 우리는 이 두 가지를 동료, 가족, 친구에게 제공하면 된다. 우리는 여러 가지 아버지 유형에 관한 살아있는 지식을 갖게 될 것이며, 그것들이 인간관계에서 어떻게 발휘되고 작용하는지 알고 있다.

**변형된 '배려하는 멘토형' 아버지 요인의 멘토 역할을 적용하기 :**

- **성취지상주의형** 다른 사람들이 실수와 도전을 통해 성장하고 배우는 경험을 할 여유를 주어라. 결과에 상관없이 지지하고 인정하라. 오직 결과, 성과, 최종적 수익에만 초점 맞추지 말고 멘토가 되도록 하라. 사람들의 자기 가치감이 그들의 외모보다 우리에게 더 많은 의미가 있다.

- **시한폭탄형** 성취를 통해 유능감과 자기 가치감을 발달시키고자 하는 사람들의 욕구를 이해하라. 어떤 정해진 결과가 나와야만 한다고 요구하거나 비판하지 말라. 모든 것을 통제하려는 자신의 욕구를 포기하라. 직장에서 다른 사람들의 아버지 요인을 통제하려 하거나 저항하려 하지 말라. 그들이 요청하면 지원을 아끼지 말라.

- **수동형** 일터에서나 주변에 있는 모든 사람들이 성장하고 변화하려면 지지가 필요하다는 것을 인식하라. 동료나 친구들에게 멘토가 되어 주기 위해서는 정서적으로 거리를 두거나 떨어져 있으면 안 된다.

- **부재형** 가족, 친구, 동료의 멘토가 되는 것이 얼마나 중요한지 이해하라. 관계를 맺고 있는 사람들 곁에 존재하고 적극적이 되어라.

한 번도 아버지와 리더를 가져본 적이 없다는 분노가 해소되었으니 자신이 늘 원하던 그런 멘토가 되어라.

도구 #5

개인의 규범집을 알고 그것이 작동하는 방식을 알면 직업상의 강점과 약점이 더 잘 이해된다. 모든 사람들이 아버지가 말한, 혹은 말하지 않은 규범에 의해 규제되고 있다는 통찰과 그 사실을 이해하는 따뜻한 눈길은 삶을 풍요롭게 하는데 있어서 대단한 도구가 된다. 어떤 행동의 이유가 그의 아버지의 규범집에 따른 것이라는 점을 인정하는 것이 모든 인간관계에 있어 무한한 가치를 가지고 있다. 사람들이 자신의 규범집을 재작성하면서 겪는 투쟁을 이해하고, 지각하고, 통찰하고, 수용하는 행위의 가치는 값을 매길 수 없다. 이는 배려하는 멘토형 관리자가 주변 사람들의 잠재력을 발전시키고 그들의 수치심과 자기 의심의 요소를 제거하도록 해준다.

**새로운 이해에 '배려하는 멘토형' 아버지 요인을 적용하기 :**

- **성취지상주의형** 사람들이 아버지의 말하지 않은 규범집에서 벗어나기 위해 겪는 정서적 고통을 인정하라. 한 사람의 가치는 그의 성취, 지위, 부, 성 같은 외면적인 모습 그 이상이라는 것을 이해하라. 정말 중요한 것은 일터나 삶에서 긍정적인 힘을 가진 자기 자신이 되어가는 것이다.

• **시한폭탄형** 인내, 인내, 인내가 주위의 사람들과 그들이 규범집을 재작성하면서 겪는 고통에 우리가 줄 수 있는 선물이다. 그들이 반드시 해야 하는 일이라고 생각한 것이 그들에게는 중요하지 않다는 것을 이해하는 통찰력을 가져라. 많은 경우 사람들은 자신들의 행동에 아버지의 규범집이 깊은 심리적 영향을 주고 있다는 것을 모른다는 사실을 알아야 한다.

• **수동형** 함께 일하는 사람들이 자신의 규범집을 재작성하고 다음 수준으로 올라갈 수 있도록 적극 지지하고 도와라. 그들에게 일방적으로 주입하지 말라. 동료, 가족, 친구에게 정서적으로 헌신하는 것이 매우 중요하다는 것을 알아야 한다. 자신의 삶의 일부분을 이루고 있는 사람들에게 직접 참여하는 것 자체가 매우 강력한 힘이 되며 긍정적인 변화를 촉발시키는데 도움이 된다.

• **부재형** 자신의 삶과 경력의 일부분을 이루고 있는 주변 사람들의 삶에 적극 참여하는 것을 거부하는 사람은 성공할 수가 없다. 동료들의 욕구를 무시하고 혼자 떨어져 있고 싶은 유혹에 저항하라. 자신의 규범집을 재작성하고 새로운 규범에 따라 살려고 하는 사람들을 기꺼이 돕는 것이 얼마나 중요한지 이해하라.

### 도구 #6

성인, 동료, 배우자, 가족 구성원, 상사는 배려하는 멘토형 모델에게 항상 긍정적으로 반응한다. 배려하는 멘토형 모델의 열 가지 강점을 자신의 일과 생활에 적극 도입하라. 자신의 경력과 가정생활이 앞으로 전진한다면 그것은 이 요소들 덕분이라는 것을 알아야 한다. 우리가 항상 원했던 그런 직장인이 되고자 하는 데에는 어떠한 내적 논쟁이나 정서적 장애물이 있을 수 없다. 심리적 장애물이 무엇이든 간에 배려하는 멘토형 양상은 그것을 해결할 수 있게 한다.

**배려하는 멘토형 아버지 요인이 가진 강인함과 안전감을 적용하기 :**

- **성취지상주의형** 사람을 직위로만 판단할 수 있다고 하는 낡은 신념을 더 이상 붙잡고 있지 말라. 한 개인의 삶은 성취와 외모 그 이상의 것임을 알아야 한다.

- **시한폭탄형** 어렸을 때 항상 원했던 그런 사람, 배우자, 부모, 직장인이 되도록 하라. 인내하고, 동정심이 있고, 이해하고, 안전하고, 강한 사람이 되어라. 반대 의견과 차이를 참아낼 수 있는 정서적 힘을 개발하라.

- **수동형** 자신의 직업, 개인적 삶, 인간관계에서 주변에 머물고자 하는 오래되고 친숙한 함정에 다시 빠져들지 않도록 하라. 배려하는 멘토형 요인의 강점을 적용하고 스스로 삶의 모든 영역에 적극적으로 참여하라. 사람들의 정서적 욕구와 관심을 관련 없는 일이라고 무시하지 말라.

• **부재형** 이전에 책임을 회피해서 입었던 손실을 정확히 알아야 한다. 배려하는 멘토형의 강점을 적극적으로 적용하고 자신의 삶에서 사람들을 포기하는 재앙을 피하라.

도구#7

배려하는 멘토형 모델을 통해서 극단적인 공격성과 수동성 사이의 균형 잡힌 자기표현에 도달하라. 모든 아이들은 아버지와의 관계를 통해서 직장에서 공격적이거나 수동적인 태도를 배운다. 이 두 극단을 가장 잘 균형 잡기 위해서는 자기표현을 하고 용기를 내는 중도를 택해야 한다. 자기표현이란 우리의 욕망, 소망, 그리고 견해를 단호하고 건설적인 방식으로 표현하는 능력을 말한다. 배려하는 멘토형 관리자는 동료나 직원을 소외시키는 일 없이 자기표현을 할 수 있다.

**배려하는 멘토형 모델을 용기와 안전성 영역에 적용하기 :**

• **성취지상주의형** 사람들을 강압적으로 대하거나 자신의 견해를 강요하는 것이 바라는 결과를 얻는데 가장 비생산적인 방법이라는 것을 배우고 있다. 일터에서 솔직하지만 공격적이지 않은 형태로 용기와 안정성을 표현하는 것이 적절하다.

• **시한폭탄형** 사람들은 솔직하지만 공격적이지 않은 표현에 더 잘 반응한다는 것을 알아야 한다. 호전적인 태도가 아닌 긍정적이고도

자신의 생각과 감정을 실어 표현하는 방식으로 요청할 때 사람들은 우리의 용기와 정서적 안정성을 존경한다.

• **수동형** 강력한 의견, 소망, 비전을 가져라. 내 삶의 모든 영역에서 자기표현을 하는 것이 가장 효과적인 의사소통이라는 것을 배우고 있다. 자신의 생각이나 감정, 그리고 타인의 생각과 감정을 더 이상 무시하지 말라.

• **부재형** 직업과 삶의 모든 영역에 정서적으로 개입을 시작하고 있다. 균형 잡힌 태도로 사람들에게 자기표현을 하려면 계속해서 교류하고 접촉해야 한다. 자신의 직업에 적극적으로 임하는 것이 용기와 안전성을 가져다준다.

## 도구#8

나의 결정이나 행위에 대해 다른 사람의 승인을 구하지 말라. 다른 사람의 인정과 승인을 구하는 행동은 항상 자신의 경력 발달과 자기에 대한 자신감을 약하게 만든다는 사실을 통찰하고 이해하여야 한다. 멘토형 직원은 인정과 승인을 구하는 것이 무력하고 불안하게 느끼게 하는 악순환을 유발한다는 것을 알고 있다. 우리는 소망이 무엇이고, 어떻게 그것을 달성할 수 있는지에 대한 건강한 감각을 개발했다. 이 바람직한 방식으로 작업한다면 굳이 다른 사람의 인정은 필요없다.

**승인에 대한 '배려하는 멘토형' 모델의 통찰과 이해를 적용하기 :**

• **성취지상주의형** 다른 사람의 노력을 지지하고 인정해 주는 것이 대단히 긍정적인 힘이라는 것을 배웠다(비록 우리는 이런 행동에 의지하지 않지만). 이런 유형의 지지하는 행동은 다른 사람의 삶의 방향을 바꿀 수 있고 직업적으로 성장할 수 있게 촉진한다.

• **시한폭탄형** 안심시켜 주는 말, 통찰, 지지하는 행위는 주변 사람들을 변화시킬 것이다. 주변 사람들을 긍정적으로 바라보는 태도는 생산적인 작업 환경을 만드는데 도움이 된다.

• **수동형** 동료들을 적극 지지해 주는 것이 성장과 변화를 위한 기초를 만든다. 타인을 긍정하고 지지하는 일이 얼마나 큰 힘을 발휘하는지 이해하라. 배려하는 멘토형 유형은 우리의 경력을 무한한 잠재력을 가진 강력한 힘으로 변형시킨다.

• **부재형** 연령이나 직업적 지위에 상관없이 모든 사람들이 사랑과 지지(인정)를 받고자 하는 기본 욕구를 갖고 있다는 심리적 통찰을 알고 적용하라. 이 멘토형 장점의 진실을 알고 자신의 직업과 개인적 생활에 적용하라.

도구#9

한 개인이 갖고 있는 자기 능력에 대한 확신 정도와 추진력은 아버지와의 관계에서 형성된다는 것을 알아야 한다. 이러한 이해는 동료를 진공 상태에서 보지 않고 성장 과정이라는 맥락 하에서 제대로 보는데 매우 중요하다. 멘토형 성인은 사람들이 가진 행동, 동기, 직업적 추진력, 자신감이 그가 자라난 아버지 유형에 연결되어 있다는 것을 알고 있다. 사람들에 대한 연민의 관점은 그들의 삶과 직업을 형성한 모든 다양한 변수들을 보다 철저히 이해하게 해준다. 동료들에 대한 판단을 보류하고, 대신에 그들을 보다 긍정적인 방식으로 아는데 초점을 맞춰라.

**배려하는 멘토형 모델을 통해서 연민과 안정감을 적용하기 :**

성취지상주의형, 시한폭탄형, 수동형, 부재형은 모두 자기 자신의 아버지 요인이라는 렌즈를 통해서 다른 사람을 보는 경향이 있다. 이런 점을 통찰할 때 직장에서 사람들이 갖는 다양한 동기, 추진력, 규범, 신념들을 이해할 수 있다. 또한 사람들이 자신의 일상생활을 영위하는 이유와 방법을 포괄적인 시각에서 보기 때문에 자신의 직업적 성장을 위한 좋은 전략적 도구를 갖게 된다. 사람들에 대한 이러한 연민과 멘토로서의 관점이 없으면 직장에서 자신의 영향력과 잠재력은 엄청나게 줄어든다. 사람들이 직장에서 역할과 지위를 갖고 기능하는 방식은 복잡한 문제이다. 개인적 추진력, 뛰어난 역량, 행복감은 자신의 아버지와의 관계에서부터 시작되고 그 바탕 위에서 계속된다. 이런 역학관계에 대해 더 많이 알고 있을수록 동료들의 삶에 멘토로서 더 많은 영향을 줄 수 있다.

### 도구#10

회사와 사업 공동체를 비롯한 모든 직장 환경에 있는 사람들은 지지, 공감, 인정이라는 동일한 세 가지 요소를 필요로 한다. 배려하는 멘토 유형은 성인 생활의 기초가 되는 이 세 가지 핵심 가치가 지닌 중요성을 알고 있다. 사람들은 이 세 가지 요소를 얻기 위해 평생을 바치기도 한다. 아버지들은 자신의 애착 유형, 아버지 유형, 규범집의 지침에 근거해서 다양한 수준으로 이 요소들을 자녀에게 제공한다. 배려하는 멘토 유형은, 성별과 무관하게, 대부분의 성인들이 성장하면서 경험해보지 못한 좋은 아버지가 될 수 있다. 만일 자신이 배려하는 멘토형 아버지를 가졌다면 그런 유형의 관리자, 동료, 혹은 친구가 되는 것이 얼마나 가치 있는지 체험을 통해 알 수 있다. 배려하는 멘토형 유형의 사람은 모든 사람의 삶과 환경에 긍정적인 힘을 가져다준다. 사람들은 배려하는 멘토형 유형의 사람을 따르는데, 그 이유는 대인관계 기술과 지식이 뛰어나기 때문이다. 모든 아이들은 사랑받고, 지지받고, 이해받기를 갈망하고 있다. 왜 성인이라고 다르겠는가? 우리 모두는 동일하고, 이러한 가치는 시간이 흘러도 변하지 않는 것이 분명하다. 배려하는 멘토형 관리자는 상사로부터 이런 보살핌을 받는 것에 감사해 하겠지만, 그렇다고 그것에 의지하지는 않는다. 왜냐하면 자신의 가치는 자기 내면에서 비롯된다는 것을 알고 있기 때문이다.

도구 #10의 적용은 자신이 새롭게 변형시킨 아버지 요인의 성공 공식을 요약한 것이다. 이러한 핵심 가치들을 도입하면 우리의 삶에서 모든 것이 즉각적으로 혜택을 받는다. 우리의 경력은 이런 태도로 인해서 높이 솟구쳐 오를 것이며, 자신의 삶의 모든 면에서 사람들과의 관계가 깊어질 것이다.

# 아버지 넘어서기

## 아버지 요인의 변화를 가져오는 성공을 향한 7계단

아버지는 내게 특정 의학 분야를 선택하라고 말씀하셨다.
그 당시에 나는 그것이 잘못된 선택이라는 것을 알고 있었다.
아버지는 내가 일반 수술의가 되길 원하셨다.
하지만 나는 소아과 의사가 되어 아기를 받아내는 것이 나의 소명이라는 것을 알고 있었다.
진로 선택에서 아버지의 말을 따르지 않은 것이 지금 생각해도 무척 기쁘다.

:: **앨리슨, 44세**

나는 오늘 식당에 앉아서 아버지와 비슷한 면들을 모두 다 적어 보았다.
내가 일이나 인간관계에서 얼마나 수동적이고 헌신하지 않는지 놀라웠다.
나는 아버지와 똑같았다.
나는 보다 적극적이 되어야 하고 헌신을 두려워하지 않아야만 한다.
그것이 내 패턴이었다.

:: **로니, 43세**

father
factor

수요일 오후에 일을 만족스럽게 끝낸 뒤, 혹은 영업 회의에서 고객에게 프리젠테이션을 끝낸 뒤, 편안하게 사무실에 앉아 있는 자신을 상상해 보기 바란다. 자신이 해낸 것에 대해 뿌듯한 만족감을 느끼고 편안해 하고 있다. 이제 더 이상 내 삶에 아버지 요인과 관련된 일곱 개의 주된 장애물을 가지고 있지 않다. 아버지의 유산이 나의 사업이나 개인생활에 더 이상 부작용을 일으키지 않는다. 내가 원했던 배려하는 멘토형 재능과 강점을 가지고 일을 하기에 모든 역량을 완전히 발휘하고 있다. 일터에서 나는 모든 자원과 심리적 에너지가 충만한 힘을 사용하고 있다. 이것은 꿈이 아니다! 이것이 바로 우리의 생활이고, 생활이 될 수 있다. 이런 직업 생활의 모습을 제시하면 사람들은 늘 이렇게 질문하곤 한다. 어떻게 이런 일이 일어날 수 있느냐고.

대답은 이 책의 모든 페이지마다 실려 있다. 바로 우리 자신이 그 대답이다. 나 자신이 바로 대답이며, 문제가 되기도 한다. 이런 대답을 들으면 대부분의 어른들은 자동적으로 이런 의문을 품는다. 과거의 실망, 반복되는 좌절, 무의미하게 옮겨 다녔던 직업 등을 반복하지 않고 어떻게 A 지점에서 B 지점으로 이동할 수가 있을까? 차이점은 바로 자기 자신이다. 우리 스스로 보이지 않던 장애물을 발견했고, 약점을 수리했고, 규범을 바꾸었기 때문에 이제 우리의 삶은 원하는 방향으로 움직이기 시작했다. 이 세 가지 변수만으로도 누구든지 과거나 현재의 실패에 관련 없이 직업적 기회가 늘어날 것이다. 이제 우리는 그동안 꿈만 꾸었던 만족과 힘을 갖는 삶의 국면으로 접어들고 있다. 이제 우리는 더 이상 동료나 친구를 찾아가서 왜 일이 뜻대로 되지 않느냐고 궁금해 할 필요도 없다. 우리가 앞으로 나아갈 순간은 바로 지금이다. 모든 도구들이 나를 위해 준비되어 있으며, 우리는 그것들을 특정한 업무 상황에 맞게 조절해서 사용하면 된다.

아버지와의 관계는 우리의 일생을 통해 발전될 중요한 요소이다. 더 깊은 자기 발견과 성장은 끝없이 지속되는 과정이다. 우리가 꼭 기억해야 할 핵심은, 무슨 일이 일어났든 일어나지 않았든 간에, 우리의 개인적 삶과 직장 생활은 성장해야할 필요가 있다는 것이다. 결국, 행동을 대신할 수 있는 것은 아무 것도 없다. 우리는 삶을 향상시키는데 필요한 용서, 통찰, 그리고 모든 도구를 갖추고 있다.

## 아버지 요인 변화시키기 – 지금이 그 순간이다

결국 아버지 요인이란 무엇인가? 아버지 요인이란 우리의 직업 경로, 직장 행동, 인간관계를 형성하는데 아버지가 중요한 역할을 한다는 것을 의식적으로 이해하고 깨닫는 것을 의미한다. 이러한 이해는 단지 우리의 직업에만 영향을 주는 것이 아니라 삶의 모든 측면에 영향을 준다. 사랑, 배우자 선택, 자녀 양육 기술, 신체 건강에도 영향을 준다. 사실 아버지의 영향을 받지 않은 삶의 영역은 없다. 성장하면서 경험했던 아버지와의 관계의 질에 무관하게, 우리는 그 관계로부터 엄청난 혜택을 받고 있다. 그 혜택에 대해 더 많이 알수록 우리의 삶은 더 좋아질 것이다.

이제는 잘 알고 있다시피, 기본이 되는 아버지 유형에는 다섯 가지가 있다. 각각의 유형은 나름대로의 강점과 약점을 가지고 있다. 가장 생산적인 유형이라고 할 수 있는 배려하는 멘토 아버지 유형은 이상적인 관리자, 힘을 가진 직원, 스스로 동기화된 사업가의 모델이며, 이런 사람들을 보면 이 유형의 인간관계와 존재가 어떤 것인지 알 수 있다. 이 강력한 태도는 가장 건강한 아버지 요인이며, 우리의 경력을 가장 빠른 성공가도에 올려놓을 것이다. 배려하는 멘토형 아버지 모델의 여덟 가지 강점은 우리의 잠재력을 발휘해서 진정한 성취를 이루기 위해 반복해서 사용해야 할 열쇠이다. 우리는 이 강점들을 다른 이름으로 부를 수 있지만, 일상적인 업무 도구함에 반드시 넣고 다녀야할 것들이다.

아버지 요인 강점들

- 통찰과 이해
- 자신감과 안전감
- 용기와 성격적 강인함

• 배려와 안정감

매일 우리의 일에, 가족들에게, 그리고 사랑하는 사람들에게 이러한 강점을 발휘하는 것을 잊지 말기 바란다.

우리는 이제 이 책을 거의 다 읽어가고 있다. 그리고 변화가 바로 앞에 놓여있다는 것을 알고 있다. 우리 안의 장애물이 무엇인지 알고 있으며(수치심, 공포나 회피, 동기 부족, 자기 의심, 분노와 책임감 결여 등), 자신의 삶이 앞으로 힘차게 전진하길 원하고 있다. 사실 우리는 이런 변화를 하겠다고 오늘 결심했다. 이전의 열한 장은 우리의 직업상의 행동을 수정하기 위한 아이디어, 제안, 탄원들로 가득 차 있다. 자신의 유형이 지니고 있는 장애물을 극복하기 위한 다양하고 구체적인 방안들을 각 장마다 반복해서 제시했다.

우리 자신의 미래를 여는 것은 전적으로 우리의 손에 달려있다. 과거의 신념과 규범에 상관없이 우리는 성취할 힘을 갖고 있다. 어른이 되는 일 가운데 가장 무서운 부분은 자기 자신이야말로 자기의 삶과 자신이 한 선택에 100 퍼센트 책임을 지고 있다는 것이다. 지금 우리의 삶에 아버지는 손톱만큼도 책임이 없다. 모든 것은 자신의 책임이다! 아버지는 분명 우리의 삶에 큰 영향을 주었다. 하지만 우리의 삶은 아버지의 인생이 아니다. 이 책의 기본 전제 중 하나는 아버지를 비난하는 게임을 끝내라는 것이다. 그것은 더 이상 대안이 될 수 없다. 사실 우리는 친구나 동료들이 아버지를 계속해서 비난하는 것을 참을 수 없다. 자신의 아버지에 대해 느끼는 그 끔찍한 감정을 없애버리려는 시도는 아무런 목적이 없다. 아버지의 함정에서 빠져나오는 유일한 길은 아버지 요인과 그것과 연관된 모든 다양한 요인들을 철저히 조사하고 이해하는 것이다. 우리의 미래를 여는 열쇠는 아버지를 사면하는데 있다. 앞에서 말했듯이 아버지는 우리에게 진 빚을 갚을 정서적 재산이 없다. 그 빚은 우리 스스로 청산해야 하며, 우리는 이제 그 방법을 알고 있다. 우리 이외에 그 일을 할 수 있는 사람은 아무도 없다. 더 이상 빚을 지고 다니지 않도록 자기 자신에게 자유를 주어라.

다음의 일곱 계단은 우리의 경력에 대단한 결과를 가져올 실용적이고 순차적인 계획이다. 이 기본적이고 직접적인 계획을 달성하지 못하면 우리는 아무 것도 이룰 수 없다.

## 성공을 향한 일곱 계단

1 **변화하겠다는 약속을 한다** 심리학에 보면 오래된 명언이 있다. '우리는 자신이 한 가장 약한 약속만큼만 강하다.' 직업과 삶의 과정에 변화를 가져오기 위해 우리가 할 수 있는 한 가지 일이 있다면 그것은 그저 변하겠다고 약속하는 것이다. 스스로에게 한 약속은 불안, 불확실, 공포 같은 어려운 순간을 통과할 수 있게 해주는 힘이 된다. 우리는 직업상의 약점이 무엇이고 왜 그것이 변해야 할 필요가 있는지 알고 있다. 우리는 또한 이러한 행동, 규범, 애착이 어떻게 자신의 유형과 연결되어 있는지 알고 있다.

지금 당장 자신의 직업과 개인적 삶에서 달성할 다섯 가지 목표를 정하기 바란다. 크게 생각하라. 둘째, 각각의 목표를 달성할 현실적인 시간계획을 세워라. 이 목표들을 달성할 수 있는 방법과 평가할 수 있는 방법을 적어보라. 셋째, 우리의 경력과 인간관계에서 진보를 방해하는 행동의 목록을 작성해보라. 만일 이 단계를 행하는데 어려움이 있다면, 배우자나 친한 친구, 혹은 믿을 수 있는 동료에게 물어봐도 좋다. 그들 역시 우리의 강점과 약점을 알고 있다.

2 **자기 인식을 증진한다** 정서 일지를 계속 작성하기 바란다. 자신의 반응을 적게 되면, 행동을 멈추고 그동안 의식하지 못했던 느낌과 생각을 인식하게 된다. 이렇게 하는 것이 우리를 가로막는 비판적인 생각과 부정적인 감정을 파악하는데 도움이 된다. 변화하길 원하는 직장 상황을 주의 깊게 일어난 순서대로 기록해보라. 여기에는 좋았던 만남, 나빴던 만남, 감정, 자신이 하고 싶었던 것들도 포함된다. 몇 분 시간을 내어 그 상황을 다음에는 어떻게 다루고 싶은지 적어보라.

이 연습을 계속 하면 문제가 되는 주제를 더 바람직하게 다룰 수 있는 방법이 드러난다. 천천히 자신의 자동적인 생각, 반응, 행동을 보류하고, 그 상황을 처리하는 데에 있어서 보다 배려하는 멘토다운 태도를 취하게 된다. 의식적으로 고안해 낸, 새롭고 보다 생산적인 행동 패턴에 대한 새로운 통찰이 강화될 것이다. 자신의 반응을 적는 것은 행동을 멈추고 의식하지 못했던 생각과 감정을 자각하게 만든다.

이 일지는 우리의 아버지 규범집(9장을 보라)을 재작성하는 데에도 활용할 수 있다. 이는 우리의 자기인식을 증진하는데 도움이 된다. 아버지의 말하지 않은 규범은 흔히 우리가 앞으로 나아가는데 방해가 되는 장애물로 작용한다. 이런 규칙과 규범들을 더 많이 알게 될수록 자신의 삶을 살기 위한 규범집을 더 빨리 작성할 수 있다.

3 **촉발 자극을 확인한다** 통제되지 않는 미사일처럼 우리를 항상 폭발시키는 일을 열 가지 들어 보라. 직장, 가정, 인간관계에서 어떤 취약점이 있는지 알게 되면 우리의 분노와 좌절은 극적으로 감소할 것이다. 예를 들어, 직접적인 질문에 대답하지 않는 것같이 어떤 특정한 행동이 자신을 화나게 만든다는 것을 알게 되면, 미리 다르게 반응할 계획을 세울 수 있다.

시간이 흐르면 우리의 행동만 변한 것이 아니라 주변 사람들이 우리를 대하는 행동도 달라져 있음을 발견하게 될 것이다. 변화된 행동이 사람들이 우리를 생각하고 관계 맺는 방식에 주는 영향을 결코 간과하지 말기 바란다. 우리를 촉발시키는 자극을 정확히 파악하면, 분노나 자기파괴적인 행동과 감정을 감소시키는 방법을 더 잘 알게 된다. 그동안 자신을 수치스럽게 했던 행동에 책임지고 통제하고 예방하는 행위를 하는 과정이기 때문에 이 단계는 매우 중요하다.

인내심을 잃으면 부정적이고 자기파괴적인 생각과 감정에 취약한 상태가 되어 버린다. 우리 머리 속에 있는 비판적인 아버지는 이런 상황들을 이용해서 우리의 진보를 비난하고 좌절시키고 가로막는다. 새롭게 얻은 아버지 요인에 대한 통찰과 지식을 사용하면 우리의 미래 사건들을 예상하고, 그것들을 성공적으로 예방하는 방법을 아는데 도움이 될 것이다.

**4 실수나 경력상 장애 때문에 변화하겠다고 하는 약속에서 이탈하지 않는다** 장래에 자신의 취약한 면이 재발하면 어떻게 해야할까? 어떤 유형의 행동 변화이든 학습 곡선은 처음 몇 주간 급격한 경사를 보이게 마련이다. 좌절할만한 일들이 일어날 수도 있는데, 일반적으로 새로운 프로그램을 시작한 초반에 많이 발생한다. 이에 대한 해결책은 문제가 될 가능성이 있는 상황을 완화시킬 수 있는 계획을 미리 세워놓는 것이다. 예측할 수 없거나 일상적이지 않은 문제에 대처할 수 있는 준비를 더 많이 할수록 새로운 행동과 기능으로 더 빨리 복귀할 수 있다. 새로운 관점과 태도를 갖고 오래된 직업 상황에 반응할 수 있을 때 아버지 요인이 변한 것이다.

예를 들면, 화가 난다든지 좌절하고 있다고 느끼면 3분간 타임아웃•을 해보라. 압박감을 느끼는 상황이 되면 오직 자신의 신체 상태를 변화시키는 데에만 생각을 집중하기 바란다. 신체 변화는 '싸움 혹은 회피'• 반응을 멈추고 인지적 통제를 되찾을 수 있게 해준다. 다른 아이디어는 물을 한 잔 마시고 마음과 생각에서 돌아가고 있는 정서 사이클을 중단시키는 방법이다. 타임아웃의 심리적인 배경은, 그렇게 할 때 더욱 의식적으로 심사숙고하여 행동하는 것이 가능하다는 것이다. 또한 마음속에 있는 낡은 반응 패턴을 중단시키고 분노에 휘말려 들지 않도록 해주는 효과가 있다. 우리의 계

---

• time-out : 감정 조절이 어려울 때 그 상황에서 완전히 빠져나와서 감정을 조절할 수 있도록 하는 행동 조절 기법.

• fight-or-flight : 위험한 상황이라고 지각되면 몸은 자동적으로 도망가거나 싸울 수 있도록 스트레스 호르몬이 분비되고, 호흡이 빨라지고, 맥박이 증가하며, 세포에 저장되어 있던 당을 분해해서 에너지원으로 사용한다. 대신 소화활동이 중지되고, 신체 말단에까지 혈액이 흐르지 않기 때문에 체온이 떨어진다.

획을 자주 볼 수 있도록 어딘가에, 예를 들면 컴퓨터 모니터 옆에 붙여놓는 것도 좋은 방법이 된다. 그렇게 하는 목적은 새로운 배려하는 멘토형 아버지 요인을 자신의 마음에 각인시키기 위한 것이다.

5 **오래되고 친숙한 아버지 요인 습관을 인식하라** 우리는 인간이다. 그러므로 자신에게 연민을 느끼고 배려하도록 노력할 필요가 있다. 때로 일은 잘못되기 마련이다. 앞에서 적은 촉발 요인들이 발생할 것이다. 이 단계는 자신의 경력이 발전하는 것을 가로막는, 의식하지 못했던 습관에 관한 것이다. 예를 들어 우리의 문제가 항상 사람들을 즐겁게 해주고, 인정을 바라고, 자신감을 못 느끼는 것이라면, 이런 행동들이 발생하는 것을 확인할 수 있는 계획을 세워볼 필요가 있다. 우리로 하여금 이러한 자기패배적인 행동에 빠져들게 하는 직장 상황이 있다. 그러므로 미리 그런 상황을 파악할 수 있는 시간을 갖는 게 중요하다. 이렇게 예방 계획을 세우는 것은 변화에 매우 중요하다. 종이를 반으로 접어, 한 쪽에 자신에게 있는 큰 문제들, 곤란, 좌절, 정서적 고통을 주는 주된 아버지 요인 습관을 다 적어보라. 이 목록이 바로 우리의 직업 경로를 더 높은 수준으로 나아가게 하는 열쇠가 된다. 다른 반쪽에는 자신의 직업적 강점을 열거해보라. 이제 두 목록을 비교할 차례다. 자신의 태도가 수동적이었다고 해서, 스스로 배려하는 멘토 유형의 사람이 되고 싶다고 해서, 자신의 강점을 무시하지 말기 바란다. 우리는 이미 가지고 있는 재능과 강점에 새로운 도구를 더하는 것뿐이다.

우리는 주로 어떤 아버지 유형 하에서 성장했는지, 그것이 어떤 강점과 약점을 가지고 있는지 잘 알고 있다. 어떤 것들이 우리를 성장하게 하고, 어떤 것들이 우리를 성장하지 못하게 하는지 인식해야 한다. 아버지 요인과 그 강점을 기술한 것이 바로 진보를 위한 도구가 된다. 이전의 낡은 패턴으로 되돌아가고 있다고 느끼는 순간, 더 심해지기 전에 바로 잡아야 한다. 예를 들면, 불편하거나 불안하게 느끼는 상황에서 '예'라고 대답하지 않는 것처럼 단순한 것도 얼마든지 회복 계획이 될 수 있다. 또 다른 예는 동료나 고객에 의해 상처받았거나 위협당하고 있다고 느낄 때 언어적으로 공격하거나 싸움을 벌이지 않는 것이다. 이러한 감정이 안에서 일어나면 최선을 다해 차분하고 분명하게 스스로의 감정을 표현하고 원하는 바를 이야기하는 것이 우리의 계획이다.

6 **지원 체계를 만들어라** 지지나 지원 없이 이런 과정을 해내기란 어렵다. 이 단계에서 사람들이 많이 실패한다. 이유야 어떠하든, 어른들은 전형적으로 다른 사람에게 자신의 욕구를 드러내는 것을 당황스러워한다. 사람들은 자신의 아버지 요인을 변화시키고 자기의 경력을 다음 수준으로 끌어올리는 내적 작업을 하길 원하지만, 이를 다른 사람에게 알리는 것은 거절하는 경우가 많다. 만일 이 문제가 자신을 붙잡는다면 자세히 평가할 필요가 있다. 우리의 꿈과 인생의 목표를 다른 사람들과 나눌 수 없다면, 그 자체가 직업생활과 개인적 삶을 심각하게 방해하는 장애물이 된다. 사람들이 우리를 정서적으로 가까워지도록 허용하는 것은 배려하는 멘토형의 특징이며 자신의 미래를 위한 훌륭한 자원이라는 점을 명심해

야 한다.

우리가 계속해서 성공을 거둘 확률은 정서적 지지와 심리적 지원을 받을 때 훨씬 높아진다. 자신의 아버지 요인을 자유롭게 이야기할 수 있는 친구, 배우자, 혹은 멘토를 찾아라. 직장에 있는 성실한 친구가 가장 좋다. 내 목표가 무엇이고, 그것을 어떻게 달성하려 하는지 지지자나 지원 체계에 알리기 바란다. 지원 체계는 우리를 격려하고 우리가 계속 책임을 지도록 도와줄 것이다. 우리가 장애물을 극복하는데 더 많은 지지가 필요하다고 생각되면 심리학자의 도움을 받는 것도 고려해 보아야 한다.

**7 성공이 어떤 모습일지 결정하고, 그것을 달성하기 위한 목표를 정하라**

우리의 진전을 측정할 기준이 없다면 우리가 책임감을 유지하고 있는지, 변하고 있는지, 성장하고 있는지를 어떻게 알 수 있을까? 그러므로 목표를 평가할 수 있는 시간표를 만들고 그것을 가능한 한 지키도록 노력해야 한다. 지원 체계에도 반드시 이 평가 도구를 알려주어야 한다. 예를 들면, 일주일에 몇 번 화를 냈는지 기록할 수 있다. 그런 뒤 다음 2주간 동안 그 빈도를 절반으로 줄이도록 하라. 친밀한 친구에게 두 달에 한 번씩 자신의 진전 상황을 평가하고 피드백을 받는 것도 좋은 방안이다. 배우자로부터도 변화와 진보를 위한 통찰을 언제든지 구할 수 있다. 우리가 좋든 싫든 간에, 함께 사는 사람들은 우리가 전체 이야기를 볼 수 있도록 도와주려 할 것이다. 시간이 흐르면 우리의 새로운 아버지 요인, 즉 의도적으로 새로 만든 행동이 습관이 되어가고 있음을 발견할 수 있게 된다.

어떤 모습이 우리에게 성공으로 보이고 느껴지는지를 아는 것은 자신의 경력을 진전시키는 가장 빠른 길이 된다. 사람들마다 각자 성공에 대한 생각이 다르다. 성공을 단지 경제적인 면에서만 바라보지는 말기 바란다. 그것은 우리를 제약한다. 성공은 다양한 형태로, 다양한 사건과 여러 가지 유형의 인간관계를 통해 찾아온다는 사실을 기억하라.

## 요약

내가 선호하는 인용문 하나를 전해주고 싶다. 이것을 대신할 수 있는 것은 아무 것도 없다. 그것은 바로 끈기다.

> 이 세상 어느 것도 끈기를 대신할 수 없습니다. 재능도 아닙니다. 성공하지 못한 사람들의 가장 큰 공통점은 재능입니다. 천재성도 대신할 수 없습니다. 보답없는 천재성은 그저 이야기거리에 불과합니다. 교육도 대신할 수 없습니다. 이 세상은 교육받은 직무 유기자들로 가득 차 있습니다. 끈기와 결단만이 절대적인 힘을 가지고 있습니다. :: 캘빈 쿨리지

캘빈 쿨리지의 멋진 글귀는 그 가치를 셈할 수 없을 정도며, 시간을 초월하는 자명한 진실이다. 우리의 일에서 끈기와 결단이 필요하지 않은 것은 아무것도 없다. 이 두 자질은 우리의 개정된 아버지 요인의 기초에 포함되어야 한다. 우리의 교육 수준, 재능, 강점, 지각된 불안이나

충격적인 과거 경험들, 고통스러운 아버지와의 관계에 상관없이 끈기가 있어야만 성취가 가능하다. 세상은 끈기에 잘 반응한다. 끈기는 거의 항상 효과를 발휘한다.

지금까지 얘기한 성공의 일곱 계단을 적용하고 이를 결단과 끈기와 결합하는 사람은 누구나, 자신의 목표를 넘어설 뿐만 아니라 인생에서 자신의 자리를 발견해 왔다. 우리의 인생, 경력, 인간관계, 부를 진전시키는 방법은 매우 많지만, 이들 모두는 끈기와 결단에 연결되어 있다. 이제 우리는 우리의 삶을 방해하는 문제들을 더 깊이 이해했고, 그것을 극복하는 방법을 알고 있다. 내가 줄 수 없는 것은 인생이라 불리는 프로젝트를 성공적으로 끝내는데 필요한 끈기이다. '그 모든 것' 이 우리 내면에 있다. 그리고 오직 자신만이 어떤 일이든 일어나게 할 수 있다. 이제 우리는 항상 원해왔던 변화를 이룩할 모든 열쇠들, 지식, 통찰, 그리고 용기를 갖고 있다.

마지막으로, 무슨 일을 하든 끝까지 해내기 바란다. 과거에 겪었던 실패한 결혼, 깨어진 사업적 관계, 인사 충돌, 파산, 범죄로 인한 체포, 잘못된 진로 선택, 혹은 해고와 같은 문제에 더 이상 얽매이지 않길 바란다. 지금은 앞으로 나아갈 때이다. 살다보면 주위에 포기한 사람들이 넘치고, 이들은 우리에게 포기해야 한다고 설득한다. 최상의 흥미와 관심을 갖고 행동하지 않는다면, 아무리 약을 많이 먹어도 우리가 직면하게 될 후회와 우울증을 없앨 수 없다. 자신의 삶을 다시 생각해보고 계속 앞으로 나아가라고 나는 줄곧 강조한다. 명심하기 바란다. 행동을 대신할 수 있는 것은 아무 것도 없다. 우리는 분명 열쇠를 갖고 있다. 우리가 열쇠를 갖고 있기에, 우리는 원하는 모든 문들을 열 수 있다.

father
factor

모든 인간관계의 핵심요소 아버지

초판 발행 2018년 2월 10일
초판 2쇄 2019년 7월 10일

지은이 | 스테판 B. 폴터
옮긴이 | 송종용
펴낸이 | 박종태
펴낸곳 | 비전북
출판등록 | 2011년 2월 22일(제96-2011-000038호)

마케팅 | 강한덕 박상진 박다혜
관리 | 정문구 정광석 강지선 이나리 김태영 박현석
주소 : 경기도 고양시 일산서구 송산로 499-10(덕이동)
전화 : (031) 907-3927
팩스 : (031) 905-3927

책임편집 : 드림북
표지디자인 : 최승협
본문디자인 : 민상기
인쇄 및 제본 : 예림인쇄

공급처 : (주) 비전북
전화 : (031) 907-3927
팩스 : (031) 905-3927

• 잘못된 책은 바꾸어 드립니다.
• 책값은 뒤표지에 있습니다.
ISBN 979-11-86387-27-6 (03320)

이 도서의 국립중앙도서관 출판예정도서목록(CIP)은 서지정보유통지원시스템 홈페이지(http://seoji.nl.go.kr)와 국가자료공동목록시스템(http://www.nl.go.kr/kolisnet)에서 이용하실 수 있습니다.
(CIP제어번호: CIP2018002547)